Entre la cruz y la sospecha

Los cristeros de Revueltas, Yáñez y Rulfo

Ángel Arias

Entre la cruz y la sospecha

Los cristeros de Revueltas, Yáñez y Rulfo

Ángel Arias

Iberoamericana · Vervuert · 2005

Bibliographic information published by Die Deutsche Bibliothek
Die Deutsche Bibliothek lists this publication in the Deutsche Nationalbibliografie;
detailed bibliographic data are available on the Internet at <http://dnb.ddb.de>.

© Iberoamericana, 2005
Amor de Dios, 1 – E-28014 Madrid
Tel.: +34 91 429 35 22
Fax: +34 91 429 53 97
info@iberoamericanalibros.com
www.ibero-americana.net

© Vervuert, 2005
Wielandstr. 40 – D-60318 Frankfurt am Main
Tel.: +49 69 597 46 17
Fax: +49 69 597 87 43
info@iberoamericanalibros.com
www.ibero-americana.net

ISBN 84-8489-128-3 (Iberoamericana)
ISBN 3-86527-130-8 (Vervuert)

Depósito Legal: SE-125-2005 en España

Cubierta: Marcelo Alfaro
Impresión: Publidisa
The paper on which this book is printed meets the requirements of ISO 9706

ÍNDICE

A mis padres

AGRADECIMIENTOS

El presente estudio ha sido realizado dentro del Proyecto de Investigación de la Universidad de Navarra (PIUNA) sobre «El espacio en la literatura hispanoamericana», que dirige el Dr. Javier de Navascués. Quisiera dejar constancia de mi gratitud a la Universidad de Navarra, particularmente al Departamento de Literatura Hispánica y Teoría de la Literatura, y de un modo muy especial al director del Proyecto, quien ha orientado y seguido minuciosamente los pasos de esta investigación.

No puedo dejar de mencionar la ayuda que han supuesto los comentarios y observaciones de José Ignacio Saranyana, Carmen de Mora, Rocío Oviedo, Kurt Spang y Miguel Zugasti, quienes juzgaron parte de este trabajo, en una fase anterior, como tesis doctoral. También han contribuido a mejorarlo las opiniones de Fernando Aínsa, Álvaro Salvador y Rosa García Gutiérrez.

Para la búsqueda bibliográfica conté con la generosa colaboración de Aurora Ocampo, Jorge Ruedas de la Serna y Miguel Rodríguez Lozano, quienes me facilitaron además una estancia inolvidable en el Instituto de Investigaciones de la UNAM.

Debo mencionar, entre muchos, a algunos buenos amigos y colegas que con su apoyo sostuvieron los momentos más críticos de la investigación y del investigador: Ángel Esteban, Francisca Noguerol, Alejandro Llano, Luis Montuenga, Luis Galván, Iñaki Pérez, Amador Sosa, Carlos Cabanillas, Enrique Banús, Manolo Tudela... Y todos los compañeros del Departamento de Literatura, de la Residencia Universitaria Mendebaldea y del Colegio Mayor Belagua.

Tampoco podría haber llevado a cabo mi estudio sin contar con dos excelentes *espacios* de trabajo: la Biblioteca de la Universidad de Navarra y la Biblioteca Hispánica de la AECI, así como —sobre todo— con la eficacia y simpatía de su personal.

A todos, muchas gracias.

Introducción

Aquel joven Estado, alumbrado entre dolores de sangre y júbilos de tormenta, nacido de una revolución confusa, apasionada, mezcla de tragedia e impetuoso vendaval de esperanzas, emprendía sus primeros pasos. Un texto levantaba el acta de nacimiento y recogía el proyecto, las aspiraciones de los nuevos tiempos: la Constitución de 1917. La andadura no iba a resultar sencilla: tensiones latentes sacudían un terreno frágil. De cara a la galería, a ese pueblo diverso que se sumó a *la bola* por mil motivos distintos, se sucedía la exaltación heroica de los discursos, las promesas, las consignas. Entre bastidores, tras la cuidada representación, se fraguaba la lucha por la silla, por la porción de poder. También había contrastes ideológicos, opiniones opuestas, alianzas que establecer, clientelas, negociaciones…

Plutarco Elías Calles, sucesor de Obregón no sin sobresaltos, es el hombre fuerte que quiere tomar con energía las riendas del Estado. Los éxitos de su gobierno resultan, desde muy pronto, asombrosos: a nadie se le oculta la capacidad del nuevo dirigente. Pero aquel viejo asunto que había marcado la historia del país desde su independencia (y aun antes), entra de nuevo en escena: la siempre punzante *cuestión religiosa* vuelve a ser origen de enfrentamientos. Los hechos se precipitan.

Un ejército de rancheros va a enarbolar la enseña nacional unida a la imagen de su Guadalupana (como Hidalgo, como Zapata más tarde). Tienen un grito de guerra: «¡Viva Cristo Rey!», que les da nombre. Cristeros les llaman. Luchan contra el gobierno que les quitó a sus venerados Padres, que les dejó vacías las iglesias sin su Amo. Calles, «el turco», «masón», «anticristo», nuevo «Nerón», «perseguidor pagano» y «clerófobo», envía a las tropas federales para sofocar la rebelión. Pero la llama crece y durante tres años (1926-1929), la República se agita en una guerra tremendamente cruel y fratricida. El himno nacional, sin perder su marcado acento bélico, suena ahora mezclado con hosannas, alabanzas y plegarias…

Tras los arreglos de 1929 entre el episcopado y el gobierno, tras el rebrote menor de *La Segunda*, se hizo por fin la paz. Y con ella vino el silencio. Un silencio lleno de sospechas. La imagen quedó fijada según el bando en el que se estuviera o que resultara más afín: o santos mártires, o masa ciega y fanática movilizada por ocultos intereses. Entre la cruz y la sospecha, la guerra de los cristeros pasó a ser un tema tabú, un asunto doloroso al que era mejor no volver. En la literatura, sin embargo, aquel acontecimiento traumático quedó recogido y dio origen a un número significativo de obras.

En este estudio pretendo acercarme a la huella que la guerra dejó en tres de los narradores más importantes de la literatura mexicana contemporánea: José Revueltas, Agustín Yáñez y Juan Rulfo. Sus textos recogen, en efecto, imágenes de aquel conflicto. Son, sin embargo, ecos algo difusos. Los tres se acercan, como de soslayo, a esos hechos con los que tuvieron un contacto bastante próximo. Quizás en algún caso –Yáñez sobre todo– para evitar sospechas, tal vez por su condición de tabú, finalmente porque más que intentar describir la realidad histórica, les interesa apoyarse en ella para construir un mundo ficcional, cuyo sentido quiere ser más amplio y más hondo.

Pero vayamos por partes. En esta introducción mi primer objetivo es situar, brevemente, la secuencia de los hechos históricos que sirvieron como «materia prima» para la creación de sus relatos.

La Historia[1]

Aunque las fricciones entre Iglesia y Estado vienen de muy atrás, la *pax* porfiriana con su *modus vivendi* y el buen entendimiento de los católicos –por lo menos durante un tiempo–, tanto con Madero como con Huerta, habían ofrecido a la Iglesia un período de tranquilidad. Ésta supo aprovechar la ocasión para desarrollar y mejorar su organización e impulsar las directrices de la acción social, marcadas por León XIII en la encíclica *Rerum novarum*.

---

[1] Para el conocimiento de los hechos históricos de la Cristiada, el estudio de Meyer, en sus tres volúmenes, sigue siendo la referencia obligada. Meyer 1973-1974. En un trabajo anterior, estudié las novelas centradas en la guerra; su «Primera Parte» contiene un análisis de la historia del conflicto. Arias 2002, 15-85: ahí puede encontrar el lector interesado otras muchas referencias sobre las principales investigaciones historiográficas dedicadas a la guerra cristera.

El triunfo de la facción carrancista, al término de la contienda revolucionaria, auguraba un futuro no muy alentador para los sectores católicos más activos, y señalaba el final de esa etapa de entendimiento. En efecto, la Constitución de 1917 respiraba en los artículos referidos a la *cuestión religiosa* un jacobinismo que iba mucho más allá de las célebres leyes de Reforma.

El mismo Carranza intentó, sin éxito, suavizar las propuestas más radicales durante la redacción del texto constitucional y, más adelante, vio frustrado su proyecto para modificar esos artículos. Durante el gobierno de Obregón, aunque la ley siguió sin aplicarse de manera estricta, se puede percibir un clima creciente de tensión y de enfrentamiento: a veces es la actuación de un gobernador radical en un estado, otras veces se trata de atentados –más o menos graves– que proceden del *sindicalismo rojo*, opuesto frontalmente a la actuación de agrupaciones católicas en el campo obrero. Tampoco faltan las imprudentes manifestaciones de una juventud católica urbana muy activa, que desea intervenir en la vida pública. Pero a pesar del atentado contra la Villa, de los sucesos del cerro de Cubilete y de la expulsión del delegado apostólico, Mons. Filippi, la habilidad del *manco de Celaya* para mantener en equilibrio todas las piezas puestas en juego consigue preservar el clima de «tensa reconciliación»[2].

La llegada de Calles a la presidencia, si no debe tomarse –evidentemente– como la causa única ni más fundamental del conflicto, resulta sin embargo definitiva y no deja de constituir, hasta cierto punto y a pesar de todo lo escrito, un enigma. ¿Cómo explicar que un hombre de la habilidad y energía de Calles, quien durante los dos primeros años de gobierno había dado claras muestras de su capacidad para reconstruir un país roto, cayera de pronto en el callejón sin salida de la guerra cristera? Se ha apelado a numerosas motivaciones: el peso de Morones y la CROM (Confederación Regional Obrera Mexicana), aliados del presidente y enfrentados al obrerismo católico; su talante inflexible; la convicción de que la revolución debía imponerse a cualquier otra autoridad; el anticlericalismo que caracteriza a la facción norteña; incluso Krauze llega a apuntar la obsesión por restañar su ilegitimi-

---

[2] La expresión está tomada de Krauze (1997, 306). Para todos estos acontecimientos, puede consultarse: Meyer 1973-1974, II, 119-37 y Quirk 1973, 123-136.

dad (su padre no se casó)[3]. También resulta sugerente la comparación con Diocleciano por parte de Meyer, en la que se presenta como nexo el temor al complot, el convencimiento de que la Iglesia está detrás de todas las conspiraciones contra su poder[4].

Lo cierto es que con Calles al frente del gobierno los hechos se aceleran y el país termina inmerso en una nueva confrontación civil. La promulgación de la *Ley Calles* pretendía hacer efectivos los artículos constitucionales que regulaban la cuestión religiosa y suponía un desplante a la Iglesia. Ésta respondió, a través de su jerarquía, con un «non possumus», que anunciaba la suspensión de cultos. Primero se intentó la resistencia pacífica, a través del boicot económico, se acudió también a los Diputados, tras recoger más de un millón de firmas para que se revocara la ley; pero éstos rechazaron el recurso. La solución la había dado el mismo presidente a los prelados: «Pues ya lo saben ustedes, no les queda más remedio o las Cámaras o las armas»[5].

Tras el fracaso de los últimos intentos conciliadores y rotas todas la vías para establecer un diálogo, comenzaba la guerra. Pero aquí no hay declaraciones formales, ni un ejército que represente a una fuerza de oposición, ni una cabeza organizadora del movimiento armado, ni un plan previo, ni el apoyo extranjero... Al menos en su origen, la guerra es el conjunto de diversos levantamientos, protagonizados por un grupo de vecinos, normalmente humildes gentes del campo que reaccionan de manera espontánea a una agresión[6]. En la boca de todo el pueblo estaba la inminencia de la lucha: las peregrinaciones y procesiones penitentes, de carácter expiatorio para conseguir el cambio de actitud en el gobierno, se habían ido multiplicando. El 31 de julio de 1926 las campanas de las iglesias convocan al pueblo, por última vez, a la Eucaristía; a partir de aquel día, las campanas sonarán para llamar al combate. La lucha comienza cuando, suspendido el culto público, los federales llegan para suprimir también el privado (la detención de

---

[3] Krauze 1997, 323.

[4] Meyer 1996, 10-11. Dentro del corpus de novelas que se han acercado a los acontecimientos de la guerra cristera, únicamente Yáñez en *Las vueltas del tiempo* recoge este temor de Calles a la conspiración de los católicos.

[5] Meyer 1973-1974, II, 293.

[6] Meyer 1997, 16.

los sacerdotes) y «profanar» los templos (haciendo inventario y clausurándolos). Así se origina la guerra[7].

Durante tres años va a prolongarse la lucha. Al principio, como un conjunto de revueltas desperdigadas y siguiendo una rudimentaria táctica de guerrillas: atacar un objetivo militar, tomar una población durante un breve espacio de tiempo, para desaparecer a continuación cuando se produce la contraofensiva federal. En enero de 1927, se esperaba la triunfal entrada por la frontera estadounidense del líder de la Liga, Capistrán Garza (quien finalmente no consigue ni ejército ni armas). A pesar del fracaso de los dirigentes ligueros, el levantamiento se generaliza en una amplia franja del agro mexicano. La demanda de armamento y de parque será una constante para el ejército rebelde, resuelta a duras penas y a través de enormes sacrificios por la brillante actuación de las Brigadas Femeninas de Santa Juana.

La consolidación del movimiento (entre julio de 1927 y julio de 1928) está unida, entre otros factores, a la única gran aportación del comité directivo de la Liga: la entrada en escena de un antiguo general huertista, Enrique Gorostieta, quien asume el mando militar de los cristeros. Este gran estratega consiguió organizar civil y militarmente al conjunto de partidas dispersas que operaban en Jalisco, Aguascalientes, Nayarit, Querétaro, Zacatecas y Guanajuato. Las reiteradas contraofensivas federales, acompañadas de tremendas concentraciones, lejos de disminuir la fuerza de los cristeros, legitimaron aún más su causa entre la población civil y resultaron poco efectivas, al enfrentarse a un ejército que conocía perfectamente el terreno y que sabía ocultarse para volver a aparecer cuando ya se le creía aniquilado.

En 1929 se producen los arreglos entre los prelados y el gobierno de Portes Gil. Los cristeros contaban entonces con más de 25.000 hombres perfectamente organizados en la zona centro-oeste del país y otros tantos desperdigados prácticamente por toda la República. La

---

[7] Por poner un ejemplo célebre, en Chalchihuites (Zacatecas), el ejército detiene al padre Batiz, el pueblo interviene ante Pedro Quintanar, tratante de ganado y personaje de gran prestigio en la zona, para que libere al sacerdote. Antes de que se enfrente a los soldados, éstos ya han matado al cura. La gente se levanta y, sin haberlo previsto, Pedro Quintanar se ve al frente de esta tropa improvisada (Ceja Reyes 1981, I, 51-70). También puede resultar interesante la consulta del surgimiento y desarrollo de la guerra en un pueblo del Bajío, San José de Gracia. L. González 1984, 139-180.

federación, sin embargo, dominaba por completo las capitales y principales ciudades (sólo Manzanillo cayó, muy brevemente, bajo el poder cristero). La guerra concluye con estos acuerdos que resultaron conflictivos por varias razones: no se contó con la opinión de los cristeros ni de la Liga, se ignoró la posición de otros obispos, y la única garantía de que las cosas habían cambiado fue la palabra del presidente. No hubo ningún documento que ratificara estos *arreglos*, no cambió la ley ni en una coma.

Es cierto que la guerra había llegado a un punto muerto: lo sabían tanto el gobierno (manejado por Calles en la sombra), como el mismo Gorostieta (quien así lo expresaba pocos días antes de su muerte). La mediación del embajador norteamericano y la insistencia de Roma en encontrar una solución pacífica resultaron fundamentales para crear los cauces de diálogo. A pesar de la debilidad del acuerdo, de lo cual eran plenamente conscientes los prelados encargados de negociar con el gobierno (Mons. Díaz y Mons. Ruiz), los arreglos pusieron fin a una guerra que amenazaba con prolongarse indefinidamente. Pese a los rebrotes anticlericales en la década siguiente, este acuerdo marcó un punto y final en las hostilidades entre la Iglesia y el Estado.

Las actuaciones de anticlericalismo radical por parte de algunos gobernadores, la eliminación sistemática de los antiguos oficiales cristeros (violación de la promesa de amnistía hecha por Portes Gil), y el intento de implantar la educación socialista, dieron lugar a un rebrote de violencia: *La Segunda* o *Albérchiga*, un levantamiento de antiguos cristeros, mucho más dispersos y menos numerosos, que fue condenado por la misma jerarquía y que no contó apenas con el apoyo popular. En su momento de apogeo (1932-1936), llegó a movilizar a 7.500 hombres. El nuevo talante de Cárdenas, una vez que consigue liberarse de las presiones callistas, conduciría a la pacificación definitiva.

Hasta cierto punto, la lucha de los cristeros puede ser considerada como la historia de un fracaso: cierto resentimiento será característico de algunas novelas escritas desde posiciones cercanas a aquel bando. Sin embargo, la guerra dejó claro a un régimen que concebía el Estado como un poder absoluto (y que se sentía autorizado para modelar toda la sociedad según el esquema que correspondía a su concepción del Progreso), los límites de ese poder. La Cristiada, enmarcada en un contexto histórico más amplio, fue también el doloroso desenlace de una sucesión de enfrentamientos que habían sacudido la historia del país, desde su Independencia. El sacrificio de ambas partes, si se puede hablar así, no resultó del todo estéril.

El silencio, la sospecha

Como es bien sabido, la guerra cristera constituyó en México, durante mucho tiempo, un hecho deliberadamente olvidado, silenciado por historiadores, políticos y eclesiásticos, un acontecimiento traumático para la nueva nación que acababa de estrenar su andadura posrevolucionaria. Así, resultaron *enterrados* los acontecimientos de aquel enfrentamiento doloroso. La versión oficial u oficialista, además de silenciar aquellos hechos o de mitigar su importancia, ofreció una exposición tosca para explicar el movimiento cristero. En numerosas ocasiones, aunque tampoco falte el afán por desprestigiar al bando contrario, lo que se percibe es una barrera ideológica que impide acercarse, desde dentro, a los porqués de una rebelión popular que pone en acción a un colectivo habitualmente aislado de los conflictos nacionales. De este modo, se presenta a ese grupo, heterogéneo y mayoritariamente de condición humilde, como dominado por un fanatismo ciego del que se sirven las fuerzas privilegiadas (clero y hacendados), con toda una argumentación apocalíptica, para contener las reformas estructurales que traía consigo el triunfo de la revolución[8].

Incluso en trabajos más elaborados, en los que se puede apreciar un estudio serio de las circunstancias, el modo de vida y la mentalidad de aquellos rancheros y campesinos, aparece como telón de fondo la sospecha en torno a la motivación religiosa:

> La movilización campesina lograda por la oligarquía tapatía tiene que entenderse no como un conflicto religioso sino como el enfrentamiento

---

[8] «[Los campesinos] Ante la disyuntiva de liberarse sufriendo el castigo divino, o continuar al servicio del amo, optaban por lo segundo e incluso se sumaron a un movimiento subversivo encabezado por los altos jerarcas de la Iglesia Católica –conocido como "revolución cristera"–, cuyos pretextos fueron restablecer el reinado de Cristo y la libertad de creencias; pero cuyos verdaderos móviles se identificaban con la conservación del *status quo*, la suspensión del reparto de latifundios y otras políticas tendentes a la liberación económica y social de las masas campesinas» López Zamora 1977, 276.

entre una oligarquía regional y otra orientada hacia el estado nacional. La manipulación política de los campesinos es posible dada la situación agraria y el manejo de la ideología conservadora, producto de la situación socioeconómica[9].

Se pretende, en definitiva, explicar la historia desde principios teóricos previos, a los que difícilmente se amolda la realidad. No resulta sencillo entender, desde determinados presupuestos, un levantamiento campesino espontáneo –al menos en su origen– que tiene como primer objetivo defender la fe[10]. La distorsión del hecho o, simplemente, la incapacidad para comprender el movimiento cristero no tiene lugar únicamente en reconstrucciones que parten de una concepción marxista de la historia. Más importante aún me parece la fijación del mito revolucionario, la Revolución con mayúsculas, que se funde y se identifica con la propia identidad nacional del México contemporáneo[11]. En esa representación mítica del proceso revolucionario como un movimiento unánime de todo *el pueblo*, el conflicto cristero *desentona*, rompe una armonía tan construida y aparente como la misma noción de *el pueblo mexicano*.

Fue necesario que transcurrieran casi cuarenta años, fue necesario que la imagen mítica del hecho fundacional del México contemporáneo se resquebrajara, para permitir que un investigador extranjero, Jean Meyer, se introdujera por las estrechas grietas que facilitaban el acceso hasta esa herida nunca cerrada del todo. Y así se recuperó la voz y con

---

[9] Díaz y Rodríguez 1979, 53.

[10] «Se ha querido ver en esta guerra un movimiento de tipo salazarista o franquista, anunciador del sinarquismo, variedad mexicana del fascismo; una tentativa contrarrevolucionaria dirigida por la Iglesia, los grandes propietarios y la pequeña burguesía reaccionaria. [...] Si hay una cuestión que plantearse, ¿no sería más bien que la Cristiada, el más importante, ya que no el único movimiento de masas de este período, vuelve a poner a discusión no pocos mitos? [...]La desconfianza, el odio, la condescendencia de los marxistas frente a ellos podría ser tres veces ideológica: porque pertenecen al arsenal histórico de la derecha, porque son católicos, porque fueron capaces de obrar por propia iniciativa» Meyer 1973-1974, I, 385-386.

[11] «La intuición –o la inocencia– del pueblo mexicano, guiada por sus políticos, por sus pensadores, por sus poetas, por sus novelistas, por sus pintores, ha asimilado la Revolución al concepto de patria y la ha fundido en él. La Revolución –viene a decir López Velarde en su *Novedad de la Patria*– es la nueva patria del mexicano» Portal 1977, 57.

ella la historia de los que no tuvieron otra voz, ni otra historia que la de
la plaza de los pueblos, donde una guitarra medio rota y unas palabras
gastadas repiten todavía hoy, en corridos de monótona melodía, las
hazañas del héroe local, los combates más señalados, las vidas y los
milagros y, por supuesto, las muertes de aquellos cristeros y federales.

La Cristiada, el estudio monumental de Meyer, fue, en palabras de
Elena Poniatowska, una obra «fundamental» dentro de esa transformación cultural experimentada en México en torno al 68 que, entre
otros fenómenos, se pudo apreciar en «un cambio en la forma de hacer
historia»[12]. Después de Meyer, los acontecimientos del conflicto religioso fueron perdiendo su carácter de tabú y han recibido una mayor
atención por parte de los historiadores, de manera creciente a partir
del establecimiento de nuevas relaciones entre Iglesia y Estado, durante el sexenio de Salinas[13].

UNA PRESENCIA CONSTANTE

Pero si anteriormente, en la historiografía y en otros ámbitos, este
acontecimiento había sido relegado al olvido o se pretendió disminuir
su importancia, prácticamente desde el inicio de la guerra una amplia
nómina de autores encontró en los singulares rasgos de la Cristiada
un fecundo motivo de inspiración literaria. Novelas, cuentos, pequeñas piezas teatrales y composiciones líricas constituyen el variado conjunto de obras que se adentran en aquel período turbulento, recogen
determinados sucesos y dan entrada a los personajes principales del
conflicto, ofreciendo también al lector su particular interpretación de
los hechos.

Cuando comencé mis investigaciones en torno al tratamiento que
la guerra había recibido en la literatura mexicana, una de las cosas que
más llamó mi atención fue la escasez de trabajos que hubieran abordado el estudio crítico de estos textos. Es un fenómeno que no puede

---

[12] Poniatowska 1985, 204.
[13] Habría que destacar, en un primer lugar el monumental estudio de González
Navarro, centrado en la historia del conflicto en Jalisco. González Navarro 2001-2003.
Sólo entre las monografías publicadas recientemente, pueden verse también: Reger
1997; Vaca 1998; Martínez, J. A. 2001; Vázquez, L. C. 2001 y González, F. M. 2001.

dejar de sorprender, si se piensa –sobre todo– en la producción novelística que reúne un número considerable de obras, con unas características comunes, y que abarca además una amplia extensión de tiempo: desde 1928, en que se inicia el ciclo con la novela de Luis Vereo
Guzmán, hasta 1991, año en que aparece el último texto que pude
localizar, *De los Altos* de Guillermo Chao[14].

Ya en fecha relativamente temprana, Manuel Pedro González indicaba la existencia de una «novela cristera» y señalaba algunos títulos
importantes que incluían obras absolutamente enfrentadas en su apreciación del conflicto; más tarde Alicia Olivera, en un estudio pionero,
presentaba un amplio corpus de textos literarios sobre la guerra; Adal-
bert Dessau dedicó un capítulo a las novelas, en su estudio sobre la
novela de la revolución mexicana; tampoco ha faltado el acercamiento
desde la sociocrítica: Elena Sánchez, en una muy sugerente tesis, analiza los personajes femeninos en relatos de ficción y testimonios. De
manera reciente, Guy Thiebaut publicó la primera monografía dedicada a estas novelas[15]. En un trabajo anterior –al que ya he hecho referencia– me propuse contribuir a rellenar esta laguna de la historia de
la narrativa mexicana del siglo XX: intenté ofrecer un corpus lo más
completo posible de las novelas que habían centrado la acción de su
relato en el conflicto cristero y me aventuré a señalar algunas claves
interpretativas sobre este ciclo novelesco.

LA CRISTIADA Y LOS *CANÓNICOS*: IMÁGENES OBLICUAS DE UNA GUERRA

Pero, junto a aquellas obras en las que la guerra cristera ocupa un
lugar central, (la mayor parte de ellas poco conocidas y pertenecientes
a *autores menores*), quedaba pendiente de un estudio más amplio el tra-

---

[14] Recientemente se ha publicado una nueva novela de tema cristero: *Por Cristina*
de Salvador Navarro Sánchez. Por generosa referencia del historiador González Navarro, debo añadir además: Luis Sandoval Godoy, *La sangre llegó hasta el río*, Guadalajara,
Edigonville, 1990; y Jovita Valdovinos Medina, *Jovita la cristera, una historia viviente*,
Zacatecas, s. e., 1995.
[15] González, M. P. 1951; Olivera 1997 (la 1ª ed. es de 1970); Dessau 1972; Sánchez, E.
1989 y Thiebaut 1997. También pueden consultarse los artículos de Castañón 1996, y
Navascués 2000, este último con un título bien elocuente: «La novela olvidada de tema
cristero».

tamiento que había recibido este hecho histórico entre los autores *canónicos* de la narrativa mexicana contemporánea. Como resulta fácil de imaginar, la guerra cristera presenta una serie de características que, al menos de manera hipotética, suponen una excelente fuente de inspiración para cualquier narrador[16]: una guerra de religión en pleno siglo XX, cargada de violencia; el enfrentamiento fratricida; una lucha de masas populares contra el estado revolucionario, que concluye con una solución traumática; el difícil equilibrio buscado por la Jerarquía; el poder de los sacerdotes entre la población campesina; la eterna oposición entre ricos y pobres; la aventura del combate; los héroes y los villanos; la nueva *bola* con su peculiar mezcla de ritual festivo y luctuoso... En efecto, un período histórico con unos rasgos tan particulares, un acontecimiento de estas proporciones, no dejó de atraer la imaginación literaria de algunos de los autores más importantes de la narrativa mexicana del siglo XX. Debe decirse, no obstante, que su acercamiento a esos hechos se produce de una forma un tanto indirecta, más ficcional y menos nuclear en el desarrollo de sus relatos: son imágenes oblicuas de la guerra cristera. Tres de estos autores van a ocupar de manera principal nuestra atención en este trabajo. Aunque en ellos la Cristiada muestra una mayor presencia y es abordada con particular interés, el conflicto queda recogido también en algunas novelas de otros narradores que pueden ser considerados *canónicos*.

Ya en Azuela, el padre del fecundo ciclo sobre la revolución y una de las figuras principales de la narrativa mexicana, encontramos una breve novela publicada en 1937, *El camarada Pantoja*[17]. En ella se lleva a cabo una sátira de la vida política de México durante los años del callismo, desde un humor crítico que evoca el esperpento valleinclanesco. En esta obra, si bien es verdad que se ridiculiza la piedad popular y el fanatismo religioso, la censura se dirige sobre todo contra un régimen en el que imperan la brutalidad y el compadreo de la clase dirigente[18]. El texto relata uno de los acontecimientos que mayor

---

[16] El autor español Álvaro Pombo acaba de publicar una novela dedicada a la temática cristera: *Una ventana al norte*, Barcelona, Anagrama, 2004. Un dato más que vendría a confirmar esta hipótesis.

[17] Azuela 1958, I, 668-776.

[18] El escritor recuerda las críticas negativas a esta novela, debido precisamente a su marcado carácter político. Este hecho le llevó a revisar la obra y cambiar algunos pasa-

impacto causaron en aquel período: la ejecución del Padre Pro, que forma parte de los lugares comunes recreados en muchas de las novelas sobre la guerra[19]. Aunque sea de forma muy resumida, la obra refleja también los dos perfiles del conflicto: la resistencia urbana a los actos persecutorios del gobierno (la ocultación de sacerdotes, las manifestaciones, algunos atentados, etc.), y el verdadero combate en el campo, entre cristeros y federales.

Un año después, publica otra novela corta, *San Gabriel de Valdivias, comunidad indígena*[20], en la que recoge algunos temas que caracterizan a la época del Maximato. En su trama reúne la historia de un maestro rural (desencantado ante la traición de los valores revolucionarios por parte de la nueva clase dirigente), el despotismo de Saturnino Quintana (el líder agrario de la comunidad), y el alzamiento cristero. La novela se abre con el regreso al pueblo de Ciriaco, un joven agrarista, que vuelve de combatir contra los cristeros. Éste apoyará al maestro rural cuando le plante cara al nuevo cacique, el dirigente «revolucionario». Perseguidos por los matones de Saturnino Quintana, Ciriaco y el maestro terminan por formar parte del improvisado ejército cristero que lidera el cura Martínez. Una vez librado el combate, la novela termina con la caída del poder despótico del jefe agrarista.

J. L. Martínez, en un breve comentario a esta obra, califica su «fábula» como «inverosímil»[21]. Aunque la historia no parece, en efecto, muy creíble, la novela proyecta algunos rasgos sobre la guerra cristera que pretenden dar un testimonio de la realidad histórica: la crítica a la actuación del gobierno callista por su jacobinismo exacerbado, la constatación de una religiosidad popular profundamente arraigada entre los campesinos, la responsabilidad del clero en el enfrentamiento, el apoyo económico de algunos ricos a la causa (sin arriesgar la vida) y la ignorancia militar de los cristeros. Sin duda, lo más curioso de todo el relato es la alianza que finalmente forman el maestro rural y el héroe

---

jes para su segunda edición: «Muchos me señalaron el gravísimo error en que incurrí en *El camarada Pantoja*, componiendo un libelo en vez de una novela. Y he remediado hasta donde me ha sido posible esa grave falla en la segunda edición que prepara mi editor» Azuela 1974, 206.

[19] Arias 2002, 76, 97 y 109.
[20] Azuela 1958, I, 767-861.
[21] Martínez, J. L. 1992, 52.

agrarista con el sacerdote y los soldados cristeros (se trata de facciones normalmente enfrentadas en otras novelas[22]). Quizás lata, detrás de esa inverosimilitud, el anhelo de un período de reconciliación, después de haber atravesado una época caracterizada por el continuo enfrentamiento.

Otros escritores, herederos de la renovación narrativa que llevaron a cabo Revueltas, Yáñez y Rulfo, abordan la temática cristera desde una visión más distanciada, en dos sentidos. Por un lado, el acontecimiento histórico no se encuentra tan ligado a la memoria autobiográfica de los autores, que se acercan a él desde fuera. Por otro, su escritura se aleja también de los modelos que siguen una buena parte de las novelas de la guerra, y con los que la generación anterior aún guardaba ciertas conexiones[23]. Además, sus referencias al conflicto son, por lo general, puntuales y más bien escuetas. Brevemente, señalaré aquellos narradores y obras más destacados –con todas las salvedades que este calificativo requiere– en los que he encontrado una presencia de la guerra.

Castellanos en su detallada observación y reflexión sobre ese Otro mexicano, el indígena, que ya se percibe en su primera novela *Balún Canán* (1957), también da entrada a algunas referencias sobre el conflicto. No aparece propiamente la guerra, ya que la acción transcurre en el sur de México, Comitán (Chiapas), pero sí el ambiente de persecución de los sacerdotes y el cierre de los colegios de instituciones religiosas[24].

También es breve el pasaje que le dedica Fuentes, en *La muerte de Artemio Cruz* (1962). No obstante, esa revisión totalizadora, global, de

---

[22] Recuérdense, como ejemplo, algunas de las primeras novelas del ciclo cristero: *Jesús vuelve a la tierra, La Virgen de los cristeros, ¡Ay, Jalisco…, no te rajes!, Los bragados, El maestro rural*, etc.

[23] Así lo ha ido indicando la crítica: Negrín estudia las relaciones entre *El luto humano* y la tradición narrativa anterior (1992, 93-122); Durán, al analizar *El llano en llamas*, señalaba la conexión y ruptura que establecía Rulfo con la tradición precedente (1973, 18); algo similar podría observarse en el caso de Agustín Yáñez y, de hecho, Shaw afirma que «*Al filo del agua* viene considerándose como la obra que cierra triunfalmente el ciclo de la novela de la Revolución Mejicana [sic], a la vez que abre el camino hacia la nueva novela por su uso de monólogos interiores, inversiones del tiempo cronológico, prosa poética[…]» (1999, 204).

[24] Castellanos 1961, 245-251.

la historia de México, que puede interpretarse como la búsqueda de una identidad, nos deja oír los ecos de aquel enfrentamiento. Cuando el protagonista rememora la época de Calles y su traición a Obregón, se menciona el conflicto religioso y de manera particular la ejecución del padre Pro. También aparece reflejado un hecho característico de aquellos años: Catalina, la mujer del diputado Cruz, esconde en su casa a un sacerdote, el padre Páez. Artemio les entrega al cura, para congraciarse así con los callistas[25].

Si hay alguna obra, entre las de los escritores posteriores a la tríada de autores que centra este estudio, en donde la guerra cristera ocupe un lugar destacado, ésta es la novela de Elena Garro, *Los recuerdos del porvenir* (1963). Hasta tal punto esto es así que, en mi estudio sobre las novelas de la guerra cristera, decidí incluirla entre los textos pertenecientes al ciclo, recalcando, no obstante, las muchas singularidades que la distancian de algunas de las características comunes al corpus. Ahora bien, a lo largo de toda la segunda parte de la historia de Ixtepec, ese pueblo que es memoria de sí mismo, el conflicto desempeña un papel central, como tema y como desencadenante de la acción. Aquí me limitaré a señalar que ciertos rasgos con los que se describe el hecho histórico presentan similitudes notables con los textos de Revueltas, Yáñez y Rulfo. Así, por ejemplo, la oposición entre los dos grupos: la gente del pueblo y los federales, representantes de dos Méxicos distintos; la paralización del tiempo o su carácter cíclico; la crítica a una religiosidad hipócrita; la censura al gobierno por haber traicionado el noble impulso revolucionario; etc.

Jorge Ibargüengoitia, en su parodia de las memorias de un general revolucionario, *Los relámpagos de agosto* (1964), hará entrar en escena a los cristeros para completar su caricatura del régimen que siguió a la revolución. El tema de la guerra cristera había interesado ya antes a Ibargüengoitia, quien recopiló bastante documentación para escribir su drama *El atentado* (1963, Premio Casa de las Américas), en el que recreaba el asesinato de Obregón, desde un distanciamiento burlesco. El narrador-protagonista de *Los relámpagos...*, Guadalupe Arroyo, combatirá a esos cristeros, «fanáticos rufianes». Además de la narración del combate en un registro humorístico, hay también alusiones a la

---

[25] Fuentes 1995, 217-238.

utilización demagógica de la «cuestión religiosa» por parte de los políticos[26].

Finalmente, Del Paso encuentra en la guerra cristera un elemento más para tejer su destructora desmitificación de la historia. Es este autor quien se detiene más en el conflicto. En su novela *José Trigo* (1966), aparece una recreación paródica de la Cristiada en dos capítulos simétricos. La primera parte narra la eclosión del movimiento y la segunda, su aniquilación[27]. El peculiar tratamiento que recibe el hecho histórico y la distancia que media entre éste y el autor, lo alejan de los tres narradores que centrarán mi estudio.

Esta breve lista de la presencia de la Cristiada en otros autores *canónicos* no pretende ser exhaustiva, y es muy probable que haya muchas más referencias a la guerra en otras obras. Ahora bien, creo que con este rápido repaso queda puesto de manifiesto el interés que el acontecimiento ha generado en el ámbito literario desde fecha bien temprana, fenómeno que puede resultar muy llamativo, si se compara con el silencio histórico ya comentado.

Antes de dar por concluido nuestro rápido rastreo, no puedo dejar de mencionar una de las novelas más importantes entre aquellas a las que ha dado origen el conflicto religioso. Aunque debamos abandonar por un momento las fronteras de la narrativa mexicana, resulta casi obligado hacer algún comentario sobre *El poder y la gloria* de Graham Greene. En este caso, el fondo histórico no lo constituye directamente la guerra cristera, que –como ya se ha dicho– tuvo lugar en una franja limitada de la República Mexicana. La acción de la novela transcurre en el Tabasco de Garrido Canabal, gobernador que se caracterizó por su virulenta oposición a la Iglesia y que emprendió una de las persecuciones religiosas más violentas. De esta manera, la novela sí recoge y se centra en el conflicto entre Iglesia y Estado, que abarcó a todo el país, aunque no aparezca la lucha armada. La dramática historia de ese sacerdote alcohólico y angustiado que, a pesar de todo, no cede a las presiones del gobierno local, guarda además singulares puntos de contacto con la de algunos personajes sacerdotes que aparecen en los relatos que van a ocupar nuestra atención.

---

[26] Ibargüengoitia 1982, 51-61.
[27] Del Paso 1969, 92-126 y 408-442.

ENTRE LA CRUZ Y LA SOSPECHA: REVUELTAS, YÁÑEZ Y RULFO

En el caso de estos tres escritores el contacto con la guerra cristera resulta bastante directo, pues son contemporáneos de unos acontecimientos que marcan su adolescencia y juventud. Hay una cercanía en el tiempo (Yáñez: 1904, Revueltas: 1914, Rulfo: 1917). Además, los tres provienen también de zonas muy afectadas por la guerra (Durango y Jalisco), lo que puede ayudar a entender la proyección que ésta alcanza en algunas de sus obras o –como en el caso de Rulfo– en su conjunto. Por otro lado, se detecta entre estos autores otro tipo de nexos más literarios: más allá de que cada uno lograra una expresión propia, una voz muy personal, su escritura supuso una profunda renovación de la narrativa, anclada hasta ese momento en los modelos de la novela-regionalista, que en México tuvo su máxima manifestación con los novelistas de la revolución (herederos de un realismo documental), así como en sus estribaciones: la novela proletaria, la primera etapa del ciclo cristero y, por supuesto, los intentos indigenistas.

La publicación de *El luto humano* (1943) y *Al filo del agua* (1947) constituye un verdadero hito en la evolución de la narrativa mexicana posterior, tanto en los aspectos más formales (fragmentación temporal, aparición del monólogo interior, técnica del contrapunto, polifonía, etc.), como en el mismo contenido o, mejor, en el modo de enfocarlo (presencia de lo onírico, recuperación de un trasfondo mítico, apertura desde la historia particular a una problemática universal)[28]. Con la colección de

---

[28] La crítica ha analizado esta transformación y ha destacado el papel desempeñado por esta tríada de autores. Shaw incluye a Yáñez y Revueltas entre los autores de transición hacia la nueva novela (1999, 110-111); y a Rulfo lo estudia entre los novelistas del *boom* (159-165). Brushwood apunta alguna de las novedades que aporta *El luto humano*, al tiempo que critica determinados aspectos (1973, 51-53) y señala el papel preponderante desempeñado por Yáñez en la renovación de la narrativa (21-28); Rulfo, para el crítico norteamericano, escribe una obra que consolida el proceso reformador (57-63). Domínguez agrupa a los tres autores, junto con Fernando Benítez, entre los *padres fundadores* de una nueva narrativa, artífices de «la prodigiosa metamorfosis del viejo realismo» (1989, I, 1011). En la misma línea apuntan algunos manuales de historia de la literatura hispanoamericana: Bellini (1997, 550-551); Goic (1988, III, 353 y 388); Becerra (1995, 361-362); etc. Finalmente, Anderson elabora una brillante síntesis sobre los aspectos renovadores de los tres autores y las diversas opiniones de la crítica a este respecto (1992, 113-26).

cuentos *El llano en llamas* (1953) y la novela *Pedro Páramo* (1955), el proceso renovador se consolida en una obra que, en su brevedad, sobrecoge: «no hay quien dude que Rulfo es el mayor narrador mexicano de todos los tiempos y que *Pedro Páramo* forma parte del grupo de las novelas más perfectas del siglo XX y en cualquier literatura»[29].

La selección de esta tríada de autores responde, por tanto, a una triple motivación: su proximidad biográfica a los hechos garantiza un contacto bastante directo con el tema histórico que será novelado; pertenecen a regiones de similares características (fuertemente afectadas por la guerra) y son los renovadores de la narrativa regionalista, al tiempo que retoman la empresa «importadora» de los Contemporáneos; por último, se trata de los tres autores canónicos de la narrativa mexicana que han abordado con mayor amplitud este acontecimiento histórico en su obra.

Considero, además, que el estudio del tratamiento de la guerra en sus textos nos permite observar, desde una nueva perspectiva, las complejas relaciones entre la ficción y la historia que se ponen en juego en la *novelización* de este conflicto. Frente al carácter fuertemente testimonial de la mayoría de las novelas de tema cristero y por encima de la recreación fiel de la historia, en los tres autores el hecho histórico funciona como punto de apoyo de su producción ficcional, al tiempo que adquiere esa apertura hacia un sentido más hondo, que supera la referencia concreta o puntual. Por eso, sus relatos proyectan una *imagen oblicua* de la guerra cristera.

A la vez, la aproximación desde este ángulo a su obra, abundantemente estudiada por la crítica, puede aportar también nuevos matices interpretativos a unos textos de extraordinaria riqueza. La misma fuerza creativa de su escritura les permite acercarse a esa realidad marcada por la sospecha. Independientemente de sus juicios previos sobre el conflicto –tiempo habrá de abordar esta cuestión–, los tres, de forma diversa, son capaces de penetrar con hondura en la tragedia que vivieron los protagonistas del hecho histórico. Si no falta la crítica, la sospecha de que aquella guerra no era tan santa ni tan cristiana; tampoco está ausente un hondo cuestionamiento sobre el sentido de esa Cruz enarbolada por los Cristeros. No me resulta exagerado afir-

---

[29] Domínguez 1989, I, 1030.

mar que, dentro de las letras mexicanas contemporáneas, sus textos constituyen uno de los testimonios más notables de literatura religiosa (entendido este concepto en un sentido amplio); es decir, de la plasmación en una obra literaria de los interrogantes que se le plantean al *homo religiosus*.

Por último, cabe adelantar dos aspectos que van a aparecer de forma recurrente en este estudio. Por una parte, el anclaje biográfico, la importancia de lo experimentado, lo vivido y lo observado, como alimento primordial del que se nutre la imaginación creadora de estos narradores. Por otra, la asombrosa capacidad transformadora de ese proceso creador, que carga de un *espesor semántico* más amplio a los hechos y, simultáneamente, los convierte en objeto estético.

EL ESPACIO: POR TIERRAS DE CRISTEROS

Debo advertir, para finalizar estas páginas introductorias, el singular interés que he prestado a una de las categorías constitutivas de todo relato: el espacio. Sin dejar de lado otros elementos fundamentales en estas narraciones (la configuración de la instancia narrativa, la hábil manipulación del tiempo o la construcción de algunos personajes), la categoría espacial cobra un peso fundamental, por manifestarse en ella con gran claridad ese doble movimiento al que acabo de referirme. La renovación narrativa inaugurada por los tres autores ha sido percibida en estos dos sentidos que, casi paradójicamente, aparecen perfectamente integrados en los textos: por un lado, se encuentra en ellos la manifestación estética, hondamente expresiva, de una realidad bien concreta, el *México viejo*, interior, rural, hermético; por otro, la experiencia humana que transmiten ha sido ponderada por su universalidad (patente en las traducciones a otras lenguas), su sustrato mítico, o la capacidad para mostrar los intrincados laberintos de la psicología humana. Una y otra vez, en esta búsqueda de las huellas cristeras, he encontrado en los rasgos singulares con los que se construye el espacio una de las claves principales de dicha fusión.

No se trata sólo de que proporcionen un efecto de realidad. Los espacios creados por Revueltas, Yáñez y Rulfo nos remiten de manera inequívoca a regiones bien reales, identificables por su toponimia, su geografía, la descripción de los paisajes, los pueblos, las actividades y

el carácter de sus gentes. Los cuentos y las novelas que van a ocupar
nuestra atención se sitúan, en su mayor parte, en zonas donde la guerra se vivió con mayor intensidad. Su acción transcurre por tierras de
cristeros, tierras de cruces. En este sentido, la elaboración narrativa
del espacio cumple una función mimética. Refleja y remite a regiones
y lugares reales, y lo hace, además, con una capacidad de penetración
difícilmente equiparable: son regiones y lugares que han quedado
marcados de forma indeleble por una historia[30].

Pero, simultáneamente, es también en buena medida a través de la
configuración del espacio como el relato se carga de valores simbólicos, que lo desligan de la referencia particular y amplían notablemente
su significación y su alcance. El modo en que esto ocurre podrá apreciarse de manera más clara al analizar los textos concretos. Sin embargo, pueden señalarse, *grosso modo*, dos mecanismos primordiales.

En el primer caso nos hallamos –dentro del texto– ante el juego de
oposiciones de carácter abstracto y universal: son «las polaridades
espaciales»[31]. Éstas contienen un enorme potencial simbólico y, como
resulta lógico, a ellas ha prestado especial atención la crítica de corte
estructuralista. Aunque ha habido diversos intentos de clasificación,
más o menos sofisticados, Lotman presenta un esquema completo que
incluye las seis parejas básicas: vertical/horizontal, dentro/fuera,
abierto/cerrado, cercano/lejano, derecha/izquierda, delante/atrás[32].
Las oposiciones pueden quedar fijadas, como en este esquema, pero
su valor simbólico varía con el tiempo y responde, por tanto, a «su
compleja realidad ideológica, cultural y antropológica»[33]. En los relatos analizados, la combinación de este tipo de contrastes espaciales
adquiere una enorme riqueza semántica y muestra cómo las polaridades no tienen un sentido único e inmutable, sino que cada autor introduce alteraciones, matices, o incluso –como ocurre en otros muchos

---

[30] Aunque en los capítulos correspondientes a cada autor se encontrarán más referencias, destaco aquí dos trabajos que han indicado ya la importancia que cobra esa
vinculación con el espacio y la historia del conflicto cristero en los textos de Rulfo y
Yáñez: Detjens 1993, 40-49 y 68-70, para ambos autores; y Fares 1991, en el caso de
Rulfo.

[31] Tomo el término de Zubiaurre 2000, 55-57.

[32] Lotman 1982, 270-282.

[33] Zubiaurre 2000, 57.

casos de la narrativa contemporánea– llega a trastocar por completo «el complejo sistema simbólico heredado del realismo»[34].

Así, por ejemplo, tanto en «Dios en la tierra» como en «Luvina» el ascenso de los protagonistas a una región superior, lejos de las connotaciones positivas que se suelen asociar a este movimiento (purificación, adquisición de sabiduría, glorificación, encuentro con lo divino, etc.), cobra un significado totalmente opuesto: la llegada al lugar donde no anida ya ninguna esperanza.

De otra parte, hallaremos también abundantes muestras de aquello que Zubiaurre denomina «temas o motivos espaciales». Es decir, a esas polaridades abstractas se les suman realidades concretas, que suponen una *materialización* del espacio: el pueblo, la montaña, la casa, la iglesia, la plaza, el tren, etc. Característica de estos temas espaciales es su presencia reiterada y repleta de significación: en un mismo relato, en la obra de un autor, a lo largo de la historia literaria[35]. Aunque se construyen y modifican en cada texto, están en diálogo con toda una tradición, en la que han ido apareciendo y cargándose de valores. Junto a ello, estos temas cumplen también una importante función narrativa ya que, como demostró Bajtin con su brillante definición del «cronotopos», se vinculan estrechamente con la categoría temporal, constituyendo una unidad de forma y contenido. En el motivo o tema espacial se encuentra, como condensado, un desarrollo narrativo:

> Thus, the chronotopos, as the primary materialization of time in space, is the center of representational concretization, of embodiment, for the whole novel –philosophical and social generalizations, ideas, analyses of causes and effects and so on– gravitate towards the cronothopos and trough it are filled with flesh and blood, become parts of artistic imaginery[36].

---

[34] Zubiaurre 2000, 58.

[35] Hay, como señala esta crítica, una evolución gradual en el estudio de la temática espacial: al principio, la escuela de Ginebra centra su interés en la reconstrucción de la conciencia autorial, a partir de la huella que ésta deja en los textos: así se confiere importancia a la recurrencia de determinados motivos en la obra de un autor. Paulatinamente, la visión se amplía y presta atención a la pervivencia de algunos temas o símbolos espaciales en las diversas épocas históricas y culturales (Poulet). Se llega, de esta manera, al análisis fenomenológico de algunas realidades por su fecundo potencial generador de imágenes (Bachelard y Durand). Veáse Zubiaurre 2000, 64-68.

[36] Bajtin 1978, 522.

Señalados ya los objetivos principales que me propuse en esta segunda aproximación a las huellas literarias que generó el conflicto religioso, y una vez esbozado el marco teórico en que se sustenta, emprendo este viaje textual por estas tierras de cristeros, cuya mejor aportación espera ser una propuesta para recorrer de nuevo, desde una perspectiva original, algunas de las obras más ricas de la narrativa mexicana del siglo xx. Al fin y al cabo, quizás este sea el propósito último de toda labor crítica: un diálogo con los textos que resulta, ante todo, una invitación a su lectura.

I

JOSÉ REVUELTAS: CUANDO LLEGA EL DILUVIO

Revueltas ocupa sin lugar a dudas un lugar destacado y original no sólo en la evolución de la narrativa mexicana del siglo XX, sino también en el ámbito intelectual y político. Su participación activa en el movimiento estudiantil del 68 y su posterior encarcelamiento en *Lecumberri* lo convirtieron en el emblema del escritor comprometido, al tiempo que despertaron una profunda admiración entre muchos jóvenes de aquella agitada generación que quiso imprimir un cambio radical a la sociedad mexicana[1]. Dando testimonio de este hecho, escribía Poniatowska poco después de su muerte:

> En 1968, Revueltas aún era un hombre fuerte, fuerte hasta físicamente. Salió airoso de más de una huelga de hambre. Sonreía, un tanto distante. Lo buscaban mucho los jóvenes, los líderes del 68 reunidos en otra crujía, como seguirían buscándolo hasta después de su muerte. Sus amigos eran jóvenes[2].

Pero los trágicos acontecimientos de octubre del 68 no eran, en la dilatada trayectoria de Revueltas, sino el colofón a muchos años de lucha política... y de combate interior:

> Vivir consigo mismo no fue, para Revueltas, menos difícil que convivir con sus camaradas comunistas. Durante años trató de ser un militante disciplinado y cada tentativa culminó con su ruptura y expulsión. La dialéctica hegeliana le sirvió para aplazar la ruptura definitiva; como tantos otros, se dijo que el mal es una artimaña de la historia para mejor cumplirse [...]. Al final Revueltas tuvo que afrontar la realidad del bolchevismo y su pro-

---

[1] Para la participación de Revueltas en el movimiento del 68, ver: A. Revueltas y Cheron 1998; se trata de una colección de escritos diversos (apuntes de diario, cartas, artículos) del propio Revueltas.

[2] Poniatowska 1976, 2.

pia realidad. No resolvió este conflicto –¿quién lo ha resuelto?–, pero tuvo el valor de formularlo y pensarlo[3].

Desde muy temprana edad había ingresado en el PCM, Partido Comunista de México (1930), y experimentó también muy pronto las consecuencias de esta militancia así como la dureza de trabajar en la clandestinidad política: en 1929 es retenido en la cárcel de menores por participar en una manifestación; en 1932 y 1934 sufre nuevos encarcelamientos en Islas Marías. Al poco tiempo, comenzarían los problemas para Revueltas dentro del propio Partido (del que sería expulsado por primera vez en 1940) y, con ellos, el desarrollo de una larga búsqueda interior, contradictoria y zigzagueante en ocasiones. Este proceso se proyectaría en una inquieta actuación política: Partido Popular de Lombardo Toledano, reingreso en el PCM, abandono de éste y breve militancia en el POCM (Partido Obrero Campesino Mexicano), fundación de la Liga Leninista Espartaco, expulsión de la Liga, movimiento estudiantil del 68... De manera muy clara, todo su debate interior alcanza una honda plasmación en su escritura literaria (incluida su producción ensayística): desde el optimismo inicial hacia la causa comunista (*Los muros de agua*, su primera novela), atravesando el desencanto (*Los días terrenales*), para volver a la ortodoxia partidista (*Los motivos de Caín*), de la que se separa definitivamente en su penúltima novela; *Los errores*.

La oposición a cualquier dogmatismo le llevó finalmente a romper «con el clericalismo marxista»[4] y a mantener una opción muy personal, en la que se entrelazan de forma paradójica y dialéctica elementos marxistas y de un complejo existencialismo-cristiano[5]. Esta es la con-

---

[3] Paz 1985, 19.

[4] Paz 1985, 21.

[5] La presencia de preocupaciones de corte existencialista en la obra y en el pensamiento de Revueltas es tema de debate entre la crítica. Así, Escalante –en uno de los estudios más lúcidos sobre el autor– parece contrario a este planteamiento (1990, 43). En realidad, creo que se trata de una oposición a que se aplique a su obra ese marbete de una forma simplificada, porque sería un modo más de *neutralizar* y de *volver cómoda* «la fuerza de sus textos» (9). Tal vez la opción conciliadora de Ramírez –en una línea similar a la de Negrín– sea la más adecuada: su realismo pretende ser dialéctico y revolucionario (en busca de una radical «desenajenación») y, por eso mismo, se perciben en su obra marcas de un clima «existenciario»: «escribir a la luz de la muerte y del sinsentido de la vida es la vía revueltania para lograr la expresión, su ideal literario» (1991, 52).

clusión a la que llega Negrín, en su sugerente y riguroso estudio sobre la narrativa de Revueltas:

> La batalla que J. R. dio en México por un socialismo libertario y dese-najenante, fusionado con algunos elementos del existencialismo, fue más bien aislada, solitaria, en apariencia estéril y frustrante. Fue, no obstante, una lucha similar a la que realizaban algunos intelectuales contemporáne-os europeos [...]. Si la voz de J. R., narrador, corresponde a un grupo social, no es al proletariado, sino a una izquierda marginada por el más poderoso Estado latinoamericano. La voz de Revueltas es la de la mejor parte de esta izquierda, la que, en medio de las dudas y negaciones, propugna por un socialismo libertario[6].

La creación narrativa de Revueltas –formada por siete novelas y tres colecciones de cuentos– presenta, por encima de esa evolución a la que acabo de referirme, una cohesión extraordinaria que casi permi-te examinar el conjunto como una obra unitaria; de manera análoga al modo en que nos enfrentamos a un poemario o a un ciclo de relatos. Las constantes que marcan con fuertes rasgos sus narraciones abarcan los diversos niveles que las conforman[7].

En lo temático, las obsesiones que orientan la biografía del autor están presentes desde su primera tentativa de novela, *El quebranto*, hasta en el arranque de la que pretendía ser la última, *El tiempo y el número*, que no pudo llegar a desarrollar[8]. Entre otros temas, se pue-den destacar: la doble visión del mundo, la habitual y rutinaria frente a la percepción lúcida, que descubre lo inefable, la verdad más pro-funda: el abismo; la experiencia carcelaria como realidad concreta y como símbolo de algo más hondo (la condición humana); la búsqueda de solidaridad; el sentimiento de una culpa universal; la dificultad

---

[6] Negrín 1995, 298-299.

[7] Ziegler introduce interesantes matices respecto de una visión excesivamente monolítica de la obra revueltiana. Muestra cómo en algunos de sus primeros relatos –que no incluyó en *Dios en la tierra*, ni en *Dormir en tierra*– y, sobre todo, en *Material de sueños* aparece un Revueltas que se adentra en lo onírico y en lo fantástico, un Revuel-tas «libre y libresco» (1999, 225).

[8] Ambos fragmentos de lo que hubieran sido dos obras más extensas fueron publi-cados póstumamente –entre sus *Obras Completas* editadas por Era– en el último volu-men de la sección «Obra Literaria», *Las Cenizas*. 1988.

para comunicarse; lo prohibido y lo innombrable; la preocupación histórica y social (la alienación externa), estrechamente ligada a las enajenaciones interiores... y, destacándose entre todos, unido siempre a cada uno de ellos, «el enigma eterno de conocer cómo responde el ser humano frente a la muerte»[9].

Esta recurrencia temática tiene también su correspondencia en la misma estructuración de las obras: el peso de la voz narradora, que interviene continuamente en el desarrollo de la acción (valorando los personajes, reflexionando sobre los acontecimientos, confundiéndose con la voz interna de alguno de los protagonistas); la combinación de diversos puntos de vista en una construcción contrapuntística; la preponderancia dada a «la acción interna» de los personajes (recuerdos, sensaciones, imágenes, divagaciones)[10]; el desarrollo de estructuras circulares; la disolución de una clausura clásica del texto[11].

El conjunto de motivos que se reiteran en las narraciones de Revueltas viene también a confirmar su honda coherencia y, de esta manera, podemos hablar de un «texto narrativo total» –utilizando la acertada expresión de Negrín[12]. Estos motivos adquieren una significación simbólica en los relatos y desempeñan una función fundamental para que se produzca la apertura hacia lo universal, esa superación del localismo de una problemática ceñida a un espacio y a un momento histórico muy concretos, que caracterizaba a la tradición narrativa anterior[13]. Motivos que pueden ser de muy distinto tipo y que, dependiendo del relato en el que se insertan, adquieren connotaciones diversas: la

---

[9] *El luto humano*, 118.

[10] Sobre el recuerdo, como clave de toda su obra puede verse el capítulo «En busca del tiempo vital» de Ramírez (1991, 78-84).

[11] Que, en palabras de Anderson, no se presenta ya como «resumen unívoco del mensaje textual» y, de cara al lector, como «la seguridad de una posición de comprensión homogénea, estable y fija» (1992, 114).

[12] Negrín 1995, 154 y ss.

[13] Brushwood analiza detalladamente el desarrollo de un nacionalismo-internacionalista entre los años 1942-1958, que abarca el mundo cultural y el discurso político de la época. Concretamente, se detiene en *El luto humano* como una de las primeras obras que pueden asociarse al fenómeno de la *nueva novela*. El crítico subraya la tensión que se percibe en esta obra entre un contexto social concreto, local («the social context of *El luto humano* coresponds to the internal focus of the Cárdenas era»), y la concepción intelectual desde la que es enfocado («one might think of it as a philosophical code»), que recoge y dialoga con un contexto cultural mucho más amplio (1989, 33-35).

muerte de algún niño; personajes que sólo tienen un ojo; la cárcel y los espacios interiores que generan sensación de enclaustramiento; el mar y el cielo nocturno; la continua aparición de determinados relatos o personajes bíblicos: Adán y Eva, Caín y Abel, la matanza de los inocentes, Judas o Cristo[14]; la representación de lo escatológico con toda su crudeza[15]; la sexualidad deformada: enfermedades venéreas, relaciones incestuosas, prostitución, perversiones; el dolor y la degradación física expresados con variados matices: el cadáver y su proceso de putrefacción, epidemias, pústulas, deformidades. En la animalización de los personajes se reiteran también algunos animales-tipo: coyote, serpiente, araña, sapo, batracio, pajarraco, perro[16].

La galería de personajes que aparecen en la obra de Revueltas es también un buen indicador de esa coherencia global:

> Unos evasores de las Islas Marías [...], lumpenproletariados amargados [...], infieles amantes [...], lamentables pordioseros, enanos homosexuales, violinistas y escritores hambrientos y alcoholizados [...], prostitutas vejadas ante la ironía y el desprecio públicos, lesbianas infectadas por la sífilis, cinturitas brutales y soeces, desertores de la guerra de Corea que vagan por las calles de Tijuana, ladrones pendencieros, líderes traicionados [...], saboteadores partidistas que desesperados deciden un día suicidarse, maestros acosados hasta la impotencia, repulsivos drogadictos capaces de llegar a las más ínfimas de todas las abyecciones. Todo un amplio catálogo de una especie zoológica predeterminada por la sordidez y la angustia vital –o quizá letal[17].

Personajes, motivos, técnicas narrativas y temas se despliegan a lo largo de toda la producción revueltiana con variaciones específicas, pero manteniendo siempre unas constantes muy claras que definen la genuina voz del escritor y que permiten una lectura conjunta y coherente de toda su obra[18]. Inmersos en este mundo textual, vamos a

---

[14] En Romero 1975, se lleva acabo un análisis sobre la presencia de textos y figuras bíblicas en *El luto humano*.

[15] Para una interpretación de este fenómeno, puede verse el capítulo «La defecación universal», de Escalante (1990, 74 y ss.)

[16] Negrín 1995, 259-293.

[17] Melgoza 1984, 39.

[18] Mora subraya esta coherencia y apunta su sentido: «Revueltas escribe casi siempre sobre un sector de la población de México que se halla en los márgenes [...], para

adentrarnos en aquellas narraciones que acogieron, en el desarrollo de su historia, los acontecimientos de la guerra cristera.

1. La tierra anegada: *El luto humano*

Dos años después de que apareciera *Los muros de agua*[19], la publicación de la segunda novela de Revueltas, *El luto humano*, alcanzó una repercusión bastante notable y atrajo enseguida la mirada de una crítica sorprendida por la novedad con que irrumpía en las letras mexicanas el joven escritor. La novela fue galardonada con el Premio Nacional de Literatura del año 1943[20]. Como sugiere C. Domínguez, la obra recogía y transformaba «dos de las tradiciones aparentemente más pobres de los años treinta: la hagiografía cristera y la novela proletaria», transformación que se llevaba a cabo a través del «mito negativo» y la «recreación alegórica»[21].

La narración se desarrolla en dos planos temporales. En el presente de la historia seguimos el éxodo de tres familias (tres parejas: Úrsulo y Cecilia, Calixto y la Calixta, Jerónimo y Marcela), que son los últimos habitantes de una población prácticamente abandonada, de la que intentan escapar ante la inundación provocada por las lluvias y el des-

---

ofrecer al lector una *reflexión sobre las contradicciones de la condición humana que nunca llegan a resolverse* ni en el individuo, ni en la sociedad y que los mantiene en una conflictividad permanente» 2000, 64.(Cursiva mía).

[19] Novela en la que, por cierto, aparece de manera fugaz uno de los personajes más célebres del ciclo cristero: la madre Conchita. Es muy probable que Revueltas la hubiera conocido realmente, durante sus dos estancias en la prisión de las Islas Marías. No debe olvidarse el carácter autobiográfico de *Los muros de agua*. Sobre la génesis de esta novela y su fondo autobiográfico, puede consultarse el interesante artículo de Ruiz Abreu (1999, 83-97).

[20] Entre otras, pueden verse algunas reseñas del momento particularmente significativas: Arreola 1943; Abreu 1943; del español exiliado Herrera Petere 1943; un año más tarde, Chumacero 1944 (se trata de una semblanza del escritor duranguense); finalmente, la más célebre es la publicada por Paz 1943 en la revista Sur, que el Nobel mexicano rectificaría –muchos años más tarde, 1979– en una segunda nota, ya citada: «Cristianismo y Revolución» (Paz 1985). La novela ocupó, en seguida, la atención de libros importantes para la historiografía de la literatura mexicana: *Trayectoria de la novela en México* de M. P. González y *Literatura mexicana, siglo xx: 1920-49* de J. L. Martínez.

[21] Domínguez 1989, I, 1012-1013.

bordamiento del río. Les acompaña también el sacerdote, al que habían llamado para que impartiera las últimas bendiciones al cadáver de Chonita, la hija de Úrsulo y Cecilia, cuya muerte daba inicio al relato. Dos personajes más, Adán y Natividad (verdaderos ejes de toda la trama), completan el reparto principal. No deja de resultar curioso que las dos figuras más destacadas sean dos muertos: por un lado, Natividad, líder del movimiento obrero en el Sistema de Riego, es el portador de todos los valores positivos en la novela; por otro, su asesino, Adán, es un mercenario al que los representantes gobernistas le hacen varios *encargos*.

Al comienzo de la novela Adán se presenta acompañando a Úrsulo, que ha salido en busca del cura. Pocas páginas después, desaparece de manera misteriosa y no lo volvemos a encontrar (su cadáver), hasta el final del penúltimo capítulo, flotando entre las aguas. Es entonces cuando se reconstruye su muerte a manos del sacerdote.

El éxodo de los personajes apenas presenta más acción que el hecho mismo de andar errantes bajo un cielo ceniciento, y la sucesión de defunciones: Chonita, Adán, Jerónimo y el sacerdote. Tras su penoso peregrinar, los supervivientes llegan al mismo punto de partida, la casa de Úrsulo. Suben a la azotea, desde donde contemplan el incesante ascenso de las aguas y el vuelo de los zopilotes que aguardan, como ellos mismos, la inexorable llegada de la muerte.

El plano del presente está determinado por una acción mínima, que consiste en el desplazamiento espacial y que concluye de manera circular (se vuelve al origen). Se trata de un espacio cerrado en sí mismo, al que corresponde un plano narrativo casi ahistórico[22], donde lo que predomina es la idea de clausura y de una continua reducción de los límites (la acción disminuye progresivamente, conforme avanza la novela; los personajes cada vez son menos; el espacio se constriñe constantemente a medida que las aguas continúan su ascenso). Pero, como en un movimiento compensatorio, al tiempo que va decreciendo el mundo externo, se desarrolla la interioridad de los personajes. Surge, de este modo, el segundo plano narrativo: el del pasado, que

---

[22] Así lo entiende Rabadán cuando aborda el sentido que adquiere en la novela la combinación de diversos planos temporales (1985, 45-64). A su vez, Negrín establece un esquema muy claro sobre los cruces temporales que se dan en la novela y su ubicación tanto dentro del texto, como en la historia real, extratextual (1995, 47-53).

abarca aproximadamente los treinta primeros años del siglo y que entra en el relato a través de los recuerdos de los protagonistas. Quizás porque eso es lo único que les queda por hacer: recordar[23].

Este desarrollo del plano del pasado, más extenso conforme nos situamos en los últimos capítulos, tiene algunos acontecimientos privilegiados, hitos que marcan la trayectoria de cada uno de los personajes y del conjunto. Siguiendo el esquema de Negrín ya citado, podemos distinguir tres grandes núcleos: la revolución (agonía del régimen de Díaz y lucha revolucionaria); la guerra cristera (época del conflicto y años posteriores) y aplicación de la reforma agraria en los 30 (bonanza en el Sistema de Riego y decadencia). De manera que, si en el plano narrativo del presente asistimos al itinerario espacial y colectivo de los protagonistas (en un tiempo muy reducido), en el plano del pasado el recorrido es de carácter temporal y subjetivo (con una rica variedad de escenarios).

Una de las lecturas que permite esta obra es la de entenderla –desde la perspectiva más *realista*– como un resumen, una síntesis desencantada de la evolución histórica del México contemporáneo. Indudablemente, este aspecto se encuentra presente en el texto, pero su propia complejidad estructural apunta a una combinación de estratos de diversa índole, que requieren también de una comprensión más amplia, en la que se conjuguen diversos niveles de lectura. Hay también en *El luto humano* una dimensión alegórica que entraña, junto a la asunción de referentes históricos concretos en el entramado textual, una «enorme carga simbólica e ideológica»[24]. Será preciso tener en cuenta esta complejidad, este espesor semántico, en el análisis de la representación del conflicto cristero que se lleva acabo en *El luto humano*.

Quizás sea en el último capítulo de la novela donde se manifiesta de forma más clara la combinación de elementos heterogéneos que se articulan en la obra, produciendo un texto denso, que rechaza una

---

[23] A propósito del peso de la memoria en la obra de Revueltas, señala Escalante: «la memoria, que funciona [...] a la manera de instrumento de la densidad, gracias al cual es posible, por una parte, romper el desarrollo lineal (cronológico) del relato, y por otra, intercalar dentro del argumento una historia que sirve para configurar la individualidad de los personajes, se ve sometida ella misma a un proceso de excrementación» (1990, 83).

[24] Negrín 1995, 75.

interpretación cerrada y excluyente. Y esta resistencia, como indica Anderson, se percibe en la misma heterogeneidad de los discursos que se entrecruzan:

> El capítulo final rompe con la alteración regular entre el discurso de la voz narradora y el de los personajes. En el capítulo nueve proliferan referencias a múltiples tipos de discursos: además del lenguaje de los personajes, la voz narradora integra y cita fragmentos de un título de propiedad de 1658 (124), de una crónica de Fray Bernardino de Sahagún (126), del lenguaje político y laboral (133), de una narración oral que se cuenta como una historia de espantos (135-50), de un mensaje obispal (168, 170), y de un reportaje periodístico (182-4).

Junto a esta diversidad de discursos, subraya también el crítico las relaciones intertextuales que establece la obra de Revueltas con un amplio grupo de novelas (algunas de las cuales ya han sido apuntadas): «la novela de protesta social, la novela utópica del realismo social, la novela de la Revolución Mexicana, la novela indigenista, y la novela de la Rebelión Cristera»[25].

1.1. *La visión general del conflicto*

> Antes de que el Sistema fuera establecido, sin embargo hubo en el pueblo cierta vida, para llamarla de algún modo. Por la noche circulaban sombras a través de la calle y en la iglesia reuníanse individuos extraños con el cura. Un misterio se desarrollaba, como si hasta ese rincón de México llegara el soplo de algo grave y siniestro que estuviese ocurriendo en el país (168).

La amalgama de elementos que se combinan en el tejido de *El luto humano*, a la que se suma la perspectiva honda de un narrador que asume con frecuencia un tono reflexivo, casi más propio del ensayo, plantea una tensión continua entre lo anecdótico, vinculado a un recorrido panorámico por la historia contemporánea de México, y lo alegórico-simbólico, que apunta más bien hacia una visión esencial, atemporal, que se pregunta por la condición del hombre y el sentido

---

[25] Anderson 1992, 116.

de su peregrinar terreno. En este sentido, desempeñan una función primordial las reflexiones del narrador: una de las características de la escritura de Revueltas es la inserción, en la novela o en el relato breve, del discurso ensayístico. Este rasgo levantó, en su momento, muchas críticas[26]; si bien no falta quien ha apreciado en este hecho una poética particular: «expresión de una opción estética destinada a subvertir la mediación del lenguaje como un factor de enajenación. [...] La negación de una lectura unívoca de la realidad sociohistórica»[27].

Dirigiendo ahora nuestra atención hacia aquellos fragmentos en los que se recogen escenas relacionadas con el conflicto, el primer aspecto que cabe destacar –sobre todo si elaborásemos una comparación con las novelas de la guerra contemporáneas a *El luto humano*– es el balanceo continuo que experimenta la narración entre el relato de hechos concretos, que se ajustan perfectamente a la tópica sobre la guerra cristera (el sermón del cura, las torturas al maestro de escuela, la milagrería que se genera en torno a los combatientes cristeros, etc.), y la valoración del narrador o las reflexiones interiores del sacerdote sobre estos mismos acontecimientos. En ellas, el alcance y la hondura apuntan mucho más allá de los juicios partidistas, menos elaborados, y frecuentemente maniqueos de otras novelas.

Tres son los capítulos en los que, por diversas vías, se accede a los trágicos acontecimientos de la Cristiada: al final del capítulo segundo, a través de los recuerdos fragmentarios del sacerdote (29-31); en el capítulo sexto, donde asistimos a la agonía de este personaje, acompañada de un veloz repaso por momentos particularmente significativos de su vida (77-9); finalmente, el pasaje más extenso aparece en el último capítulo, donde una especie de memoria colectiva va recordando –por medio de la voz del narrador– todos los acontecimientos anteriores, centrados principalmente en las figuras de Adán y Natividad (168-77). He hablado de memoria colectiva, aunque en gran medida lo que se nos cuenta pertenece a los recuerdos de Adán que, por otra parte, está muerto. Sin embargo, conforme va avanzando, el relato se aleja cada vez más de lo que pudiera ser el punto de vista del personaje y aparecen escenas en las que éste no participa. De ahí que se pueda

---

[26] Escalante 1990, 13.
[27] Kohui, en su estudio sobre *Los días terrenales* (1991, 225-226).

hablar de un recuerdo colectivo, que no cabe atribuir a nadie en concreto y que nos llega siempre a través de un narrador que tiene la suficiente autonomía como para detenerse, quebrar el relato, hacer una reflexión o dirigirse al lector.

En el segundo capítulo, una vez que Adán y Úrsulo consiguen atravesar el río y llegan a casa del cura, la presencia inesperada de estos hombres despierta en el sacerdote un fortísimo sentimiento de unión:

> El propio Úrsulo comprendió que el cura no podría regresar ya, y no tan sólo por la tormenta, sino porque de pronto se encontraba ligado a eso que ellos, Úrsulo, Adán, Cecilia, Chonita, representaban: contradicción, desesperanza (29).

El sacerdote descubre en estos hombres su nueva iglesia «sin fe y sin religión», porque «origen y destino se habían perdido». Desde estas reflexiones, (en las que se puede percibir la paradójica argumentación que caracteriza a muchos personajes de Revueltas y a sus narradores), y tal vez estimulado por la presencia de Adán, vienen a la cabeza del cura los recuerdos del conflicto religioso, con un sabor amargo, que ha dejado honda huella no sólo en su memoria, sino en la conciencia misma de su tarea sacerdotal. Como ocurre con frecuencia en la novela, lo que comienza presentando el mundo interior de un personaje acaba confundiéndose con la misma visión del narrador, sin que se pueda discernir claramente qué corresponde a cada uno. Según este modo de proceder, ya en el primer acercamiento a la guerra cristera, evocada originariamente por la memoria del sacerdote y comentada por el narrador, se ofrece una interpretación compleja del conflicto, que va a permanecer a lo largo de toda la novela. ¿Cuáles son sus ideas principales?

En primer lugar, la lucha de los cristeros muestra la pervivencia de una religiosidad arcana, «muy lejos de la Iglesia de Roma», una «religión nacional», cuyo Dios es «un Cristo resentido y amargo» (29-30). Para explicar este acontecimiento, cuya característica principal va a ser la eclosión de un odio y de una violencia estremecedores, se recurre a un pasado remoto, que evoca la crueldad de las antiguas prácticas religiosas aztecas (los sacrificios humanos que proyectan la imagen de una deidad feroz). Ésta permanece, como un mal atávico, en lo más hondo de la identidad cultural de los campesinos humildes que se lanzan a la guerra. Por otra parte, el proceso evangelizador de los colonizadores españoles, al edificarse sobre la misma violencia, no sólo no la consiguió extirpar, sino que terminó por perpetuarla. Así aparece de nuevo en el último capítulo, en esta ocasión a través de un comentario explícito del narrador:

> En la comarca, la de Jesús era una tropa reducida, pero prodigiosa-mente fría, prodigiosamente cálida, osada, terrible iracunda. *No tenía miedo ni valor, ceguera tan sólo, fuerza milenaria, pedernal en las entrañas* (169. Cursiva mía)[28].

La mirada al pasado remoto de México, que se da también en las novelas centradas en la guerra, parece buscar en el origen la explica-ción a una historia cargada de enfrentamientos, caracterizada por el fratricidio y el constante derramamiento de sangre. Me parece que dicha búsqueda debe contextualizarse también en un ambiente inte-lectual muy concreto, correspondiente a los años en que se escriben estas obras: la pregunta por el ser de México, la indagación acerca de los rasgos que definen la identidad del mexicano[29].

Hasta aquí, la visión compartida entre narrador y sacerdote se mantiene dentro de los límites de lo histórico: a través de una amplia mirada diacrónica se da explicación a un acontecimiento concreto, en el que participan algunos de los personajes de la novela. Pero, en seguida, se produce el salto hacia la pregunta esencial, de carácter uni-versal, detrás de la cual se percibe la ideología de lo que Negrín llama el sujeto-narrador («una conciencia ordenadora de todo texto a la que habría que atribuir, en última instancia, la visión del mundo, la ideolo-

---

[28] Esta concepción histórica de reiteración cíclica de hechos vamos a encontrarla también en Yáñez (*Las vueltas del tiempo*) y en Rulfo. Sobre la función de lo circular en Revueltas, comenta Ortega: «Revueltas entiende que el ser humano, y concretamente el mexicano está anclado en un pasado y determinado por un complejo de desposesión al que compulsiva, periódicamente, vuelve a través de su historia» (1999, 106).

[29] Arias 2002, 184-91. Por otra parte, esta pregunta es –como se sabe– recurrente en la narrativa y el ensayo hispanoamericanos de los años 20 y 30. En México, tras la publicación del ensayo de Samuel Ramos, muchos intelectuales se internaron en esa búsqueda de las «esencias nacionales», que obtuvo su mejor texto con *El laberinto de la soledad*. Revueltas, en 1950, escribe su polémico estudio «Posibilidades y limitaciones del mexicano», con el que se opone a una visión ahistórica de la identidad nacional (Parra, 1999).

gía conformadora del mismo»[30]). Hay una transición entre uno y otro plano, que puede advertirse en el siguiente texto: «La religión de los cristeros era la verdadera Iglesia, hecha de todos los pesares, de todos los rencores, de toda la miseria de un pueblo oprimido por los hombres y la superstición» (30).

La frase citada contiene cierta ambigüedad en su alcance significativo. Se habla de una religión concreta –la de los cristeros–, cuyas terribles manifestaciones se van a ver enseguida; pero esta peculiar Iglesia que defienden, por la que lucharán hasta la muerte, se presenta como modelo: es la verdadera. El lector se ve obligado a preguntarse por qué y, una vez completada la lectura de la novela, puede aventurar una respuesta. La Iglesia de los cristeros es la verdadera en la medida en que, a través de ella, se desvela de manera más evidente la falsedad de toda Iglesia, construida sobre *los pesares, los rencores, la miseria y la superstición de un pueblo*.

De esta manera, si en el plano histórico la guerra cristera constituye uno de los hitos que marcan el transcurrir del México posrevolucionario (indicando, en buena medida, la parálisis forzada de la auténtica revolución, que se postula como la libertadora de todas las estructuras alienantes), en el plano simbólico-alegórico cumple un papel esencial, al desvelar las perversiones a las que conduce cualquier dogmatismo y, en este caso particular, el religioso. Una nueva cita, una nueva interrupción de carácter reflexivo por parte del narrador, ahora extraída del último capítulo, parece apoyar esta interpretación:

> Aquello descomunal, todo aquello insensato y extraviado, la inútil sangre, la fiereza, el odio, el río sucio a mitad del país, negro, con saliva, la serpiente reptando, ¿qué era? ¿Qué misterio? ¿Qué pueblo asombroso, qué pueblo espantoso? *Sólo podía explicarse por la desposesión radical y terminante de que había sido objeto el hombre, que si defendía a Dios era porque en él defendía la vaga, temblorosa, empavorecida noción de sentirse dueño de algo, dueño de Dios, dueño de la Iglesia, dueño de las piedras, de algo que jamás había poseído, la tierra, la verdad, la luz, o quién sabe qué, magnífico y poderoso* (172. Cursiva mía).

El narrador y algunos personajes principales (como el sacerdote para los acontecimientos de la guerra cristera), son los portadores de

---

[30] Negrín 1995, 120. Es decir, lo que otros críticos denominan el *autor implícito*.

la doble interpretación que los hechos históricos reciben en la novela. Un proceso que, como he podido comprobar, los inserta, por un lado, en la valoración global de la historia reciente de México y, por otro, casi simultáneamente, los extrae de su concreción temporal, trascendiendo a un nivel simbólico.

Detrás de ese doble desarrollo interpretativo se encuentra latente una ideología determinada, una visión del mundo en la que pueden distinguirse elementos propios de un planteamiento marxista (la percepción de la Iglesia y, más en general, la religión como una estructura alienante), que entran en un complejo diálogo con preocupaciones de corte existencialista (la pregunta por el sentido de la propia existencia, el sentimiento del vacío de Dios, y una profunda añoranza de sentido). Se entiende así que la visión de la guerra que se nos ofrece en *El luto humano* (y en los relatos de *Dios en la tierra*) no responde tanto, como ocurre en las novelas de la guerra cristera, al afán de otorgar un testimonio sobre lo que realmente ocurrió, ni de enjuiciar cuál de los dos bandos tenía la razón o sus diversas motivaciones[31]. Más que en la reconstrucción inmediata de los hechos fundamentales que marcan el desarrollo del conflicto, Revueltas parece interesarse por el sentido que cobran esos hechos dentro de su interpretación de un proceso histórico (el que señala la interrupción del impulso revolucionario en México), así como por su potencialidad simbólica: la guerra religiosa –en la visión revueltiana– proyecta la perversidad que desencadena el dogmatismo, al tiempo que revela el deseo de llenar de significado la existencia, *sentirse dueños de algo*.

Sobre este último punto cabe destacar cómo en el *Luto humano* comienza a desarrollarse literariamente una de las claves de la obra revueltiana. El desvelamiento, la revelación desenajenante que se plantea como objetivo, no se asienta en el falso optimismo de cierto marxismo que –para Revueltas– cae en el mito. Si, por un lado, el proceso de degradación que caracteriza sus relatos hace visible la fuerza destructora del capitalismo, por otro, va más allá hasta oponerse a cualquier tipo de «opresión, sea de signo capitalista o socialista, religiosa o ética, real o imaginaria»[32]. Liberarse de toda enajenación con-

---

[31] Arias 2002, 89-121.
[32] Escalante 1990, 20.

siste –en su significación más radical– en un proceso de despojamiento, de «despersonalización», que lleva a asumir la ausencia de sentido: «El sinsentido de la existencia se nos ofrece como libertad, una libertad trágica»[33].

Señalado el marco general en que se introduce el relato de algunos sucesos relacionados con la guerra cristera, se puede comprender mejor la originalidad con que la novela abordó el hecho histórico.

1.2. *Igualación de los bandos*

Una de las cosas que más llama la atención en el acercamiento de esta novela al conflicto religioso es la equiparación que lleva a cabo el narrador entre los dos grupos enfrentados: cristeros y federales-agraristas. Resulta sorprendente si se tiene en cuenta que la mayoría de las novelas sobre la guerra cristera, más o menos contemporáneas a *El luto humano*, eligen defender a alguno de los bandos, al tiempo que condenan al contrario.

Esta posición del narrador puede darse de diversas maneras. En muchos casos hay una clara defensa de una de las causas enfrentadas (*Jesús vuelve a la tierra*, la trilogía de Gram, *El santo que asesinó*, *¡Ay, Jalisco, no te rajes!*, *Tirano y víctimas*, *Canchola era de a caballo*, *Entre las patas de los caballos*, etc.), defensa que lleva consigo no sólo una argumentación por parte del narrador, sino una selección de las acciones y de los personajes que responda a dicha visión. En otras novelas, el narrador se mantiene en una posición más compleja: un tanto distanciado de los argumentos de unos y otros, señala lo extremista de algunas afirmaciones, aunque –por diversos motivos– comienza o termina inclinándose hacia uno de ellos, más bien por oposición a su contrario (pueden englobarse aquí, con diferencia de matices: *La Virgen de los Cristeros*, *Los Cristeros. La guerra santa en Los Altos*, e incluso más tarde, *Las Brígidas de Montegrande*). En estas novelas se presentan las atrocidades cometidas por ambos bandos y en ningún caso se justifica el recurso a la violencia (rasgos que comparten con la novela de Revueltas)[34].

---

[33] Ramírez 1991,61.
[34] Así lo hace notar Negrín por lo que respecta a las dos primeras novelas (1992, 109 y 115).

Pero la igualación que se establece en *El luto humano* entre los dos grupos enfrentados va mucho más allá. Según la interpretación que ofrece Revueltas, ambos bandos son representantes, en último extremo, de una misma causa y persiguen idéntico objetivo:

> La lucha se estableció en torno de la Iglesia y no sólo en el sentido religioso, poderoso de la palabra, sino literalmente. Ahí en el pueblo los agraristas y federales llegaron con el propósito de desalojar a los cristeros y apoderarse del templo para que oficiara un cura cismático. [...] «Lo curioso -pensaba el cura- es que luchamos no sólo por el mismo templo, sino por la misma Iglesia resentida y oscura».

Y, acto seguido, insiste el narrador:

> Porque ni la Iglesia romana ni la del Cisma dependían de Roma, en realidad. Eran ambas una sola Iglesia; una Iglesia de la nostalgia, de la resignación y de la muerte (30-1).

El hecho histórico de la creación de una Iglesia cismática, presidida por el patriarca Pérez y –según todo parece indicar– alentada por el propio Calles, fue uno más de los muchos motivos que condujeron al enfrentamiento final entre un amplio número de católicos mexicanos y el gobierno. Sin embargo, a pesar de haber constituido un eslabón importante en la cadena de sucesos que terminaron por desembocar en el conflicto, no parece que haya sido la causa primordial por la que surgió la guerra[35]. Las tropas federales, unidas a los agraristas, no tenían como cometido instaurar en los templos católicos a sacerdotes cismáticos, sino acabar con los campesinos rebeldes que se habían levantado en contra de la ley-Calles y sus consecuencias (la decisión de los Obispos de suspender los cultos mientras la ley estuviera vigente).

Estamos, pues, ante una recreación bastante libre de los sucesos históricos, en la que Revueltas otorga un peso fundamental a la creación de la Iglesia cismática, hasta el punto de considerar la guerra cristera como el enfrentamiento entre dos instituciones religiosas: una dependiente de Roma y otra, nacional, ligada al gobierno. Pero esta reelaboración no

---

[35] Meyer 1973-1974, II, 148-159; Quirk 1973, 140-141; López Beltrán 1991, 46-47; y Arias 2002, 56-57.

obedece a un desconocimiento de la historia, ni a un capricho: el texto nos da las claves para atisbar su sentido. El ataque que se oculta tras esta igualación no va tanto dirigido contra los cristeros –aunque, como se ha visto, también éstos reciban una fuerte crítica–, como contra el régimen a que ha dado origen la revolución institucionalizada, cuyos representantes pretenden imponer la misma Iglesia que los cristeros, caracterizada como ya vimos por tres sustantivos verdaderamente claves: nostalgia, resignación, muerte. Los tres están ligados por apuntar hacia el pasado (se extraña algo anterior, se acepta lo que viene de atrás, muere lo que antes tuvo vida) y, más aún, por la clausura de un presente sin futuro.

La lucha pretende obtener la misma iglesia, el templo, espacio que alcanza, entonces, una significación profunda: es el objeto-fetiche, a través del cual se canalizan las inquietudes del pueblo y se detenta el poder. Porque quien posee el templo, el espacio sagrado, maneja las ansias de redención del pueblo. Eliade ha estudiado cómo, tras las diversas formas en que se instituye la sacralización de un recinto, de un espacio concreto, «se subraya y denuncia una condición determinada del hombre en el cosmos, que podríamos llamar *la nostalgia del paraíso*. Entendemos por tal el deseo de estar *siempre* y *sin esfuerzo* en el corazón del mundo, de la realidad y de la sacralidad y de superar en sí mismo de una manera natural la condición humana y recobrar la condición divina, o como un cristiano diría: la condición anterior a la caída»[36].

Así se entiende que Adán sea el personaje que representa a las fuerzas anticristeras y que, con base en su propia actuación durante el conflicto, se establezca un claro paralelismo entre él y los dos jefes cristeros, Guadalupe y Valentín, igualmente crueles, igualmente cegados por la pasión del combate. Adán es el instrumento del gobierno *revolucionario* para mantener su dominio, como se comprueba en la ejecución de los cristeros y, de forma aún más grave, en el asesinato de Natividad. Del mismo modo, Guadalupe y Valentín –si seguimos la lógica del relato– son las fuerzas ciegas al servicio de ese otro poder (el de la Iglesia), representado de forma paradigmática en los fragmentos del «Tercer mensaje al mundo civilizado» del obispo de Huejutla:

¿Permitiréis, oh padres de familia, que vuestros hijos sean al fin presas de la Revolución? –continuaba el obispo de Huejutla– ¿Permitiréis que los

---

[36] Eliade 1981, 384 (Cursiva mía).

pedazos de vuestras entrañas sean devorados por la jauría infernal que ha clavado sus garras en el seno de la patria? (169).

Estamos ante un poder que muestra toda su atrocidad –de manera semejante a como el otro poder aniquila a Natividad– en las tremendas torturas a las que es sometido el joven maestro rural: le arrancan la lengua, le hacen ingerir alcohol, y le obligan a gritar «Viva Cristo Rey». Por otra parte, la masa que pelea en cada uno de los frentes es, en definitiva, la misma gente, a quienes sólo distingue el uniforme:

> Con seguridad los federales creían en Dios, en Cristo y en la Iglesia. Inexplicable entonces por qué peleaban, pues también ponían rabia, odio. El encuentro fue sobre la campiña mexicana, es decir, como sin sangre, como irreal, allá –se decía– por las tierras moderadas y discretas del Bajío. [...] Nada puede suceder y, sin embargo dos grupos de hombres chocan: uno blanco de sombreros grandes y pantalones de manta; otro verde oscuro, con gorras y polainas. Chocan como sin odio, mas ahí está la muerte y desde luego una cólera profunda que hierve (169-70).

Ellos no distinguen por qué luchan, «no entendían la diferencia» (171), y son dirigidos, sin embargo, por esas *dos Iglesias* que ya han sido definidas y cuya significación más profunda he intentado desentrañar. La historia de los personajes de la novela puede considerarse como el relato de un fracaso que es producto de un engaño, por ambas partes. Así parece interpretar Portal la novela: «un grupo de hombres y mujeres, acosados por la muerte, saben que han sido engañados, que mueren solos, ni la religión, ni la Revolución, ni los Sindicatos, les han dado una justificación del dolor y de las dificultades del vivir»[37]. En la misma línea, pueden aplicarse a la novela estas palabras de Mora, sobre la imagen de la Iglesia en los cuentos de Revueltas: «[...] la religión, al menos la que representa la Iglesia o, más específicamente, la ideología religiosa en México, no significa ninguna salvación para el hombre; [...] y sus representantes, los cristeros, actúan arrastrados por el fanatismo y la violencia»[38].

Sólo queda preguntarse por el mecanismo mediante el cual se consigue movilizar a la gente. También el texto, su narrador, nos ofrece una respuesta en el último capítulo de la novela:

---

[37] Portal 1984, 19.
[38] Mora 2000, 63.

En el fondo las dos Iglesias no hacían más que partir de un mismo sentimiento oscuro, subterráneo, confuso y atormentado, que latía en el pueblo, pueblo carente de religión en el estricto sentido pragmático de la palabra, pero religioso, uncioso, devoto, más bien en busca de la divinidad, de su divinidad, que poseedor de ella, que dueño ya de un dios (171).

1.3. *La violencia: en las acciones, en las palabras*

Si hay una nota predominante en la novela que caracterice de manera global el período en el que tiene lugar la guerra religiosa, ésta es, sin duda, la del inicio y desarrollo de una violencia que parece no tener límites. Así lo siente el cura, cuando asiste horrorizado, incapaz de intervenir, al tormento del maestro:

> Como sacerdote pudo evitarlo tal vez. Pero una impotencia lamentable le atrofiaba la voluntad. [...] Él había contribuido a desatar fuerzas superiores a sí mismo. Las fuerzas de la ira y de una fe atroz, que lo señoreaban todo. [...] ¿Podía creerse en algo? ¿Por qué todo era injusto? ¿Qué iba a ser del pueblo? ¿Dónde estaba su historia? Odio. Odio. Odio. Odio. Odio. Odio. Cincuenta clases de odio. Odio santo y otros (176).

Todas las acciones que describen el conflicto presentan este aspecto en sus distintas manifestaciones: enfrentamiento, combate, cólera, tortura, ejecuciones, venganzas... (hasta el último asesinato que se produce en la novela, el de Adán, se muestra como una secuela más de la guerra). El clima de excitación parece trasladarse a la misma narración de los hechos. El relato está roto, fragmentado, es más bien un conjunto de retazos sueltos –verdaderos aguafuertes– que, unidos en la memoria, arrojan una imagen sombría y trágica. No hay un intento por ordenar los sucesos de manera lineal, siguiendo una lógica: se intercalan tiempos, espacios y personajes diversos. Así ocurre, por ejemplo, con el mensaje del prelado que, tal y como lo presenta el texto parece preceder a la guerra, cuando –en realidad– es posterior a ésta, a su primera fase[39]. Como ya indiqué, algo similar puede decirse de la aparición de la Iglesia cismática, que habría que incluir entre los precedentes del conflicto, pero que ocupa un lugar muy secundario cuando ya ha estallado.

---

[39] Negrín 1995, 29.

No se reconstruye la totalidad de la guerra cristera, pero, precisamente por ello, las escenas seleccionadas alcanzan un valor casi emblemático: en realidad –parece querer decirnos el texto– esto fue la guerra cristera. Así, si llevamos a cabo un veloz recorrido por los tres capítulos que contienen los fragmentos sobre la Cristiada, encontramos recogidos los siguientes eventos:

Capítulo II. Recuerdos del sacerdote en los que se reúnen imágenes de la lucha entre los cristeros dirigidos por Guadalupe y los agraristas y federales (30), además, se menciona que Adán había matado a Guadalupe y «torturado salvajemente» a Valentín (31).

Capítulo VI. De nuevo es la memoria del sacerdote la que recobra del pasado algunos sucesos, como la marcha de los hombres al monte para luchar y las celebraciones clandestinas, presididas por el miedo (77). También aparece el relato, más detallado, de la ejecución por parte de las tropas federales de un humilde campesino cristero, al que los soldados bautizan como Juan Pérez (78-9).

Capítulo IX. Ahora es el narrador omnisciente quien parece recoger de la memoria colectiva las estampas que se suceden en el texto: la tortura del maestro y el encuentro lleno de «rabia y odio» entre dos grupos de cada bando (169); la muerte de un soldado cristero que, ya sin cabeza, anda hasta la retaguardia para caer a los pies de una cruz (170); de nuevo, el surgimiento de la guerra en aquel pueblecito aparentemente tranquilo (171-2). Finalmente, de forma pormenorizada, se detiene en la prolongada tortura a la que somete Adán al líder cristero, Valentín. Este relato se intercala, además, con la última aparición de las reflexiones del cura, quien equipara esta muerte con la del joven maestro (173-177).

Pero la violencia no sólo se encuentra en la actuación de los personajes, sino también en sus propias palabras. No me refiero ahora al discurso del narrador que, como quedó dicho, transmite el clima cargado de ira y odio a la misma construcción del relato, sino a la función que cumplen las palabras –dentro de la acción de la novela– como desencadenantes de los acontecimientos. Tocamos aquí, aunque sea por un instante, otro de los temas recurrentes de la escritura de Revueltas: el poder de las palabras[40]. La reflexión sobre el lenguaje aparece en otros

---

[40] «La religiosidad del escritor Revueltas atañe en forma privilegiada a las palabras. Esta temática se enmarca dentro de una reflexión sobre el poder del lenguaje que está diseminada por las narraciones. En *El luto humano* se menciona la fuerza de las

momentos de la novela, diseminada en distintos pasajes. A veces se subraya la imposibilidad de expresar verbalmente lo que se piensa, así ocurre por ejemplo, entre Úrsulo y Cecilia o ésta y Calixto, al comienzo de la obra; en otras ocasiones un enunciado se destaca por contener, en su breve expresión, una honda verdad: particular fuerza alcanzan las frases que Natividad dirige a Adán acerca de la revolución; por último, algunas palabras adquieren casi un valor sagrado: tal es el caso del nombre «Adán», que ningún personaje se atreve a pronunciar o, en otro sentido, cuando se relata la muerte de Natividad y se repite, casi como una letanía, el enunciado «estaba escrito que...»[41].

La meditación sobre el lenguaje, sugerida en esta novela y desarrollada en toda la narrativa de Revueltas, no es en absoluto unívoca: hay palabras que son claves para descifrar las verdades más hondas, pero también hay palabras prohibidas o sacralizadas por el miedo, otras están vacías o gastadas por el uso, y tampoco faltan las palabras del dominio o del encubrimiento.

En este marco más amplio, que dialoga con el resto de la producción revueltiana, se comprende mejor el papel desempeñado por la violencia verbal en *El luto humano*, cuando relata los sucesos de la guerra cristera. Hay una primera consideración de carácter histórico: antes de los fusiles fueron las palabras (de uno y otro lado, aunque en el texto se subraye sobre todo el papel desempeñado por el clero). Con una lógica aplastante (causa-efecto), bien puede considerarse a éstas como las responsables últimas de tanta crueldad. Da la impresión de que ya en ellas mismas estuviera contenido, como en germen, todo el cúmulo de atrocidades que desencadenará posteriormente la guerra. De ahí la insistencia en recoger (hasta tres veces) fragmentos del mensaje del obispo de Huejutla, escrito en un tono apocalíptico, que «llamaba a la rebelión» y que ponía el énfasis en el enfrentamiento, en la confrontación entre unos y otros, estableciendo dos bandos y satanizando al contrario:

¿Toleraréis siquiera –escuchábanse las palabras llenas de espuma de aquel Savonarola frenético de Huejutla–, toleraréis que el monstruo bol-

---

palabras en el caso de la guerra cristera; los llamados al levantamiento campesino se transforman en acción» Negrín 1995, 285.

[41] Revueltas escribió un relato, «La palabra sagrada», que gira en torno a esta idea. *Dormir en tierra* 1960, 11-34.

chevique penetre en el santuario de las conciencias de vuestros vástagos para destrozar la religión de vuestros padres y plantar en él la bandera del demonio? (170).

Se produce, por tanto, de manera implícita, un juicio sobre la responsabilidad del surgimiento del conflicto (tema capital en las novelas de la guerra cristera)[42]. Deteniéndonos ahora en el plano histórico, *El luto humano* destaca como factor decisivo para que la gente se lanzara al combate la predicación –oral y escrita– del clero mexicano, hecho que, tal como lo muestra el texto, parece claro en el caso del obispo. Por supuesto, hay una *manipulación* artística e ideológica por parte del novelista. En primer lugar se selecciona a un obispo como representante de toda la Jerarquía. Un prelado que, habiendo sostenido en un primer momento –antes de la guerra– una postura pacificadora, tras haberse aprobado la constitución de la Liga por el Episcopado mexicano, e iniciada la contienda, consideró un deber de lealtad apoyar a los soldados cristeros y a sus representantes, manifestándose absolutamente contrario a los arreglos. Se ha elegido, por tanto, a un obispo combativo en exceso con el gobierno, pero enfrentado también a otros prelados mexicanos, que optaban por soluciones más conciliadoras. Las palabras que se recogen en la novela corresponden al momento en que se impone la educación socialista en México, cuando ya la guerra cristera (al menos su primera parte) había terminado. Mons. Manríquez y Zárate, además de sentirse herido y aislado, cree ver confirmados sus temores respecto a la invalidez de esos arreglos[43]. Sin embargo, también debe tenerse en cuenta que fue precisamente a raíz de la polémica sobre la educación como surgió el segundo rebrote, «la Albérchiga», caracterizada precisamente por las brutales torturas y amputaciones a numerosos maestros rurales. «La Segunda» alcanzó particular virulencia en el estado de Durango, esto puede explicar que el autor mantuviera más viva en la memoria esta segunda fase del conflicto.

---

[42] Arias 2002, 177-84

[43] Meyer, al abordar la postura de la Jerarquía mexicana, señala a Manríquez y Zárate como «el que abrazó más apasionadamente la causa», si bien no deja de subrayar cómo hasta finales del 26 había mantenido una posición firme en contra de la guerra: «había condenado en tres ocasiones la violencia y propuesto a los cristianos la muerte en el circo bajo la garra de los leones» (1973-4, I, 19).

Pero la responsabilidad no se limita únicamente a la jerarquía eclesiástica mexicana representada en el obispo de Huejutla, sino que se extiende a todo el clero, mediante la figura de «el sacerdote», (la ausencia de un nombre propio para ambos personajes facilita la generalización):

> –Quieren crucificar otra vez a Jesús –dijo el cura, y una sordera, una cosa fría e irremediable respondió a sus palabras. He aquí las palabras que después se tornan sangre y fuego y llanto. Nacen, no son nada, apenas un pequeño esfuerzo pulmonar, pero cuando entran en el hombre se endurecen y cobran su tributo (77).

La acusación contra el clero como máximo responsable de la lucha es otro de los tópicos de las novelas sobre la guerra (como es lógico, me refiero a aquellas que son contrarias a los cristeros), y *El luto humano* se relaciona en este aspecto con ellas. Sin embargo, la argumentación de este juicio histórico compartido resulta, en esta narración, original y más persuasiva. Si las otras novelas ponen el acento de su tesis en la participación activa de los sacerdotes en la guerra (*Jesús vuelve a la tierra, Los Cristeros, ¡Ay Jalisco, no te rajes!*, o *¡Canchola era de a caballo!*); en la obra de Revueltas se hace hincapié en la labor incitadora, al tiempo que se destaca el hecho de que el sacerdote haya permanecido escondido, alejado del combate. La acusación se muestra así mucho más contundente, por dos motivos: se mantiene más apegada a lo que realmente ocurrió (fueron muy pocos los sacerdotes que tomaron las armas), y une a la responsabilidad de promover la guerra fratricida, la denuncia –implícita– de cobardía, y la irresponsabilidad –explícita– de abandonar a su suerte al pueblo que combatía en su nombre.

Finalmente, por lo que se refiere al juicio histórico que sostiene la novela, debe destacarse su sutileza. No impone una valoración en este sentido. Aunque aparecen *comentarios adjetivadores* por parte del narrador, se argumenta –sobre todo– con la fuerza de los hechos, a través de una cuidadosa estructuración del texto que presenta en alternancia contrapuntística las palabras del prelado y las terribles escenas de la guerra.

El pueblo embarcado en la lucha, a ambos lados del combate, resulta en buena medida absuelto por el narrador: «La multitud es una suma negativa de los hombres, no llega a cobrar jamás una conciencia superior. Es animal, pero como los propios animales, pura, mejor entonces, peor también que el hombre» (179).

Esa multitud, dentro de la reflexión sobre el ser nacional constantemente presente en la novela, parece estar necesitada de un guía que la libere de males endémicos. La figura de Natividad –como sugiere su propio nombre– se presenta como ese Mesías, un Cristo redentor (pero no Dios, sino hombre; no trascendente, sino terreno), que posee las palabras nuevas de la Revolución verdadera. Como apunta Enríquez, «Revueltas acepta y comprende uno de los principios teológicos fundamentales del cristianismo: Cristo es el Hombre y todo hombre es Cristo. Pero no da el "salto al vacío" que significa la fe [...]: Dios es una persona que se revela en otra persona, en Cristo»[44].

Frente al mesianismo de Natividad, se pone en contraste la conducta anticristiana de los cristeros y la jerarquía eclesiástica. El sacerdote, el Obispo, el enganchador de esquiroles que engaña a los indios con alcohol (158), y los líderes revolucionarios son los falsos profetas: sus palabras o están vacías, o son portadoras de violencia, o funcionan como un instrumento de dominio. La narración adquiere entonces también un papel revelador, al desacralizarlas, al desenmascararlas:

> [El cura] Recordaba ahora los gestos, las palabras y cómo aquellos «viva Cristo Rey», «viva la Iglesia mexicana», «viva la Revolución», no tenían significado alguno, pues eran tan sólo un expediente de la cólera, del miedo y de esas intolerables ganas de orinar y beber agua que sobrevienen durante un tiroteo (30).

1.4. *El sacerdote*

Figura central e inexcusable en la mayor parte de las novelas sobre la guerra cristera, el sacerdote cumple en *El luto humano* un papel primordial, no sólo en los pasajes que hacen referencia al conflicto, sino en el conjunto de la novela. También en el tratamiento de este personaje se destaca la originalidad de Revueltas, muy lejos de los estereotipos del héroe (en: Gram, aunque presente también su contrafigura, *La Virgen de los Cristeros*, *Tirano y víctimas*, *Pensativa*, *El rancho de San Anto-*

---

[44] Enríquez 1999, 265.

ñito o *Alma mejicana*), y del villano (en: *Jesús vuelve a la tierra, Los Criste-*
ros, ¡Ay, Jalisco no te rajes!, o *¡Canchola era de a caballo!*)[45]. El sacerdote
creado por Revueltas, dada su complejidad y la profundidad con que
se lleva a cabo su caracterización está más cerca de los que encontramos en *Al filo del agua* o de esa misteriosa criatura de Rulfo, el Padre
Rentería.

Hay que subrayar de nuevo el acercamiento tan estrecho del narrador a este personaje, hasta el punto de que las reflexiones características de la voz que va construyendo el relato aparecen como solapadas
a su visión y a sus pensamientos. De hecho, por lo que se refiere a las
escenas de la guerra cristera, accedemos a ellas –casi en todos los
casos– a través de la interioridad del personaje, tal y como se ha ido
mostrando en el análisis. Pero no se debe olvidar una de las claves
para entender la cercanía narrador-sacerdote y la función que ejerce
esta figura en el conjunto de la novela. Me refiero a la articulación de
los dos planos temporales en la narración: un presente cerrado que se
vuelca hacia un pasado distendido, a través del recuerdo.

A lo largo de la novela, asistimos a la reconstrucción de la vida del
sacerdote, deteniéndonos en aquellos momentos considerados particularmente importantes. Este recorrido biográfico, que se desarrolla sobre
todo en el capítulo sexto, se lleva a cabo desde un presente que constituye el desenlace, el final de esa narración autobiográfica: es, en el
fondo, el postrer examen de conciencia, una confesión que el sacerdote
se hace a sí mismo. El balance resulta desolador: todas las acciones del
pasado que se recogen en el recuerdo están teñidas por el fracaso.

La búsqueda del bien, como la de Dios, lo ha conducido por el laberinto de las pasiones humanas (el hombre que golpea salvajemente a
su perro, la mujer que le tienta, los crímenes de la guerra), y lo ha llevado hasta el contacto con una realidad desesperanzada (el indio que
clama a un Dios que no responde) y a la conciencia de una maldad
interior que ensucia las propias acciones (su caída con la prostituta del
pueblo, las palabras previas a la guerra, el asesinato de Adán). En definitiva, su misión como sacerdote –aquél que religa, que une a los hombres entre sí– es la historia de una frustración.

---

[45] Para la figura del sacerdote en las novelas de la guerra cristera, ver: Arias 2002,
114-16.

Pues toda la vida es acumulación de desprecios hasta que sobreviene el desprecio final, el gran desprecio que es la muerte. [...] la insoportable revelación se escucha: nunca amaste, antes bien despreciaste en todas tus acciones: cuando luchabas por la riqueza o la gloria o cuando creíste trabajar por tus semejantes. Y el hombre no oye esta voz sino hasta un segundo antes, cuando ya es imposible volver atrás y comenzar de nuevo (71).

La acción desarrollada en el plano del presente constituye la prolongada agonía de los protagonistas de la novela. El viaje emprendido por el sacerdote al comienzo, en la compañía de Úrsulo y Adán, resulta paradójicamente un viaje iniciático hacia la muerte. Cruzar el río, con la evidente carga simbólica que acompaña a esta acción, es trazar la propia cruz, abandonar la región de las apariencias engañosas en que ha transcurrido su vida, para alcanzar paulatinamente la revelación de la verdad desnuda en el espacio del diluvio, en el tiempo preciso que precede a la muerte. Tiempo y espacio se unen estrechamente hasta constituir este *cronotopos* de disolución, que incluye también –como comentaré enseguida– el anuncio de algo nuevo:

[...] tanto en el plano cosmológico como en el antropológico la inmersión en las aguas no representa una extinción definitiva, sino una reintegración transitoria a lo indiferenciado, a lo que seguirá una nueva creación, una vida nueva o un hombre nuevo, según se trate de un momento cósmico, biológico o soteriológico[46].

A propósito del significado metafórico del agua en la obra del duranguense, apunta J. Ramírez: «El agua es la metáfora, la traslación revueltiana de la frontera entre vida y muerte, de donde todo proviene y hacia donde todo se conduce, el origen y el fin»[47].

A estos valores simbólicos que trae consigo el agua; se suman también los ecos intertextuales bíblicos (el diluvio, el éxodo, el paso del Jordán), y de la mitología clásica (el Leteo). Estas referencias intertextuales incluyen a menudo un proceso de inversión, que podrá verse aún más claramente en los dos cuentos. Así, el éxodo de los personajes no conduce, precisamente, a ninguna tierra prometida; el valor purifi-

[46] Eliade 1981, 222.
[47] Ramírez 1991, 60.

cador de las aguas aparece ligado a su poder destructor; finalmente, el río del olvido se transfigura en puente hacia el espacio-tiempo del recuerdo. Todos estos aspectos aparecen condensados en ese territorio por el que los protagonistas de la novela cumplen su recorrido circular.

El debate que se despliega en el interior del personaje se desarrolla como un proceso de conversión invertido:

> El propio Úrsulo comprendió que el cura no podría regresar ya, y no tan sólo por la tormenta, sino porque de pronto, se encontraba ligado a eso que ellos, Úrsulo, Adán, Cecilia, Chonita, representaban: contradicción, desesperanza [...] Lo llamaban, mejor, las sombras, el abismo, la tristeza, todo aquello sin amanecer, sin aurora, que latía tan fuertemente en el aire, en su iglesia, en el río, en el secreto de la confesión. El paisaje era el mismo, ahí dentro del pecho de cada hombre y dentro de la historia. Y por eso iba con los sacramentos; para compartir la revelación secreta del naufragio, del permanente naufragio en que se vivía. Aquellos dos hombres caminando, eran su iglesia; iglesia sin fe y sin religión, pero iglesia profunda y religiosa (28-9).

Esta concepción de lo «religioso» coincide con los planteamientos del propio Revueltas[48]. En el caso de nuestro sacerdote, se puede hablar casi de una ascesis, en un sentido opuesto: un descenso hacia la piedra, hacia el abismo, hacia el desconsuelo. Todavía en los primeros compases del éxodo late una brizna de esperanza. El sacerdote se siente ligado a aquellos miserables campesinos e intenta costosamente cumplir su función mediadora entre la tierra y el cielo (musita con dolorosa dificultad algunas oraciones). Después viene el silencio, pero aún marcha unido a los demás porque hay una soga que los ata. Finalmente, llega el desenlace: suelta la cuerda, sin que el resto lo perciba y, recordando desde la lucidez que da la muerte, se abandona a la conciencia del fracaso y al poder simbólicamente anestesiante de las aguas.

Hasta aquí el análisis interpretativo de esta figura. Queda sólo por responder a esa estrecha vinculación entre el sacerdote y el narrador,

---

[48] Al preguntársele sobre su lucha personal, relacionada con «la vocación religiosa, de entrega», el entrevistado responde: «Desde luego que sí, si tomamos la acepción de religión en un sentido más amplio: *religare*, unir, unir al ser genético que es la humanidad» Enríquez 1999, 267.

que ha aparecido ya en varias ocasiones. ¿Cuál es el nexo? Me parece
que la explicación a este curioso solapamiento –no se olvide que el
cura es el antihéroe, el fracasado, frente a Natividad, portador de los
valores positivos– pasa por la visión que ambos comparten, una mirada desconcertante[49]. Por otra parte, me parece importante destacar las
semejanzas entre este sacerdote y el protagonista de *San Manuel Bueno
y Mártir*, tanto en esa visión desencantada de la fe, como en su intento
frustrado de tender los vínculos solidarios entre su grey. Son aspectos
que acercan también esta figura al padre Rentería de *Pedro Páramo*.
Sacerdote y narrador participan, en definitiva, de una visión desencantada y reveladora a la vez:

> Poseer la segunda visión es una especie de condena; priva a quien cuen-
> ta con ella de toda seguridad o certeza; revela verdades terribles e impide la
> comunicación con el resto de los seres humanos. El que ha recibido la visita
> del ángel [el ángel de la muerte] está, pues, sentenciado a la soledad[50].

El narrador de *El luto humano* comparte con el sacerdote esa mirada
agónica, ante la que se despliega el desolador espectáculo de la condición humana, arrastrada al fin, a la disolución. El tono reflexivo que se
ha destacado como característica principal de la voz narradora está
marcado precisamente por la duda, la falta de certeza. Al igual que el
sacerdote, el narrador se debate en la búsqueda de un asidero desde el
que poder enfrentarse a la realidad. También como él, su situación es
de aislamiento y así lo señala de manera explícita en el texto:

> *Soy el contrapunto, el tema análogo y contrario. La multitud me rodea en mi
> soledad*, en mis rincones, la multitud pura, la guerra, la multitud de Méxi-
> co, ronca de ocultas lágrimas, la profunda multitud soviética, encendida,
> que rodeaba a Stalin, que me rodea, que te rodea (179. Cursiva mía).

Y ante esa mirada que descubre la desolación más absoluta, el narrador reacciona también como el cura, con el deseo. Deseo de Dios en el

---

[49] El tema de una visión especial, que apunta al conocimiento de una realidad más
profunda, cercana a lo irracional, está desarrollado a lo largo de toda la narrativa de
Revueltas. Particularmente, en dos relatos: «Lo que sólo uno escucha» y «La frontera
increíble».

[50] Negrín 1995, 174.

sacerdote, que al final se abandona a la desesperación. Deseo de una redención terrena, por parte del narrador, que es encarnada en Natividad: «Natividad anhelaba transformar la tierra y su doctrina suponía un hombre nuevo» (186). El deseo contra la realidad, porque Natividad ha muerto y el pueblo ha sido abandonado y sus últimos habitantes van a morir irremediablemente, pero el deseo debe o quiere imponerse:

> Hombres como Natividad se levantarían una mañana sobre la tierra de México, una mañana de sol. Nuevos y con una sonrisa. Entonces ya nadie podría en su contra porque ellos serían el entusiasmo y la emoción definitiva (179).

No deja de resultar curioso el paralelismo entre la confianza en la regeneración de México que se percibe en algunos pasajes de *El luto humano*, y la de algunas novelas pro-cristeras, que presentan esa misma esperanza en las futuras generaciones. El fracaso de Natividad, al igual que el de algunos héroes cristeros, se supera por un acto de fe explícito del narrador, que lanza la mirada hacia adelante. El héroe, transformado en mártir, es modelo para el porvenir.

La novela en su conjunto se sostiene sobre esa tensión, que se proyecta hacia todos los niveles implicados en el texto y que queda sin resolver. El narrador vacila entre la seguridad en el cumplimiento de un proceso histórico regenerador (anclado en ciertos presupuestos marxistas), y el desamparo provocado tanto por la visión desencantada de la realidad social de México, extendida en ocasiones a la misma identidad nacional, como –en un sentido más esencial– por la conciencia de ser para la muerte. La relación entre el sacerdote y el narrador no se da sólo en el polo negativo de esta dialéctica, sino que también en algún momento el sacerdote atisba la posibilidad de un futuro esperanzado, aunque es incapaz de llegar a concretarlo:

> Moriría sin saber la verdad, y su cuerpo, sus ojos, sus manos, el ser entero, se le convertiría en conciencia absoluta, en la conciencia de la conciencia, en la conciencia abstracta y químicamente pura, sin posibilidad de sueño, o sin razón, clarísima, para ver. *Necesitaba otra cosa el país, pero quién sabe qué* (176. Cursiva mía).

Podemos concluir en este punto el análisis de la novela. A la luz del papel esencial desempeñado por el sacerdote, se comprende la inserción de los sucesos de la guerra cristera en el relato. No se hace hincapié, como hemos visto, en los pormenores del conflicto religioso, ni en las distintas fases de su desarrollo. La guerra cristera conforma un eslabón importante en el conjunto de acontecimientos que jalonan el recorrido histórico del México contemporáneo, al cuestionar –como otros hechos destacados en el texto– el proceso revolucionario. Junto a ello, reúne una densidad de posibilidades interpretativas que son aprovechadas en la novela, tal y como ha quedado señalado. El tratamiento del espacio, en diversos aspectos, cumple una función determinante para que el relato adquiera esta amplitud significativa: así lo hemos comprobado en el carácter circular del desplazamiento que llevan a cabo los personajes, en el conjunto de ecos intertextuales que evoca la acción de cruzar el río, en esa lucha por un espacio sagrado, y en el fenómeno del diluvio, por el cual se entrelazan íntimamente tiempo y espacio, otorgando a la narración una enorme variedad de matices semánticos.

La tierra donde tuvo su esplendor y decadencia el Sistema de Riego, donde se sucedieron los luctuosos acontecimientos del conflicto cristero, donde la llegada de los aires revolucionarios parecía anunciar el comienzo de algo nuevo, se transforma en el escenario de la disolución, el recuerdo, la angustia, los sueños de regeneración y la certidumbre de la muerte.

Finalmente, en la historia personal del sacerdote, que es –ya en sí mismo– todo un símbolo, la guerra cristera supone el acontecimiento revelador con el que culmina la crisis de fe iniciada desde tiempo atrás. La lucha, promovida por una religión del odio a través de sus propios labios, saca a la superficie la crueldad del corazón humano, la superstición enfermiza, la ignorancia y la miseria del pueblo (el cura, como el narrador, se encuentra en un nivel superior de conciencia). A partir de la Cristiada, el sacerdote ha perdido la fe y ha perdido, por tanto, todo su sentido. Se inicia entonces un calvario en soledad hacia la piedra, hacia la muerte: «[...] y entonces el cura se sentó sobre una piedra, con la cabeza entre las manos, y se puso a llorar. Él tampoco tenía Iglesia. Tampoco tenía fe. Ni Dios» (177).

En su segundo comentario a *El luto humano*, Paz parece encontrar la clave para interpretar la compleja relación que establece el texto entre una aspiración religiosa, llena de resonancias cristianas, y la crítica contundente que, de forma paradójica, la niega:

Tal vez Revueltas pensó que «en un plano histórico más elevado», el marxismo revolucionario cumpliría frente al cristianismo la misma función que éste había desempeñado ante las religiones precolombinas. Esta idea explicaría la importancia del simbolismo cristiano en la novela.

Y, un poco más adelante, añade:

> A su vez, la oposición entre marxismo y cristianismo se manifiesta aquí en la tierra: para cumplirse y cumplir su tarea, el hombre revolucionario tiene que desalojar a Dios de la historia. El primer acto revolucionario es la crítica del cielo. La relación entre cristianismo y marxismo implica, simultáneamente, un vínculo y una ruptura[51].

Me parece que desde estas reflexiones se comprende el acercamiento entre narrador y sacerdote a lo largo de la novela, y el papel de clausura que representa, en el conjunto de esta obra, el conflicto cristero. Una última cita, esta vez del propio Revueltas, viene a reforzar la línea interpretativa apuntada por Paz:

> Para emanciparse no hay más que tres medios: dos completamente quiméricos y uno, el tercero, real. Los dos primeros son la taberna y la Iglesia, es decir, el libertinaje del cuerpo y el libertinaje del espíritu –el tercero es la Revolución social. [...] La Revolución social es la que únicamente tendrá poder suficiente para cerrar a un mismo tiempo todas las tabernas y todas las iglesias[52].

2. Territorios de crueldad: *Dios en la tierra*

Apenas un año después de haber obtenido el Premio Nacional con *El luto humano*, publicaba Revueltas su primera colección de cuentos, *Dios en la tierra*, en la editorial El Insurgente, acompañada por un prólogo de Mancisidor y una presentación del célebre periodista Cortés Tamayo. En su mayoría, se trataba de relatos que ya habían ido apareciendo aisladamente –entre 1938 y 1944– en diversas revistas (*Tierra*

---

[51] Paz 1985, 14 y 16.
[52] Melgoza 1984, 26.

Nueva, Taller, Nosotros, El Hijo Pródigo, Ruta, La voz de México, América y *Estampa*) y en diarios o suplementos culturales (*El Popular, Diario de Durango* y *El Nacional*, entre otros).

A pesar de que una buena parte de estos relatos constituyen los primeros pasos del escritor duranguense en su larga trayectoria narrativa, se aprecia ya en ellos la presencia de una voz narradora sólida, con personalidad propia, así como el despliegue de las obsesiones temáticas que se irán desarrollando en obras posteriores. Junto a la aparición del conflicto cristero en dos relatos sobre los que centraré la atención, se encuentran también en esta colección algunos de los materiales más reiterados a lo largo de la producción revueltiana: la experiencia carcelaria («La conjetura» y «El quebranto»); la lucha proletaria con sus héroes y traidores («El corazón verde»); la imposibilidad del amor y de la maternidad, el desamparo («La caída», «El hijo tonto», «La soledad», «Preferencias», «Una mujer en la tierra»); la impenetrable condición del indio («Barra de Navidad», «El Dios vivo»); la maldición de Caín, el sacrificio del inocente, la muerte y la violencia («Dios en la tierra», «La conjetura», «Preferencias», «La venadita», «El Abismo», «La acusación» y «¿Cuánta será la oscuridad?»).

Considero importante destacar en primer término el hecho de que sea precisamente uno de los relatos sobre el conflicto cristero el que dé título al conjunto y, junto a ello, que los dos cuentos centrados en la guerra abran y cierren, respectivamente, la colección. Como ya pude advertir en el tratamiento de *El luto humano*, la guerra cristera, por las características tan peculiares que la definen, aglutina –casi se podría decir que de manera paradigmática– muchos de los aspectos con que se construye la mirada angustiada de Revueltas sobre el hombre y sobre el mundo: la idea de un Dios portador del odio y la crueldad; una religión que lejos de redimir al hombre y levantar vínculos de solidaridad, le impone el peso de una culpabilidad originaria o lo arroja al fratricidio; la matanza de los inocentes; etc. La conjunción de todos estos elementos en los sucesos de la guerra cristera, tal como la percibe Revueltas, explican el lugar destacado que se le concede en la obra que ahora estudiamos. Hasta el punto de que Sarfati-Arnaud llega a afirmar:

«Dios en la tierra» no es ya el título de un cuento, sino el título de la serie de cuentos y, en realidad, todos los cuentos recogidos en esta serie son como variaciones en torno al mismo tema que este cuento desarrolla de modo más explícito[53].

2.1. *Un pueblo con corazón de piedra: «Dios en la tierra»*

Este cuento, publicado por vez primera en la revista de la UNAM, *Tierra Nueva*, en 1941, condensa la interpretación de la guerra cristera que el escritor desarrollaría más tarde en *El luto humano*, aunque no falten algunas discrepancias en la visión del conflicto que ambas narraciones nos ofrecen. De la misma forma que en la novela, también en el cuento se superponen varios estratos de significación. Así lo hace notar Murad:

> [...] el escritor pone en juego no ya un «mensaje simple», sino que incorpora sobre el fondo de la anécdota o el episodio una visión elemental del hombre, víctima al fin de las fuerzas anónimas de la misma sociedad en que se halla inmerso[54].

La anécdota es bien simple y aparece dividida en escenas, donde lo preponderante es el desarrollo descriptivo –entreverado por los comentarios del narrador– que sustenta una acción mínima. Acción que aparece dividida en dos polos, «dos hilos narrativos»[55].

Comienza el relato y el lector contempla un pueblo que se encierra «con odio y con piedras» (11); a continuación, un grupo de soldados para los que era difícil «combatir en contra de Dios» (12) van cabalgando, atravesando esos pueblos del silencio y del resentimiento. La gente, entre tanto, los aguarda con miedo y rencor: las casas están cerradas, a veces alguien dispara, a veces los oficiales lanzan la tropa al saqueo (12-13). Ahora los soldados caminan por la tierra árida y una sed cada vez más acuciante los tortura. En los pueblos les niegan hasta el agua (14). Sólo el maestro atiende su demanda y aquellos hombres pueden, por fin, satisfacer su sed. El grito de júbilo, «¡jajaja-jay!», rompe el silencio angustioso y hace temblar la tierra. Y llega

---

[53] Sarfati-Arnaud 1999, 166.
[54] Murad 1978, 181.
[55] Murad 1978, 182.

entonces el trágico desenlace: el sacrificio brutal del maestro, empalado por la masa ciega, se describe con morbosa precisión. La imagen solitaria de aquel «espantapájaros sobre su estaca», agitada por el viento que lleva «la voz profunda, ciclópea, de Dios, que había pasado por la tierra» (16), pone fin al relato.

Evitando reiterar aquí lo que ya se ha señalado en el apartado anterior, me parece importante destacar algunos aspectos significativos de este cuento.

a) La metáfora espacial:

En la apretada síntesis que se nos ofrece del conflicto cristero, la configuración del espacio en el texto sobresale por su riqueza significativa. En efecto, todo el relato se estructura en torno a una oposición espacial, y las acciones de los personajes colectivos (pueblo / tropa) se desarrollan a partir de esa frontera. La división resulta infranqueable: los soldados avanzan hacia el pueblo, pero éste se cierra sobre sí mismo. La descripción del enclaustramiento voluntario, con el que arranca el cuento, no puede dejar de evocar el célebre comienzo de *Al filo del agua*, fenómeno que tendremos ocasión de comentar más adelante.

Todos los elementos que se acumulan en la representación del pueblo vienen a subrayar esa idea de cierre, no sólo en lo material (*piedras, puertas y ventanas cubiertas por lápidas enormes, puertas cerradas, casas herméticas*); sino, sobre todo, en la actitud de su gente (*odio, empecinamiento, terquedad, negación, silencio, mutismo hostil*). El espacio del pueblo es, entonces, la imagen tangible de los habitantes y éstos, a su vez, son reflejo de su Dios (*que está apretando su puño, agarrando la tierra entre sus descomunales dedos de encina y rabia, Dios de los dientes apretados*).

Por su parte, los federales –en antítesis de perfecta simetría– se caracterizan por el constante movimiento. El espacio que les corresponde es el del camino y su actitud, la búsqueda. Frente al anquilosamiento del pueblo, sepultado en vida, anclado en un origen que se pierde en el *Génesis* o *en las tinieblas*; los hombres de tropa tienen algo de novedad: «rostros morenos de tierra labrantía, tiernos, y unos gestos de niños inconscientemente crueles» (12). Espacio y tiempo aparecen ligados en ambos casos: el pueblo encerrado apunta hacia un pasado remoto, los federales en movimiento, hacia un futuro aún incierto. En la imagen de la tierra se concreta la oposición conceptual: el odio con que se cierra el pueblo se describe como piedra (*mares petrificados*), al tiempo que el rostro de los soldados se compara con la tierra de labranza. El camino es símbolo entonces de lo que aún está por ocurrir, aunque se ignore el origen: «Su autoridad no les viene de nada. La tomaron en préstamo quién sabe dónde». Y aunque parezca que tampoco haya una meta a donde llegar: «como si fueran de paso por todos los lugares» (12).

Pero la tierra por la que camina esta tropa errante sufre una maldición: «Dios había tapiado las casas y había quemado los campos para que no hubiese ni descanso, ni abrigo, ni aliento, ni semilla» (13). Dios, que es la negación absoluta en este relato, lo ha agostado todo. En medio del terrible páramo, los soldados son la única vegetación (el narrador los compara con los cactos). Surge el deseo incontenible de beber y entonces la marcha se vuelve contra Dios, porque Dios «había tomado la forma de sed» (14). El camino cobra sentido en ese momento: ya hay una dirección, ya no es un vagar indefinido, el espacio se delimita y se dan señales que sirven de referencia: «¿no era aquel punto...?»; «–¡Romero! ¡Romero! Junto al huizache...» (15). Los soldados tienen un destino, el agua, y un guía, el maestro.

La combinación de distintos planos interpretativos se puede apreciar en el modo como se *construye* el espacio en el texto. Por lo que respecta a la representación de los hechos históricos, el doble movimiento de cierre (por parte de la población) y de persecución continua (los federales), esquematiza en buena medida la lucha mantenida por ambos bandos. De hecho, en algunas novelas de la guerra cristera la lucha se representa de manera similar. Así, por ejemplo, en el comienzo de *Las Brígidas de Montegrande*, o en la búsqueda infructuosa de los combatientes cristeros por los federales en *De Los Altos*. En *Entre las patas de los caballos*, se señala en un momento cómo los alzados, después de haber tomado una población o tras realizar un ataque, se repliegan ante la ofensiva federal, transformándose en *inocentes* campesinos. El único cuento que Rulfo sitúa explícitamente en el conflicto, recoge también la persecución de los militares y la huida/ocultamiento de tres cristeros. Finalmente, la colaboración de la población civil con la causa cristera, queda recogida en casi todas las novelas sobre la guerra.

Como han explicado los trabajos historiográficos dedicados a la guerra, el levantamiento de los cristeros tuvo –al menos hasta la reor-

ganización llevada a cabo por Gorostieta– las características más propias de un movimiento guerrillero, formado por pequeños grupos dispersos y dependientes siempre del difícil aprovisionamiento de parque. Esto obligaba a una estrategia de ataques rápidos y por sorpresa,
al que seguía la fiesta y el repliegue inmediato, pues la respuesta federal no tardaba en llegar. El perfecto conocimiento del terreno facilitaba
la movilidad de los contingentes cristeros, con quienes la población
civil colaboraba, proporcionándoles alimento y despistando a los perseguidores. Podemos afirmar que el cuento de Revueltas realiza, en
este sentido, una fiel y muy sintetizada representación del conflicto.

Ahora bien, el texto proyecta además una significación más profunda, que puede recibir –al menos– dos lecturas. En primer lugar, la
metáfora espacial contiene una interpretación global de la Cristiada,
de carácter histórico, que supera su mera traslación *realista* al relato:
siguiendo esa metáfora parece que el bando de los cristeros simboliza
la pervivencia de un pasado anquilosado, cerrado, al tiempo que los
federales, enfrentados de forma irremediable con aquéllos, encarnan
el porvenir. La guerra recibe así un juicio, no sólo a través de los
comentarios del narrador, sino en la misma forma en que se estructura
la narración.

En segundo lugar, y en un sentido aún más profundo, más esencial, parece bastante claro que el conflicto cristero es tomado como
símbolo de una lucha que se produce en el mismo proceso histórico
protagonizado por el hombre (como ser individual y como colectividad). El espacio está fragmentado porque también en el progreso de la
humanidad se ha producido o se producirá esa fractura: la lucha contra Dios.

Este Dios aparece representado como un poder implacable y feroz
que domina y dirige los sentimientos y las actuaciones del pueblo cristero. Esta imagen, tal como la presenta el texto, puede considerarse
«una gran blasfemia»[56]. Todas las características con que se define al
Dios de los cristeros llevan consigo la negatividad: odio, aferramiento
al pasado, cierre. Sarfati-Arnaud ha mostrado la presencia de tres tradiciones que se reúnen para construir tal imagen: elementos bíblicos
del Antiguo Testamento; el mito del Cíclope, tomado de la mitología

---

[56] Enríquez 1999, 271.

pagana; y, por último, el mismo Cristo rodeado de los atributos de una realeza violenta[57].

No es el sentido religioso (entendido como anhelo de una superación, de vínculos interpersonales y de finalidad), lo que debe desaparecer, sino la idea de Dios, invisible pero real, casi omnipresente, como la dibuja el cuento:

> En el norte y en el sur, inventando puntos cardinales para estar ahí, para impedir algo ahí, para negar alguna cosa con todas las fuerzas que al hombre le llegan desde los más oscuros siglos, desde la ceguedad más ciega de su historia (11-12).

b) *El agua, el maestro: la religiosidad sin Dios*

Al símbolo del camino y del pueblo cerrado, se une la aparición del agua y de la figura del maestro. De esta forma la conjunción de planos significativos se hace aún más patente. Por lo que respecta al referente histórico, la presencia del maestro vuelve a estar, como en la novela, plenamente justificada: se proyecta en el texto el ensañamiento del que fueron víctimas los maestros rurales, sobre todo durante *La Segunda*. Pero, si el tono generalizador de los personajes colectivos, la falta de concreción de los hechos y los mismos comentarios del narrador facilitan, como se ha visto en el tratamiento del espacio, la lectura alegórico-simbólica, lo mismo ocurre con este personaje anónimo. Su caracterización se reduce casi exclusivamente a dos acciones (una positiva y otra pasiva): es quien proporciona agua a los soldados y es, también, la víctima del odio acumulado. La *cristificación* de esta figura, fenómeno tan frecuente en otros textos de Revueltas, resulta patente.

La potencialidad simbólica del agua con una prolongada tradición literaria es también aprovechada por el cuento, de forma similar a cómo pudimos observar en *El luto humano*. En la Antigüedad las aguas, además de poseer un carácter sagrado, se presentan como el origen y el fin. En los autores presocráticos es uno de los cuatro elementos que

---

[57] Sarfati-Arnaud 1999, 169-172. Además de señalar la presencia intertextual de estas tres tradiciones, lo más interesante del artículo es el estudio de lo procesos de inversión que operan en el texto, y que van dirigidos a subrayar la negatividad de esa deidad cristera.

conforman todas las cosas, y en diferentes religiones ha recibido un culto sagrado: «el agua fluye, «está viva», se mueve; el agua inspira, cura, profetiza»[58]. Es también símbolo de lo insondable, por cuanto oculta en su profundidad[59]. Más claro es aún el juego intertextual con los pasajes bíblicos que resaltan los valores positivos del agua, reflejo de la purificación y del acceso a la Vida del Espíritu (Is. 44,3 y 55,1; Ez. 47,1-12; Zch. 13; etc.). En el Nuevo Testamento, Jesucristo, El Maestro, asegura a la samaritana que «el que beba el agua que yo voy a dar nunca más tendrá sed» (Jn. 4, 14), y algo más adelante, se presenta a sí mismo como manantial: «Quien tenga sed, que se acerque a mí; quien crea en mí que beba. Como dice la Escritura: "De su entraña manarán ríos de agua viva"» (Jn. 7, 38)[60]. Toda esta riqueza significativa, cargada de resonancias, parece activarse en la lírica descripción con que el relato revueltiano se refiere a esa agua anhelada por los soldados:

> El agua es tierna y llena de gracia. El agua es joven y antigua. Parece una mujer lejana y primera, eternamente leal. El mundo se hizo de agua y de tierra y ambas están unidas, como si dos cielos opuestos hubiesen realizado nupcias imponderables. «Ni agua». Y del agua nace todo.
> [...] Un líquido puro, extraordinario, que bajaría por las gargantas y llegaría a las venas, alegre, estremecido y cantando (13 y 15).

El maestro, al aplacar la sed de los soldados (una sed que completa el conjunto alegórico y que tiene también una clara raigambre bíblica), adquiere las características de un nuevo Cristo redentor, que se opone al proclamado constantemente por los cristeros:

> «¡Cristo Rey!». Era otra vez Dios, cuyos brazos apretaban la tierra como dos tenazas de cólera. Dios vivo y enojado, iracundo, ciego como Él mismo [...] que cuando baja tiene un solo ojo en mitad de la frente, no para ver sino para arrojar rayos e incendiar, castigar, vencer (15).

La oposición entre dos Cristos no puede dejar de evocar la primera novela de tema cristero, *Jesús vuelve a la tierra*, cuyo argumento tiene

---

[58] Eliade 1981, 211.
[59] Escartín 1996, 25.
[60] Sobre los valores simbólicos del agua en la Biblia, puede verse además: *Dictionnaire Encyclopedique de la Bible*; Lurker 1994; y Daniélou 1958, 335-46.

como base precisamente el asesinato de Cristo, reencarnado en un humilde fraile, a manos de las hordas cristeras, dirigidas por un sacerdote guerrillero. La imagen del Cristo de los cristeros que se recoge en esta novela parece bastante cercana a la que acabamos de citar.

La última estampa del cuento nos muestra al maestro «sobre su estaca», como víctima propiciatoria: en esta escena final se dialoga, como es evidente, con el final de los Evangelios (la estaca es el objeto que funciona como nexo); y también, de manera más remota, se reactiva el mito de Prometeo (tantas veces aplicado, por otra parte, a la misma figura de Cristo).

Vemos, pues, como a lo largo de la narración se va configurando una red simbólica, que proporciona al relato un aliento casi religioso. Pero, como sugiere Paz, es una «religiosidad», la revolucionaria, que se alza contra la misma noción de Dios.

c) *La oposición de los bandos*

El último aspecto que deseo destacar en el análisis de «Dios en la tierra» es la clara distinción que se lleva a cabo entre los dos grupos enfrentados, formados por personajes anónimos que representan una colectividad. Me parece particularmente importante, si tenemos en cuenta cómo en *El luto humano*, el fenómeno era precisamente de signo contrario: ahí el narrador subrayaba en varias ocasiones y de distintas maneras la igualdad entre unos y otros, no sólo por lo que se refería a la condición de la gente de tropa[61], sino –lo que es singular de esa novela– en el mismo objetivo que perseguían[62]. Este cuento presenta el tono maniqueo característico de otras narraciones sobre el conflicto: es difícil encontrar un texto donde se proyecte una imagen más negativa de los habitantes de un pueblo cristero. El final resulta, en este sentido, contundente.

---

[61] Hecho que recogen también algunas novelas sobre la guerra: *Los Cristeros, ¡Canchola era de a caballo!, Las Brígidas de Montegrande* y *De Los Altos* se refieren explícitamente a esta cuestión.

[62] Me distancio en este punto de la opinión de Negrín, para quien la novela «entre las facciones en lucha, toma partido en contra de la guerrilla religiosa» (1995, 151). Creo, más bien, que el narrador se muestra absolutamente en contra de ambos bandos, a diferencia de lo que se percibe en el cuento.

Los soldados, por el contrario, reciben un tratamiento positivo, que entra en clara contraposición con el del grupo anterior. Incluso la mención de su crueldad (hecho incontestable a poco que se conozca el referente histórico), aparece muy matizada por el narrador: «[tienen] gestos de niños *inconscientemente* crueles» (12. Cursiva mía). En efecto, su ignorancia parece ser la única nota negativa del grupo: no saben dónde encontrar agua, dudan del maestro, desconocen su propia crueldad. Encarnan una fuerza positiva pero que requiere de un guía. Son suelo fértil, al que se debe regar.

Por último, el maestro forma un agudo contraste con respecto a los habitantes del pueblo y en su caracterización –como hemos ido viendo– se reúnen todos los valores positivos: es el guía, «anhelante y febril» (15); a pesar de que, al final del cuento, se imponga la visión fatalista y su destino resulte trágico. Murad ha señalado la evidente «polaridad» entre los dos grupos enfrentados y el modo en que ésta se proyecta sobre el maestro, «nexo estructural» entre ambos colectivos. Así, para los soldados es «una especie de Cristo», mientras los cristeros ven en él «algo así como un Judas»[63].

La conclusión que podemos extraer, ante una división tan tajante de los grupos que forman los personajes, es el peso que adquiere en este cuento el plano de lo alegórico-simbólico, marcado por una lectura ideológica del acontecimiento histórico. La representación de los hechos, que se resisten a una concepción tan esquematizada, parece interesar menos en este texto que la utilización ejemplar y simbólica de esos mismos acontecimientos. Algo que se repite de forma muy similar en el último cuento de la colección.

2.2. *Desde la colina: «¿Cuánta será la oscuridad?»*

Fechado el manuscrito original en julio de 1944 y publicado, un mes más tarde, en la revista *Estampa*, este relato pone punto y final a la colección de *Dios en la tierra* y, cronológicamente, es también el último texto que he podido localizar en que el autor aborde el tema de la guerra cristera. Se trata de un cuento de enorme densidad, donde se reco-

---

[63] Murad 1978, 185.

gen –en unas pocas páginas– casi todos los temas que han ido apareciendo en nuestro acercamiento a la narrativa de Revueltas.

Por lo que se refiere a la visión del conflicto, me parece importante subrayar algunas novedades: junto a la inclusión de un grupo de personajes como representantes de una minoría religiosa (un pastor protestante y sus feligreses), quizás lo más llamativo sea el cambio de la perspectiva adoptada por el narrador con respecto al relato anterior. Si en «Dios en la tierra» los perseguidores –federales en busca de los cristeros– ocupan el centro de atención del relato, aquí es a los perseguidos, el pequeño grupo de los protestantes, a quienes corresponde esa posición. Esto se percibe también en la misma ubicación que adopta el narrador con respecto a la historia. Así, en «Dios en la tierra», aunque comienza siendo heterodiegético (no se introduce en la acción), hay algunos momentos en que utiliza la primera persona del plural para referirse a los sentimientos experimentados por los federales: «el narrador no sólo toma partido a favor de los federales sino que se compromete incluyéndose en su grupo»[64]. En «¿Cuánta será la oscuridad?» no se llega a este extremo, pero todo el relato está focalizado en la pequeña comunidad protestante.

La percepción del tiempo que se impone es, del mismo modo que ocurría en *El luto humano*, la de una espera angustiosa que paraliza la acción en el presente: se aguarda un desenlace fatal. Como en la novela, con la que mantiene notables paralelismos, la presentación del presente es la de un tiempo congelado, donde no ocurre nada, más allá del recuerdo y las reflexiones interiores de los personajes.

Otro aspecto que merece la pena subrayar es la tremenda caracterización de los cristeros, muy cercana en el cuento a la ofrecida por las novelas más marcadamente contrarias a este bando: *Jesús vuelve a la tierra*, *Los Bragados* y *¡Ay Jalisco, no te rajes!*. Ya en la novela de 1943 se contaban las torturas practicadas por ambas facciones y en «Dios en la tierra», como se acaba de ver, el final del cuento denuncia la barbarie a la que conduce la fiebre de fanatismo, mediante la narración del terrible suplicio al que es sometido el maestro. Pero en este último cuento, la reiteración de este tipo de actos (casi todos los personajes centrales han experimentado los horrores de la furia cristera), la impasibilidad

---

[64] Serfati–Arnaud 1999, 166.

con que se cometen, y su descarnada descripción terminan por configurar una imagen monstruosa de las tropas cristeras: arrancan las lentes al pastor, asestan un machetazo a Rosenda, arrojan a los cerdos el cadáver del pequeño Rito en presencia de su madre, flagelan despiadadamente a Nestorita, hasta cubrir de sangre su cuerpo diminuto.

El relato se relaciona de esta manera con uno de los rasgos que la crítica ha señalado como nota común de las novelas de tema cristero: el tremendismo, la violencia con que aparece representado el conflicto (como es lógico, en las narraciones a favor de los cristeros la barbarie se atribuye al bando federal). C. Domínguez, por ejemplo, se refiere a estas novelas en los siguientes términos:

> La novela cristera no recupera nada de la riqueza del catolicismo popular mexicano. Sus batallas entre Dios y el ejército infiel, sus llamados a alimentar con sangre la fe en Cristo y sus episodios de santo heroísmo, no enriquecen la novela [...]. Pero el juego de marionetas deja ver su atroz telón de fondo: una guerra popular y fratricida donde los cadáveres mutilados, las crucifixiones, el incendio, los asesinatos y la violación se leen como la única consecuencia de la Revolución mexicana[65].

Frente a los otros dos textos de Revueltas en que me he detenido anteriormente, «¿Cuánta será la oscuridad?» destaca por la intensidad con que se transmite al lector el horror de la guerra religiosa. Sin embargo, si juzgamos el relato desde su rigor histórico, podemos concluir que es el que más lejos se encuentra de ofrecer una visión global y equilibrada del conflicto y, muy probablemente, tampoco lo pretenda. Más que proponer una lectura histórica del texto literario, se procura aprovechar el evento histórico para la construcción de un mundo intratextual que, si no rompe su vinculación con el mundo factual, adquiere sin embargo notable autonomía.

Los elementos que constituyen la historia de esta breve narración se han reducido a lo mínimo: unos pocos personajes, la evocación de las fechorías de los cristeros, la descripción estilizada de un espacio

---

[65] Domínguez 1989, I, 52 (Cursiva mía). Esta imagen no corresponde a una novela de tema cristero como *Rescoldo*. Esta opinión, al igual que las de Thiebaut, reflejan una visión que tiene a Gram –quizás inconscientemente– como patrón definidor del ciclo novelesco (Thiebaut 1997, 237-239; y Arias 2002, 117-120).

apenas esbozado y de la interioridad de esos personajes. La técnica de la reducción –que será desarrollada posteriormente con singular maestría por Rulfo– potencia, por un lado, la amplitud significativa del relato, pues éste no se encuentra cerrado, y por otro, subraya la importancia de los rasgos seleccionados. Uno de éstos es, sin duda, el horror, la violencia desatada por el fanatismo de las hordas cristeras, que se ha extendido a las mismas relaciones del pequeño grupo de refugiados:

> [Timoteo no puede contener los terribles sentimientos que le produce la presencia de su mujer enferma] Al verla ahí la odiaba con un rencor sin prórroga, seco y lleno de asco [...]. Comprendía que ella no era culpable de nada, pero algo le decía que, de cualquier modo, era culpable por quién sabe que razones oscuras e injustas. Culpable tal vez por no haber muerto. Revolvíase entonces desde las entrañas el reproche bárbaro. «¡Puta! ¡Puta desgraciada!», y le entraban enormes deseos de llorar (168).

Todos los vínculos familiares y espirituales de esta comunidad mínima han sido cercenados, los personajes apenas tienen palabras para comunicarse. Únicamente se miran, o contemplan un paisaje desolador desde la colina que les sirve de refugio y, entre tanto, rumian sus recuerdos, su dolor, su cólera, su rabia. Como el sacerdote de *El luto humano*, el pastor protestante ha perdido su función mediadora, la capacidad de crear vínculos. La primera parte del relato nos muestra su definitiva derrota: cuando la madre acude para pedirle que consuele a la pequeña Néstora, porque «sólo usted puede calmarla», él se siente incapaz de consolar ese «llanto adulto y envejecido, extenso, un llanto más allá de la edad» (166).

Nos encontramos ante una de las narraciones más angustiadas de Revueltas, en la que parecen imperar los elementos más negativos de la condición humana: la conciencia agónica, la imposibilidad de establecer relaciones interpersonales, la percepción de una culpa original, el cúmulo de dolor, la maldad irreprimible, etc. No se vislumbra el más mínimo atisbo de esperanza. Todo el cuento se orienta hacia la negación de cualquier posibilidad de redención para estos hombres. En este aspecto se diferencia también de la novela y del relato comentados anteriormente, que si daban entrada a este pesimismo vital, dejaban abierta alguna vía esperanzadora: en *El luto humano* se habla de la Revolución que ha de venir y en «Dios en la tierra», a pesar de la atroz ejecución del maestro, los soldados previamente han podido alcanzar el agua gracias a su ayuda.

«¿Cuánta será la oscuridad?» aborda de manera contundente uno de los temas favoritos de la narrativa revueltiana, la visión agónica, y lo hace explotando en grado extremo su carácter paradójico de negación reveladora. El conflicto cristero, despojado prácticamente de su entidad histórica, es utilizado e interpretado en este relato como acontecimiento iluminador. Por un lado, se selecciona del hecho histórico una característica: el fanatismo religioso que se convierte en una violencia sin freno. Esto supone ya una interpretación y un juicio sobre la guerra cristera, a partir del cual se recrea con bastante libertad.

A través de esa ceguera dogmática, portadora del horror, queda representada también la capacidad humana para generar el mal, que alcanza su grado máximo en los suplicios atroces que sufren las criaturas inocentes: otra recurrencia temática en la narrativa de Revueltas. Y, por último, el contacto con el sufrimiento y la angustia de la persecución experimentada por la pequeña comunidad protestante implica un descenso a lo más hondo de la condición humana, una visión lúcida que desvela lo irredimible de la existencia: no hay ninguna posibilidad de salvación. Con los personajes, a través de esa interioridad angustiada de la que se hace portavoz un narrador capaz de penetrar sucesivamente en lo más hondo de cada uno de ellos, el lector participa también de esta revelación.

El carácter paradójico que –siguiendo a Negrín– marca el sentido de toda la producción literaria de Revueltas, se manifiesta en el relato por medio de varias oposiciones, que enumero sintéticamente:

- El juego dialéctico entre la ceguera del pastor, que ha perdido sus gafas y no puede ver, y el estado de conciencia iluminada.

   El pastor había visto cómo era una niña pequeñita y cubierta de sangre, pero seguramente no lloraba por sus heridas, sino por algo más espantoso. Al comprender esto sintió toda la infinita inutilidad de su vida y de la vida en general (166).

- La oposición ascenso/descenso: los personajes se encuentran en una colina, espacio privilegiado para la revelación, pero ésta conduce a la pérdida de toda trascendencia, se trata de un profundo decaimiento interior.

Los ahí reunidos habían llegado a un punto mortal y solitario que les revelaba lo nunca visto y definitivo. El pastor ya no era un hombre de Dios, sino un ser desnudo y sin potestad, y todos estaban desnudos frente a sus propias vidas. Lo ocurrido hasta entonces era más tremendo y más fuerte que la fe y desde ahora comenzarían a contemplar algo extraordinariamente frío, no imaginado nunca (166-7).

– Luz/oscuridad (eje temático del relato): es de día y se les descubre algo –de manera particular al pastor– pero, en un sentido profundo, todo les conduce a la oscuridad, a la negación absoluta, para cumplir así su destino.

Hoy era imposible comprender nada. Ahí estaban todos reunidos, pero sin comprender ya nada de la existencia. El viejo pastor protestante, [...], parecía dormir pero abrió los párpados y se convenció de que había perdido la vista por completo. Entonces muy quedamente empezaron a rodar las lágrimas por sus mejillas. Todo estaba consumado (169).

Un último aspecto que parece pertinente comentar, antes de dar fin al análisis de los textos de Revueltas, es la utilización de los intertextos de carácter bíblico, hecho que apareció ya anteriormente. En este cuento alcanza todavía mayor relevancia, al hacerse presente en el título (su puerta de entrada), y en la frase final (que funciona, sobre todo en narraciones breves, como clave de sentido). Las palabras con que se accede al cuento pertenecen, como indica explícitamente su narrador, al texto evangélico:

«Pues si la lumbre que está en ti es oscuridad, la oscuridad ¿cuánta será?», recordó [el pastor] las palabras del Evangelio según San Mateo. «Cuán poca es entonces –se dijo–, cuán poca y cuán incierta la pobre luz de los hombres» (165).

El fragmento pertenece, en efecto, a Mt. 6, 23 y –conviene subrayarlo– forma parte de uno de los discursos más importantes de la predicación de Jesucristo, el «Sermón de la montaña». El espacio vuelve a desempeñar, por tanto, un papel destacado al permitir enlazar ambas escenas: la evocada a través del intertexto y la que se describe en el cuento. En otro monte célebre, el Gólgota, son pronunciadas las palabras con que se cierra el relato y con las que clausuraba también Jesús su vida: «todo está consumado». El texto expone con claridad, incluso en la misma configuración del espacio que alberga a los personajes, su vinculación con los intertextos citados, y exige entonces del lector una interpretación sobre las resonancias que provoca su presencia. Según el análisis que he llevado a cabo, me parece que se pueden apreciar dos movimientos en la apropiación de los fragmentos evangélicos.

Por un lado, la anécdota del cuento eleva su significación a un plano más universal y trasciende, o pretende trascender, la problemática que se plantea, más allá de sus personajes y aun del momento y las circunstancias históricas en que sitúa los hechos. En segundo lugar, hay una inversión de sentido en ambos fragmentos, por lo que respecta a su texto original. En el caso de la frase que da título al cuento, el contexto en que es pronunciada pertenece al de una revelación esperanzadora, aunque no exenta de paradojas («dichosos los que lloran»), sin embargo, el mensaje al que acceden los personajes de este cuento consiste precisamente, como hemos visto, en la anulación de cualquier esperanza.

Del mismo modo, se puede comprobar el trueque al que es sometida la penúltima frase del Crucificado. En la religión cristiana el sacrificio de Cristo en la cruz adquiere un valor redentor de carácter universal, en el cuento el sacrificio de los personajes, particularmente el de los niños, manifiesta el carácter irredimible de toda existencia. Y la visión lúcida consiste, según el texto revueltiano, en adquirir esa angustiada y desesperanzada conciencia sobre la propia vida y la de los demás:

> Poseer la segunda visión es una especie de condena; priva a quien cuenta con ella de toda seguridad o certeza; revela verdades terribles e impide la comunicación con el resto de los seres humanos [...]. Quienes han sido dotados con esta visión a veces no la soportan; tienen que cerrar los ojos para poder tolerar la experiencia[66].

En la selección de esa colina como escenario del cuento (espacio-tiempo de la espera, del recuerdo y de la «revelación»), se pone de manifiesto el sentido paradójico que cohesiona a todo el texto. A través de un mecanismo que ha aparecido anteriormente, se aprovechan

---

[66] Negrín 1995, 174.

las resonancias simbólicas de ese espacio privilegiado, al tiempo que
se invierte su sentido. Así, la montaña y el movimiento ascensional se
enmarcan dentro de esa

> virtud consagrante de la «altura». Las regiones superiores están saturadas
> de fuerzas sagradas. Todo lo que se acerca al cielo participa en «lo supe-
> rior», es asimilado a lo trascendente, a lo sobrehumano. Toda «ascensión»
> constituye una ruptura de nivel, una transición al más allá, un exceder el
> espacio profano y la condición humana[67].

Sin embargo, casi de forma irónica, el cuento trastoca por completo
este sentido ascensional, y los personajes experimentan un hondo
decaimiento interior hasta lo más oscuro y terrible de la condición
humana.

En este punto podemos poner fin a nuestro itinerario por la obra de
José Revueltas y por esas tierras del horror y la angustia. El análisis de
los textos seleccionados ha permitido apreciar, junto a la presencia
constante del tono y de los temas que proporcionan enorme coherencia a toda su producción literaria, la particular interpretación que en
ellos se nos ofrece sobre el conflicto cristero. Más que una representación históricamente rigurosa, podemos concluir que a Revueltas
–dejando de lado su contacto más o menos próximo con los efectos de
la revuelta cristera en Durango– le atrajo este acontecimiento por las
posibilidades simbólicas que entrañaba y que permitían su inserción
en ese mundo trágico, el del «lado moridor», que centra la atención
del escritor duranguense.

---

[67] Eliade 1981, 119.

II

AGUSTÍN YÁÑEZ: AL FILO DE LA SOSPECHA

Nos aproximamos ahora a otra de las figuras mayores de la narrativa contemporánea de México, quien, junto con Revueltas y Rulfo, ha adquirido un lugar indiscutible en la lista de autores canónicos de la literatura mexicana. Jalisciense, como Azuela, Rulfo o Arreola, su obra literaria combina el notable acento regional, (la reivindicación de la provincia, que se percibe ya en el proyecto juvenil de la revista *Bandera de provincias*), con el diálogo y la asimilación de las corrientes culturales de amplitud mundial (aspecto que está presente también en aquella revista: traducciones de Claudel, Kafka, Joyce, Morand; críticas de cine; comentarios sobre la música de Debussy, Ravel o Franck; interpretación del muralismo mexicano, etc.)[1]. Se trata, sin duda, de una personalidad interesante, en la que se produce la fusión del escritor y pensador con el hombre de acción que asume altas responsabilidades políticas. También resulta singular –tendré ocasión de comentarlo– la unión de sus convicciones religiosas, tan profundamente arraigadas que le valieron el apodo de *El mocho*, y su defensa del legado liberal.

En mi acercamiento a su narrativa me limitaré a analizar dos de sus novelas. En ambas, aunque de manera bien distinta, se puede detectar la presencia del conflicto cristero: *Al filo del agua* (1947) es la obra fundamental de Yáñez y ha recibido múltiples lecturas, alguna de las cuales ha apuntado esa vinculación implícita, latente, entre el texto y la Cristiada. Se trata de un texto que, como señala Anderson, ocupa un lugar fundamental en la evolución de la narrativa mexicana:

> On the one hand, it marks the culmination and closure of the early twentieth–century tradition of the novel of the Mexican Revolution. On the other hand, it emphasizes modernist innovation as the direction of development for later novels in Mexico's national literary tradition[2].

---

[1] Flasher 1969, 20 y ss.
[2] Anderson 1995, 45.

Por el contrario, *Las vueltas del tiempo*, escrita entre 1948 y 1953 (aunque permaneció sin publicarse hasta 1973), apenas ha recibido atención por parte de la crítica. En ella las referencias a la guerra cristera ocupan un lugar preponderante.

1. TIERRAS SEMBRADAS DE CRUCES: *AL FILO DEL AGUA*

La primera novela mayor de este autor polifacético sigue siendo considerada por la crítica como la obra maestra del conjunto narrativo con el que fue construyendo, a lo largo de los años, lo que él mismo denominó «el Plan que peleamos». El conjunto de su obra escrita reúne novelas, novelas cortas, cuentos, ensayos, biografías, artículos y discursos en los que quedan reflejadas su actividad como creador literario, sus investigaciones de carácter histórico y su participación en la vida política y académica. Esta expresión –«el Plan que peleamos»– la utiliza el propio autor para referirse al proyecto global de su obra literaria, un ciclo que toma como modelo la *Comedia humana* de Balzac. En el comienzo de *Los sentidos al aire* se recoge el esquema general que había elaborado Yáñez y que sólo pudo cumplir parcialmente (10). En un documento posterior, el autor lleva a cabo una amplia explicación de ese plan literario, en la que además incluye interesantes reflexiones sobre su producción ya realizada («Perseverancia Final»). Con ese proyecto, Yáñez pretendía:

> Abarcar la vida mexicana en sus distintos aspectos: el arte, la vida universitaria, el campo, el trabajo industrial, la vida obrera, la vida en la ciudad y en la provincia, los problemas políticos y los sociales, la historia. Asimismo, quiero abarcar todos los caracteres y todas las edades[3].

Si, en un principio, la primera novela de este ciclo recibió más bien una crítica distante, terminaría por convertirse en punto de referencia inexcusable para el proceso modernizador de la narrativa mexicana contemporánea[4]. Yáñez se acerca en esta obra a la microhistoria de un

---

[3] Declaraciones del autor en una célebre entrevista de Carballo (1973, 27).

[4] Díaz Ruiz 1992, 294. Sobre su carácter de hito en la evolución de la narrativa mexicana, son ya un lugar común las palabras elogiosas con que se refería Rosario

pueblo de Los Altos (al que se alude simplemente como *un lugar del Arzobispado*), para recoger el instante preciso en que va a hacer acto de presencia el alud revolucionario. Resulta sorprendente la capacidad de la ficción para proyectar una imagen, un ambiente, de la vida de esos pequeños pueblos del interior. Años más tarde, el historiador Luis González comprobaría la fidelidad del retrato de Yáñez, al abordar el estudio de San José de Gracia, un pueblo real cuyas características se asemejan bastante al espacio ficcional de la novela. La lectura de algunos pasajes del libro de González, como la expectación de los josefinos ante la llegada del cometa Halley, su visión de la lucha revolucionaria o la descripción de las fiestas y costumbres religiosas, evoca algunos de los fragmentos más célebres de *Al filo del agua*[5].

Aquellas tierras alteñas eran bien conocidas por el escritor, quien pasó allí algunas temporadas de su infancia. Antes de la novela, Yáñez se ensaya como paisajista en sus primeros escritos, aparecidos en *Bandera de Provincias* y *Campo*[6]. Además, simultáneamente a la escritura de *Al filo del agua*, aparece su reportaje histórico-costumbrista sobre Yahualica, el pueblo familiar en que se inspira[7]. Sin embargo, en la novela se presenta con la denominación genérica, y adquiere así una indeterminación simbólica.

Más que en el reflejo objetivo de los hechos, el narrador se centrará en la captación de un estado de conciencia colectivo, un ambiente sobre todo interior que se proyecta, secundariamente, en la realidad externa y que está caracterizado por la tensión que se establece entre la pulsión del deseo y la rígida contención del deber, fijado por una religiosidad omnipresente y angustiosa, así como por las estrictas normas sociales de una pequeña comunidad donde todos se conocen y

---

Castellanos al escritor jalisciense en un memorable artículo (1964, 225). Para un recorrido por los hitos que marcan el *ascenso* entre la crítica de la obra de Yáñez y la fijación de la imagen del escritor, ver: Harris 1996, 277-280.

[5] González, L. 1984, 105-139. También Alba-Koch ha señalado esta similitud entre el pueblo ficcional de la novela de Yáñez y la población de Michoacán que describe el historiador, y la amplía además a algunos rasgos de la Comala de Rulfo (2000, 13).

[6] Gutiérrez de Velasco 2000, 21-23.

[7] Gutiérrez de Velasco 2000, 26-28; y Detjens 1993, 20-24. Alba-Koch llega a afirmar: «sin sus primeros años transcurridos en Yahualica, difícilmente habría podido Yáñez retratar con tal acierto un pueblo jalisciense "cuyo nombre", dice, "no importa recordar"» (2000, 8).

donde se ejerce, por tanto, una estrecha vigilancia sobre cualquier acción que pueda transgredir el orden establecido.

La novela concluye con la entrada de las tropas maderistas en el pueblo: verdadero derrumbe –según permite apuntar la narración– del mundo cerrado que se describe en el «Acto preparatorio». La revolución es el acontecimiento mayor que parece englobar el desenlace de todas las tensiones particulares, encarnadas por la galería de personajes principales, cuyos conflictos se van acrecentando a medida que avanza el relato, hasta llegar a la tormenta final. No podemos hablar de solución de esos conflictos, sino de verdadero choque, aprovechando así la imagen de las canicas propuesta por el texto.

Al filo del agua rescata de este modo la vida de un pueblo alteño, anclado en un tiempo remoto, momentos antes de su transformación, tal vez definitiva. Junto a la crítica indirecta, pero muy clara, de un modelo social anquilosado y destructor de la personalidad de sus habitantes, no falta tampoco algo de evocación nostálgica de la vida rural y sus tradiciones seculares: el recuerdo emocionado de una existencia distinta, enraizada en las seguridades de la fe, alejada de los cambios desconcertantes, caracterizada por el rutinario transcurrir de los días, al paso constante que marcan las campanas de la iglesia.

> La vida transcurre en un teatro grotesco y sublime que paraliza los sentidos y trastorna el juicio. Realismo de espectros: las llagas reales, las penas irreales. Hay una atmósfera de feria sangrienta, flamenca y española, en ese *ritual grandioso y aterrador que Yáñez describe con una mezcla de nostalgia y reprobación*[8].

Se trata de una novela densa, que además de aportar una notable renovación en las técnicas narrativas, hasta entonces ceñidas casi exclusivamente al realismo documental, supone también una búsqueda por profundizar en la complejidad subjetiva de los personajes, superando la mera relación anecdótica de los acontecimientos externos. Se asimilan las aportaciones de Joyce, Faulkner y Dos Passos,

---

[8] Paz 1987, II, 568-569 (Cursiva mía). También Franco destaca esa ambigüedad: «se denuncia el amordazamiento, el estancamiento, pero a la par se expresa de forma implícita la nostalgia por un mundo represivamente controlado, encauzado, encerrado en casillas» (2000, 66).

entre otros. Esta renovación no responde, al menos de manera única ni principal, a un afán por *estar a la moda*. Me parece fundamental, en esta línea, subrayar las palabras de Perus en su análisis de la novela: las formas, esas nuevas técnicas, no son algo exterior, sino que adquieren en el entramado del texto una función significativa ligada a todo «su proyecto narrativo»[9].

Se comprende, así, la multiplicidad de lecturas que permite, dependiendo de qué aspecto quiera destacarse más. De ahí que algunos críticos se centren en la construcción narrativa[10], otros entiendan la novela desde una perspectiva psicoanalítica o como una invitación a una reflexión antropológica[11], y otros, finalmente, subrayen su dimensión histórico-social (en distintos sentidos: crítica anticlerical, interpretación mítica del acontecimiento revolucionario, ensayo sobre la identidad nacional, etc.)[12].

Dado el objetivo particular con el que me aproximo a la obra, me centraré en el último de los ámbitos señalados; es decir, me interesa ahondar en la visión de la historia y de la sociedad que se desprende de ella. Haciendo hincapié en este aspecto, se podrán descubrir sus vinculaciones, más o menos soterradas, con el conflicto cristero.

Como he señalado ya, *Al filo del agua* es –no sólo, pero sí en buena medida– la narración pormenorizada del ocaso de una época: *El antiguo régimen* (otro de los títulos propuestos en el prefacio de la obra), el momento anterior al acontecimiento fundacional del México contemporáneo, la revolución. Pero el narrador no se ha decidido ni por el mural amplio que recorre todo el país, ni por la *novela-museo* que dota de vida a las grandes figuras y a las fechas señaladas del pasado. Por el contrario, su atención capta el pulso vital de una pequeña población, donde los personajes no emprenden hazañas mayores que

---

[9] Considero muy acertada también su puntualización sobre el carácter paradójico que entraña, frente al modelo enunciado por el propio autor (*Manhattan Transfer*): «Antes que de una realidad socio–cultural que algunos podrían llamar hoy "posmoderna" *avant la lettre*, los procedimientos narrativos de Agustín Yáñez dan cuenta de una realidad socio–cultural "premoderna"» (Perus 1992, 358).

[10] Algunos ejemplos: Haddad 1964; Neill 1968; Brushwood 1973b. Como ejemplos más recientes, cabe destacar: Longo 1988; Merrell 1990; Palou 2000; Perus 2000; etc.

[11] Algunos ejemplos: Sánchez, P. 1969; Sommers 1973a; Lagos 1973; y Paz 1987.

[12] Vázquez Amaral 1973; Portuondo 1973; Monsiváis 1992; Rodríguez Lozano 1997; Gutiérrez de Velasco 2000; Franco 2000; etc.

puedan trascender el ámbito de la memoria familiar, las conversaciones entre bisbiseos en los portales de la iglesia o la narración del cro-
nista oral del pueblo. En ese espacio reducido se desarrolla, sin
embargo, una lucha que alcanza proporciones trágicas: es el enfrentamiento entre un mundo ordenado, de tradiciones seculares, donde
todo está sometido a la ley de Dios y a la decencia, y lo que viene de
fuera, portando el desorden, la puesta en duda de ese mundo clausu-
rado, la explosión de las pasiones, la rebelión contra lo impuesto, el
cambio.

La lucha no se desarrolla únicamente en un nivel colectivo (es éste
uno de los grandes aciertos de la obra). Hay un combate interior en
cada uno de los personajes, que adquiere matices distintos: pecado *vs*
penitencia, pasión *vs* continencia, libertad *vs* sometimiento, comprensión *vs* intransigencia, etc.

Se presenta al sacerdote como el pilar sobre el que se sostiene toda
la estructura social de la pequeña población. Es él quien mantiene
vivos los vínculos: a través de las celebraciones litúrgicas se conforma
el eje sobre el que gira la vida de las gentes, con su autoridad eclesiástica marca las fronteras infranqueables del bien y del mal, sobre él aca-
ban recayendo todas las historias de sus feligreses, las pasiones más
escondidas, sus deseos más recónditos. Jiménez de Báez, en un excelente artículo al que volveré repetidas veces, indica este papel clave
del sacerdote, presentado así desde la introducción –el «Acto Preparatorio»– y continuado a lo largo de toda la novela: «en ambas ocupa un
lugar preponderante la iglesia, en tanto pueblo de Dios que gira en
torno a la vida parroquial; a la casa del "Padre"»[13]. D. Dionisio, el
párroco, ejerce una función central: es el Padre, representante de la
paternidad divina. Aunque, según apunta el texto, esa vinculación
paterno-filial se halle desvirtuada, socavada en su aparente solidez[14].

Por eso, ante la inminencia de un final anunciado a través de diversos signos y sobre todo por las palabras proféticas de Lucas Macías, el
sacerdote aparece como la primera víctima, la pieza clave del edificio
que ha de ser derruido:

---

[13] Jiménez de Báez 2000, 130.
[14] Siguiendo su análisis, Jiménez de Báez percibe en este aspecto la plasmación de
un proceso histórico (2000, 132).

-¡Estamos al filo del agua! Usted cuídese: pase lo que pase, no se aflija señor cura, será una buena tormenta y a usted le darán los primeros granizazos: ¡hágase fuerte! -y luego, como en sueños, como en delirios-: un blanco, chaparro él, diz que loco... muchachos y locos dicen verdades... hágase fuerte (236).

Detrás de estas frases –centrales en el conjunto de la novela, pues de ellas se extrae el título– cabe vislumbrar el trasfondo de la guerra cristera: «hágase fuerte», le insiste Lucas, el profeta, a don Dionisio. Al menos, es esta la tesis que intentaré demostrar en las próximas páginas. Aunque el motivo fundamental de la novela, en el nivel de la realidad histórica que refleja, reconstruye e interpreta, es la creciente acumulación de tensiones que estallan con la llegada de la tormenta revolucionaria; tanto el espacio geográfico elegido para el desarrollo de la acción (Los Altos, el epicentro de la Cristiada), como el peso esencial que adquiere en la obra la figura del sacerdote apuntan también a una de las derivaciones del conflicto revolucionario: la persecución religiosa, las fricciones entre la Iglesia y el nuevo Estado y el estallido final de la guerra cristera. Algunos trabajos críticos anteriores comparten esta opinión:

> Conocer los acontecimientos históricos a los que se alude en la novela es imprescindible para el lector [...]. Incluso lo que Yáñez relata se entiende mejor a partir de los sucesos posteriores a 1910: finalizada la escritura de la novela en 1945, el feroz anticlericalismo de Calles y la rebelión cristera podían parecer cosas del pasado ante la recién finalizada época de Cárdenas, punto de inflexión y del encuentro de los mexicanos ante una figura carismática que anunciaba un futuro prometedor[15].

Para sustentar esta hipótesis será necesario atender a diversos aspectos relacionados, de manera más o menos directa, con la novela. Una vez más, tendremos ocasión de comprobar la importancia funcional y significativa del espacio, que aparece estrechamente ligado a una particular vivencia del tiempo. Al análisis de estas dos categorías le seguirá el *descubrimiento* de un personaje que cumple un papel esencial dentro de ese juego de canicas que se va desarrollando a lo largo

---

[15] González Boixo 2000, 163. Ver también: Perus 1992 y Rodríguez Lozano 1997.

de la narración. Finalmente, saltaremos los márgenes del texto para rastrear, en esa biografía *arreglada* del autor, sus vinculaciones con los grupos de activistas católicos durante el conflicto religioso. Todo ello con el fin de señalar el impacto que la Cristiada pudo dejar en *Al filo del agua* y de explorar la imagen soterrada de la guerra que, casi sin querer, ofrece la obra.

1.1. *Un pueblo de mujeres enlutadas: la génesis de una novela*

Como obertura o preludio de todo el relato aparece el «Acto preparatorio», con el que se introduce al lector, a través de una visión panorámica cargada de acentos líricos, en el espacio que va a acoger el desarrollo de la acción. El recorrido por el pueblo (en el que algunos críticos han subrayado la adaptación narrativa de técnicas cinematográficas[16]), no se detiene en la mera descripción de las calles, los lugares principales o el aspecto de las casas. Como una buena fotografía, el retrato ahonda en lo esencial y, alternando los contrastes de luces y sombras, retornando una y otra vez a los aspectos que definen un carácter, dibuja un modo de ser, en el que se enlazan de manera indisoluble el espacio y sus gentes. El lenguaje del narrador se impregna también de ese ambiente cerrado, de dominio clerical, y adquiere tono de letanía, de salmodia, interrumpido tan sólo por la abrupta irrupción del deseo y las pasiones que avanzan sinuosas, como el agua de la fuente de la plaza. La alternancia se reitera de manera cíclica en esta obertura y marca así el clima de crecientes tensiones.

> El deseo, los deseos disimulan su respiración. Y hay que pararse un poco para oírla, para entenderla detrás de las puertas atrancadas, en el rastro de las mujeres con luto, de los hombres graves, de los muchachos colorados y de los muchachillos pálidos. Hay que oírla en los rezos y cantos eclesiásticos a donde se refugia. Respiración profunda, respiración de fiebre a fuerzas contenida (6).

La combinación de esa férrea clausura y de las presiones soterradas –internas y externas– que se le oponen constituye un estrecho binomio

---

[16] Perus 1992, 334.

que marcará todo el ritmo de la narración. La novela transmite ante todo una atmósfera cargada, cuya tirantez va en aumento: es la formación de la tormenta que acecha, es «la inminencia del acto»[17].

Hay lugar, entonces, para los presagios, la profecía apenas apuntada: algo grave está a punto de suceder. En esa dirección va orientado el primer capítulo, «Aquella noche», con cuatro historias simultáneas que sólo pueden anunciar desgracias (de hecho, Lucas Macías las interpretará en este sentido conforme avance la narración y, con ella, el carácter apocalíptico que van cobrando los acontecimientos). Pero el «Acto preparatorio» no funciona sólo como mera introducción. De alguna manera están en él, condensadas, las líneas principales que van a irse desarrollando a lo largo de todo el relato. Y, por tanto, en él también encontramos el núcleo de significado y de sentido de la novela:

> Más que de preludio, adquiere los visos de una síntesis en que se abordan los temas principales de la novela, en una amplia evocación lírica, de gran aliento[18].

Por fortuna, conservamos unas palabras del autor en que explica la génesis de *Al filo del agua* a partir de la escritura de este «Acto preparatorio»; palabras que, como veremos, contienen datos muy valiosos para sostener el enfoque particular con el que me aproximo a la obra. A la pregunta de Carballo –«¿cómo surgió *Al filo del agua?*»–, responde Yáñez:

> Surgió inesperadamente. Comencé a escribir la introducción para una novela corta destinada al *Archipiélago*, la que trataría de Oriana. *Imaginaba un pueblo de Los Altos durante el conflicto religioso, como Jalostotitlán:* encerrado, de mujeres enlutadas, en el que opera una fuerza militar apoyada por la aviación, y adonde llegan unos pilotos. *Trataba de pintar el ambiente del pueblo,* para después caracterizar a Amadís de Gaula como un aviador que tiene ese pueblo como lugar de residencia, y a una mujer insana, loca por el histerismo del encierro: Oriana. Así fue como escribí las páginas introductorias de *Al filo del agua*[19].

---

[17] Expresión clara y precisa que utiliza Olea Franco para definir el clima de toda la obra (2000, 67).

[18] Franco 2000, 49.

[19] Carballo 1973, 25 (Cursiva mía).

Aunque sólo se trate de un proyecto inicial y en la continuación de la novela se haya trasladado la acción a un contexto histórico anterior, considero suficientemente significativo que el «Acto preparatorio» corresponda, al menos en su origen, a la imagen de un pueblo de Los Altos durante el conflicto religioso, una imagen que Yáñez retiene en su memoria y que reconstruye literariamente.

Tomando pie en las palabras anteriores, que nos permiten por un momento adelantar el tiempo del pueblo de don Dionisio hasta el conflicto religioso, y considerando las resonancias que se encuentran entre este pueblo de mujeres enlutadas y aquella otra población cerrada con odio y con piedras, creo que puede resultar interesante llevar a cabo una confrontación entre el cuento de Revueltas («Dios en la tierra») y el preludio de Yáñez[20]. En los dos textos se nos ofrece el retrato de una población cristera, y tanto las coincidencias como los puntos divergentes entre las visiones que proyecta cada uno resultan significativos.

En ambos casos tenemos ante nosotros a un narrador situado muy por encima de la acción que relata. Su información parece no tener límites y es capaz de sondear las intenciones y actitudes más secretas de sus personajes. Personajes que, tanto en el "Acto preparatorio" como en "Dios en la tierra", están tratados de manera prácticamente indiferenciada: son un grupo. La interioridad que el narrador desvela puede ser considerada como un estado de conciencia colectivo. La primera diferencia entre ambos textos, la más llamativa, es que en el cuento de Revueltas se habla de dos grupos en claro enfrentamiento (no sólo por lo que se refiere a la acción bélica, sino en la misma caracterización que realiza el narrador de cada uno de ellos), mientras que en el de Yáñez toda la atención se orienta hacia un solo grupo –el pueblo–, y sólo de manera alusiva hay alguna referencia a las gentes de fuera:

> [...] un sabor a sal, un olor a humedad, una invisible presencia terrosa, angustiosa, que nunca estalla, que nunca mata, que oprime la garganta al forastero y sea quizá placer del vecindario, como placer de penitencia (7).

---

[20] En Jiménez de Báez 2000, se señalan también interesantes puntos de contacto entre esta novela, *El luto humano* de Revueltas y *Pedro Páramo* de Rulfo. Haré referencia a ellos a lo largo del análisis.

Fondas y mesones vacíos de ordinario. El pueblo no está en rutas fre-
cuentadas. De tarde en tarde llega un agente de comercio, un empleado
fiscal, o pernocta un «propio» que trae algún recado, algún encargo, para
vecinos de categoría. No hay hoteles o alojamientos de comodidad. La
comodidad es un concepto extraño. La vida no merece regalos (10).

Este hecho marca ya una distancia importante entre los dos textos
y entre la actitud de sus narradores. Si bien los dos pretenden ofrecer
una imagen en la que se refleje el temperamento de un pueblo que va
a acometer (*Al filo del agua*) o que se ha arrojado ya («Dios en la tierra»)
a una *guerra santa*, en el primer caso el acento está puesto en el esfuerzo por acercarse a las condiciones que permiten comprender el fenómeno, mientras que en el cuento de Revueltas todo el relato se estructura sobre la oposición entre los dos grupos (federales/ cristeros). Esta
confrontación lleva consigo una toma de postura por parte del narrador, no exenta de cierto maniqueísmo. A pesar de esta diferencia fundamental, debo subrayar que sorprende la similitud de los rasgos
principales con que quedan definidos los dos pueblos cristeros. En un
intento por sintetizar los distintos trazos con que ambos narradores
van construyendo este perfil descriptivo se pueden percibir tres grandes núcleos.

a) Mundo cerrado

La idea de cierre, con toda su riqueza significativa, es quizás la que
más se repite en uno y otro texto. Se desarrolla así una de las polaridades espaciales más explotadas por la narrativa, la oposición entre lo
cerrado y lo abierto:

> En este caso el rasgo topológico fundamental del espacio es el límite. El
> límite divide todo el espacio del texto en dos subespacios que no se interse-
> can recíprocamente. Su propiedad fundamental es la impenetrabilidad[21].

Como en el cuento de Revueltas ya fue comentado, me voy a dete-
ner brevemente en el desarrollo que adquiere este rasgo en el «Acto
preparatorio». Dicho enclaustramiento tiene su expresión topográfica

---

[21] Lotman 1982, 281.

en la ausencia de vías importantes que permitan la comunicación con *los otros* o el desplazamiento habitual de los pobladores a otras comunidades y, sobre todo, a la urbe, símbolo por antonomasia de *lo otro*, que desde la perspectiva de los moradores de este pueblo aparece ligada a lo pernicioso. Yáñez recoge la clásica oposición entre campo y ciudad, pero otorgándole matices novedosos: el pueblo es una Arcadia muy relativa (aunque contenga rasgos de ese espacio idealizado) y la ciudad, junto a las connotaciones *babélicas*, despierta el interés disimulado de la feligresía de D. Dionisio: es la posibilidad abierta, donde se genera lo nuevo, es la atracción de lo mundano, el espacio de una anhelada liberación[22].

En un segundo nivel, encontramos el concepto de lo cerrado en la pormenorizada descripción de las calles y las casas, con pasajes que presentan una enorme similitud con el cuento de Revueltas.

> Viejecitas, mujeres maduras, muchachas de lozanía, párvulas; en los atrios de las iglesias, en la soledad callejera, en los interiores de las tiendas y de algunas casas –cúan pocas– furtivamente abiertas. [...] Casas de las que no escapan rumores, risas, gritos, llantos. [...] Casas de las orillas [...] con la nobleza de su cantería, que sella dignidad a los muros de adobe (6).

> Pueblo cerrado. Pueblo de mujeres enlutadas. Pueblo solemne. [...] En cada casa un brocal, oculto a las miradas forasteras, [...] los secretos patios, los adentrados corredores. [...] Pueblo conventual (7).

> Las calles son puentes de necesidad (8).

En ambas obras, junto a la utilización del adjetivo «cerrado» y otros equivalentes, que acompañan a la enumeración descriptiva de los objetos, resulta llamativa la referencia a elementos que cumplen la función de cerrar o de delimitar un espacio: puertas, ventanas, trancas, esquinas, muros.

Finalmente, como señala el mismo narrador, hay una vinculación estrecha entre la realidad espacial y el modo de ser de sus pobladores –«uno y mismo el paisaje y las gentes»–, que también aparecen carac-

---

[22] La vigencia de esta dicotomía en la literatura hispanoamericana, desde diversos planteamientos, la convierte en una muy fecunda vena temática. Puede verse un conjunto de aproximaciones a esta cuestión en Navascués 2002.

terizados por su hermetismo: hombres y mujeres de pocas palabras, que evitan el diálogo salvo en ocasiones excepcionales. El espacio cumple así una de sus funciones más típicas en los textos narrativos: «dotado de un fuerte contenido semántico, habla indirectamente de los personajes y contribuye a su definición»[23]. Esta cerrazón que define el carácter de la gente está asociada a un sentimiento de angustia, de tensión interior, que se origina precisamente por el esfuerzo de contener hasta la más mínima expresión de la intimidad. El *espacio interior*, donde tienen su origen y desarrollo los sentimientos, los deseos, la imaginación, permanece vedado a cualquier posible intrusión ajena, salvado el caso del sacerdote en el confesionario, que se presenta así como la única *válvula de escape*:

Gentes y calles absortas. [...] Tertulias, nunca. Horror sagrado al baile: ni por pensamiento: nunca, nunca. Las familias entre sí se visitan sólo en caso de pésame o enfermedad, quizás cuando ha llegado un ausente mucho tiempo esperado (5).

El deseo, los deseos disimulan su respiración. [...] ¡Cantaran las mujeres! No, nunca, sino en la iglesia los viejos coros de generación en generación aprendidos (6).

Los matrimonios son en las primeras misas. A oscuras. [...] Como si hubiera un cierto género de vergüenza. [...] El sol es la alegría del pueblo, una casi incógnita alegría, una disimulada alegría, como los afectos, como los instintos, como los deseos (7).

Nunca estas pilas, ni en las noches de luna, quién sabe si ni en las más negras noches, han oído un diálogo de amor. [...] [Las mujeres enlutadas] Hieráticas. Breves, cortantes, los saludos de obligación. [...] Hay, sí, hombres en las esquinas [...] son pocos, y parcos de palabra (8).

La idea de cierre queda asociada a la de aislamiento, soledad, ausencia de vínculos con los otros, como no sean aquellos que hacen referencia a toda la comunidad, lo colectivo: la celebración religiosa o la feria dominical. Éstos, aunque ejercen una cohesión en el grupo, no permiten el verdadero establecimiento de una relación interpersonal (enten-

---

[23] Zubiaurre 2000, 22. Como indica esta crítica, se trata casi siempre de una definición redundante y, por tanto, «enfática».

dida como participación mutua de intimidades). Frente al pueblo de
«Dios en la tierra», los personajes de *Al filo del agua*, según lo que permite deducir su «Acto preparatorio», no carecen de sentimientos y
deseos, carecen más bien de las vías adecuadas para comunicarlos.

En contraste con la clausura total de la población cristera del cuento, aquí hay *rendijas* liberadoras de apertura. Como intentaré demostrar, la clave de *Al filo del agua* radica precisamente en esta tensión que
caracteriza lo «entreabierto». Las palabras de Bachelard, al referirse a
esa dicotomía de lo abierto y lo cerrado, pueden servirnos como precisa y brillante síntesis de esta idea:

> La puerta es todo un cosmos de lo entreabierto. Es por lo menos su
> imagen princeps, el origen mismo de un ensueño donde se acumulan
> deseos y tentaciones, la tentación de abrir el ser en su trasfondo, el deseo
> de conquistar a todos los seres reticentes. La puerta esquematiza dos posi-
> bilidades fuertes, que clasifican con claridad dos tipos de ensueño. A veces
> hela aquí bien cerrada, con los cerrojos echados, encadenada. A veces hela
> abierta, es decir, abierta de par en par.
>
> Pero llegan las horas de mayor sensibilidad imaginante. En las noches
> de mayo, cuando tantas puertas están cerradas, hay una apenas entrea-
> bierta. [...] Entonces un destino se dibuja[24].

b) *Tiempo remoto*

La segunda característica con que se define este pueblo de mujeres
enlutadas coincide también con uno de los rasgos fundamentales de la
población cristera de Revueltas y está íntimamente ligado al fenómeno espacial que acabo de apuntar: al concepto de lo cerrado le acompaña una dimensión temporal, que se caracteriza por la repetición
cíclica de acciones que tienen su origen en un pasado remoto. El rechazo al cambio, simétrico al aislamiento frente a lo exterior, supone la
anulación del futuro[25].

---

[24] Bachelard 1983, 261.

[25] Esta fusión entre las categorías del tiempo y el espacio constituye lo que Bajtín
denominaba, con un término metafórico, como *cronotopos*: «Aquí el tiempo se condensa,
se vuelve compacto, visible para todo arte, mientras que el espacio se intensifica, se preci-
pita en el movimiento del tiempo, de la trama, de la Historia. Los índices del tiempo se
descubren en el espacio, el cual es mensurado después del tiempo» (1989, 237-238).

Se percibe claramente, tanto en el texto de Revueltas como en el de Yáñez, la importancia que adquiere este aspecto como juicio histórico y, desde ahí, como orientación ideológica con respecto al lector: los cristeros representan un pasado anquilosado que no es capaz de asimilar el cambio impuesto por el transcurrir histórico, el progreso, noción fundamental en ambos autores. Lejos de afrontar el futuro, la única actitud posible para estos hombres, inmersos en un sistema teocrático, es la defensa de ese mundo inmutable, tan agónica (trágica y heroica, en el caso de Yáñez; bárbara y cruel, en el de Revueltas), como estéril.

«Dios en la tierra» se remonta a un pasado original como explicación del odio presente:

> Las rocas se mueven, las inmensas piedras del mundo cambian de sitio, avanzan un milímetro por siglo. Pero esto no se alteraba, este odio venía de lo más lejano y lo más bárbaro. Era el odio de Dios (11).

A lo largo del relato, siempre que se mencione a la población cristera se repetirán, de distintas maneras, las notas de cierre y de anulación del desarrollo temporal. Así, se habla del Génesis o de «una vieja y enloquecedora maldición», de «los más oscuros siglos» (11); la actitud que define a estos hombres es «negarse siempre» (12) y se les describe como «una masa [...] con un rostro inmutable, imperecedero» (15). Porque, en definitiva, esta masa sólo es representante de una ancestral y caduca institución: *la iglesia de Dios, iglesia sin agua, iglesia de piedra, iglesia de siglos* (16).

El «Acto preparatorio» introduce al lector en el espacio particular de un pueblo donde el tiempo parece haberse detenido, donde la vida es sólo un breve tránsito hacia un destino definitivo, donde cada día es un ritual que se repite a golpe de campanas, donde no hay lugar (aparentemente) para la sorpresa, la novedad, el cambio. Hasta las breves interrupciones que alteran ese transcurrir rutinario se hallan fijadas y medidas, cumpliendo su misión cíclicamente: las distintas fiestas religiosas, la plaza de los domingos por la mañana y, en otro sentido, los ejercicios de encierro anuales. Esta condición pétrea de la temporalidad se manifiesta de diversas maneras y en distintos niveles del texto. Incluso puede apreciarse en la misma constitución del discurso del narrador, caracterizado por la preponderancia de frases nominales, el recurso a la repetición, los estribillos o la selección de un léxico al que se incorporan términos de la liturgia latina y vocablos de rancia ascendencia. Franco lo describe en los siguientes términos:

> una intensa proclividad a la "esencialización" (carencia de verbos, frases nominales constantes, construcción basada en preponderante actitud definitoria como el famoso «Pueblo de mujeres enlutadas») [...] la estructura rigurosa de cada párrafo que se presenta a menudo como el desarrollo de la primera expresión, punto de apoyo que genera rígidamente las variaciones posteriores[26].

Asociados a esta concepción del tiempo aparecen también otros rasgos que la complementan: el color de luto en los vestidos de las mujeres; la ausencia de árboles o huertos a la vista; el silencio (únicamente se canta en las iglesias, se habla sólo a media voz, es un *pueblo sin estridencias*); su virtud principal, que es el conformismo: «no ambicionan más que ir viviendo, mientras llega la hora de una buena muerte» (10); la vida ligada a las tareas agrícolas, que marcan también su reiterado ciclo anual.

Como observamos en el tratamiento del espacio, hay cierta continuidad entre mundo exterior y mundo interior. La tierra de Los Altos se define en este pasaje por su monotonía y por su sequedad: «Áridos lomeríos por paisaje, cuyas líneas escuetas van superponiendo iguales horizontes. Lomeríos. Lomeríos» (5). Esta condición del espacio va unida, por tanto, a unas notas temporales y a la constitución de un carácter. Así lo señala el narrador casi al final del fragmento:

> Esto [la concepción de la vida como puente transitorio] y la natural resequedad cubren de vejez al pueblo, a sus casas y gentes; flota un aire de desencanto, un sutil aire seco, al modo del paisaje, de las canteras rechupadas, de las palabras tajantes. Uno y mismo el paisaje y las almas (10).

Concomitante tanto en la visión del aislamiento como en la proyección textual –denuncia implícita y matizada– de un mundo que se afe-

---

[26] Junto a estos aspectos, el crítico señala también cómo en el mismo «Acto preparatorio» se hace presente otra fuerza que tiende a la dispersión: «Pero este universo inmóvil, cuajado, se halla agitado de fuerzas que propenden a hacerlo explotar, tensiones centrífugas que obran subterráneamente, perceptibles en el desorden-multiplicidad y el desorden-incoherencia» (1988, 509).

rra al pasado, el fragmento de Yáñez se distancia bastante del cuento de Revueltas en la caracterización profunda de los habitantes de una población que se une (en el proyecto inicial), o que llegará a unirse en un futuro que escapa al texto (en la solución final de la novela), a la causa cristera. Frente a la imagen tajantemente negativa que nos ofrece el relato «Dios en la tierra», cabe apreciar en Yáñez un notable esfuerzo de comprensión. Este contraste entre ambos textos resulta muy relevante, pues marca la diferente perspectiva con la que cada narrador (y, finalmente, cada autor) aborda su acercamiento a ese pueblo cerrado, intransigente, y aferrado a un tiempo pasado.

Mientras la novela de Yáñez, tras su preludio, se adentrará en lo más íntimo de sus pobladores, el narrador de Revueltas permanecerá siempre fuera y se identificará únicamente con los soldados y el maestro. Esto mismo *petrifica* la imagen de ese colectivo feroz, indiferenciado, ligado perpetuamente a su monstruosa divinidad.

Un breve apunte merece la comparación con *El luto humano*, pues ofrece en este aspecto algunas variaciones significativas con respecto al cuento. Como pudimos observar, Revueltas en su novela, lejos de oponer a los dos bandos que protagonizaron el conflicto cristero, propone una identificación entre ambos. Además, también se comentó hasta qué punto el narrador penetra en uno de los personajes cristeros más centrales: el sacerdote. Sin embargo, y a pesar de esas breves referencias hacia un futuro esperanzador, la imagen que predomina es la de clausura temporal y la destrucción misma del espacio. Así lo indica Jiménez de Báez:

> Esta función religante [propia del sacerdote], tanto en la comunidad eclesial, histórica, como entre el plano histórico y el trascendente se ha perdido en el tiempo de *El luto humano* de Revueltas. [...] Perdido su centro, el que está llamado a religar, asesina a Adán, quien niega con su vida el sentido del hombre nuevo que conlleva su nombre[27].

No ocurre así en el pueblo de mujeres enlutadas, donde la fuerza y el sentido de la narración se sustentan precisamente en el paulatino, pero irrefrenable proceso de apertura, en *la inminencia del acto*: llegarán, están llegando, nuevos tiempos.

---

[27] Jiménez de Báez 2000, 139-140.

Por otra parte, si «Dios en la tierra» se concentra en descalificar al bando cristero desde una posición externa, que pone el peso de su caracterización en el odio y la barbarie de los cristeros, el «Acto preparatorio» de *Al filo del agua* se adentra en las calles y en las almas del pueblo, para ofrecernos un retrato en el que quedan recogidas las luces y las sombras de ese mundo aparentemente cerrado y atemporal, que encuentra su sustento último en una particular religiosidad.

c) La exaltada religiosidad

Es la tercera nota que se destaca en los dos textos y es, sin duda, la clave sobre la que se apoyan las otras dos. Ya hemos hablado de este aspecto en el apartado dedicado al cuento de «Dios en la tierra», donde encontramos un tratamiento muy superficial: la religión de los cristeros se aborda únicamente como fanatismo y todos los elementos que la definen tienen un sentido negativo. Ahora bien, por encima de esta visión sesgada hay alguna nota que puede ponerse en relación con el «Acto preparatorio».

En ambos textos la religión sostiene el orden, lo establecido, lo que no se debe transgredir, es el límite, el muro que cierra el pueblo. En el caso de «Dios en la tierra» se define este orden como «la Ley Terrible que no perdona ni a la vigésima generación, ni a la centésima, ni al género humano» (16). En *Al filo del agua*, se le da una personificación múltiple: «los miedos alguaciles, loqueros», «los cuatro jinetes de las Postrimerías, gendarmes municipales», cuya misión principal consiste en vigilar, sujetar, encerrar a los deseos (8). Mucho más adelante, en el capítulo «Estudiantes y ausentes», estos cuatro jinetes de misteriosa denominación adquieren nombre propio: *Muerte, Juicio, Infierno y Gloria* (184).

Otro aspecto común es el carácter obsesivo con que se presenta el sentimiento religioso. Lejos de infundir paz, la mención de Dios y de su relación con los hombres produce terror, angustia o miedo[28]. Así lo comenta el narrador de «Dios en la tierra»:

---

[28] En una original interpretación que toma en cuenta la influencia de Vico sobre nuestro autor –otro aspecto que lo relaciona con Joyce–, Skirius se refiere a esa religión sostenida en el temor: «Conscientes del peso de la cultura católica en Irlanda y en México tanto Joyce como Yáñez critican al clero por su pedagogía del miedo» (2000, 209).

Y eso era ahí y en todo lugar porque Él, según una vieja y enloquecedora maldición, está en todo lugar: en el silencio siniestro de la calle; en el colérico trabajo; en la sorprendida alcoba matrimonial; en los odios nupciales y en las iglesias, subiendo en anatemas por encima del pavor y de la consternación. Dios se había acumulado en las entrañas de los hombres como sólo puede acumularse la sangre [...]. En el norte y en el sur, inventando puntos cardinales para estar ahí, para negar alguna cosa con todas las fuerzas que al hombre le llegan desde los más oscuros siglos, desde la ceguedad más ciega de su historia (11-12).

En el otro texto, esta idea no se expresa de una forma tan directa. La omnipresencia de lo religioso se hace patente a través de diversos objetos, fundamentalmente las campanas de la iglesia y las cruces que surgen por todas partes:

Y cruces al remate de la fachada más humilde, coronas de las esquinas, en las paredes interminables; cruces de piedra, de cal y canto, de madera, de palma; unas, anchas, otras, altas; y pequeñas, y frágiles, y perfectas y toscas (5).

Como se ha dicho ya, otro de los hechos que permite apreciar la aparición constante de lo religioso es la misma organización de las actividades cotidianas que constituyen la vida del pueblo. Éstas se ordenan siempre en torno a los distintos actos litúrgicos y las costumbres piadosas. Frente al relato de Revueltas y frente a muchas novelas de la guerra cristera (a las que se les puede aplicar la crítica –ya citada– de su escaso interés para ahondar en las singulares manifestaciones de la religiosidad en estas regiones), parte de la riqueza de la obra de Yáñez consiste, sin duda, en su esfuerzo por recrear el complejo mundo que define la fisonomía espiritual de ese pueblo alteño: religioso, lleno de rituales, barroco, teatral, supersticioso en muchas ocasiones. Así opina también Rodríguez Lozano:

[...] Creo que el aspecto religioso que subyace en *Al filo del agua* es el que hace relevante la obra. Hasta 1947, incluso ya con la publicación de algunas novelas referentes al movimiento cristero [cita a *Héctor, La Virgen de los cristeros, Pensativa* y *Los Cristeros*], no se había publicado una obra en la que tuvieran tanta relevancia y tanta fuerza las prácticas religiosas cristianas, en su vertiente católica, como las desarrolladas a lo largo de la novela de Yáñez[29].

---

[29] Rodríguez Lozano 1997, 667.

Junto al carácter de centro que desempeña lo religioso en la organización del pueblo, el «Acto preparatorio» inicia un análisis detenido y ponderado de los resortes que impulsan esa aguda conciencia religiosa, que se desarrollará a lo largo de toda la novela. Ciñéndome al preludio que ahora nos ocupa, cabe resaltar algunas notas fundamentales que conforman la peculiar religiosidad del pueblo retratado por Yáñez.

En primer lugar –aquí hay cierto paralelismo con Revueltas– el sentimiento religioso actúa como fuerza de contención frente a las pasiones y los deseos. Queda descrito, por tanto, su aspecto más negativo: «Horror sagrado al baile: ni por pensamiento, nunca, nunca» (5), (es sólo un ejemplo entre otros muchos). Por otra parte, como consecuencia de lo anterior, la religión lleva consigo un sentimiento de temor, de miedo. Un miedo, cuya causa no se hace claramente explícita en esta introducción, pero que se desvelará por completo en el capítulo «Ejercicios de Encierro»: el miedo al pecado y al castigo divino y también, secundariamente, a la reprobación social. Hay una lucha constante en el interior de cada conciencia entre los deseos: «con alas de paloma, sí, de paloma torpe», y los miedos: «en vuelos de pájaro ciego, negro, con alas de vampiro, de tecolote o gavilán» (7).

Ahora bien, la religión no es sólo una fuerza negativa, no se oculta en este texto su valor para dotar de un sentido a la vida, aunque se la reduzca, en este caso, a pura penitencia para lograr un futuro mejor, en la otra. Tampoco se niega su capacidad para crear unos lazos comunitarios, aunque no consiga formar las condiciones necesarias para que se establezcan verdaderas relaciones interpersonales: así queda señalado, en un momento climático de la novela, a través de las reflexiones de María:

> María puede formular y formula categóricamente su antes confusa idea –hecha hoy convicción– de que nadie, nunca, en este pueblo ha sentido pasión de amor –embeleso y locura, entrega sin reservas dolorosa y dichosa, contra todos los miedos y al impulso de todos los riesgos [...].

A continuación, se define aún más la idea: «el amor es identidad de dos almas, y todo lo demás, añadidura» (198-199).

El narrador no impone un juicio negativo sobre la religiosidad que impera en esa pequeña población al modo en que lo hace el relato de

Revueltas. Su descripción no está dirigida en un sentido fijado previamente: se exponen las características de unas formas de vida y se deja al lector que extraiga sus conclusiones. El resultado es entonces mucho más contundente, aunque el mismo esfuerzo del narrador por acercarse a la problemática de sus personajes y a su visión de las cosas se contagia al lector[30]. Este hecho puede explicar, en buena medida, ese carácter ambiguo que señalan algunos críticos (Paz y Franco, entre otros), y que está presente ya en una reseña temprana de Altolaguirre:

> Qué sabiduría eclesiástica tienen los amargos brochazos con que describe a los curas del pueblo. Todos santos. Ninguno de ellos caricaturizado. Qué saludable horror a la santidad nos inspira esta obra tan demoníaca, a veces tan angélica. Yo no sé a qué atenerme después de su lectura. La he leído varias veces. Y el agua de las revoluciones, al filo de cuya lluvia se sitúan estas páginas, no ha borrado nada de la grandeza trágica de su historia.

La imagen, por otra parte, no es monolítica y al haberse realizado desde dentro, a través de un esfuerzo notable por penetrar en esa interioridad hermética, descubre una realidad más profunda y compleja:

> El texto deja entrever que hay que superar esas apariencias de rigidez y de severidad: así como las casas encierran rincones de suavidad y alegría, así la gente encubre sus sentimientos, pulsiones, afectividad, para levantar una engañosa fachada. Pero basta con que cambien las condiciones para que se entreguen[31].

d) Los orígenes del enfrentamiento

Analizadas estas tres características –espacio hermético, detención del tiempo, aguda y peculiar vivencia de lo religioso– y confrontadas con el cuento de Revueltas, hemos podido extraer ya algunos resultados sobre este singular acercamiento de Yáñez a un pueblo de Los Altos durante el conflicto religioso. La clave sobre la que se apoya el texto plantea, en el fondo, una dialéctica entre las fuerzas vitales y una reli-

---

[30] Altolaguirre 1950, 3.
[31] Franco 1988, 510.

giosidad fuertemente represiva. El tema, esbozado en esta obertura, impulsará el desarrollo de la historia a lo largo de toda la obra, hecho que queda puesto de manifiesto en el papel central que ocupa la figura de D. Dionisio: cada una de las acciones que encarnan los distintos personajes pasa, en algún momento de su evolución, a través del párroco, que funciona como eje temático y estructural de la novela:

> Don Dionisio Martínez, el sacerdote de la parroquia, es un personaje fundamental en *Al filo del agua*. Su destino personal, que dramatiza el papel multifacético de la iglesia, es paralelo a las peripecias del pueblo y su personalidad influye sobre todas las figuras importantes en la narración. Disperso a través de la cambiante estructura de las relaciones de la trama, a veces invisible a la mirada, la plenitud de Don Dionisio como personaje no es inmediatamente evidente de por sí, sino que debe ser reconstruida por el lector. En tal proceso surge una figura profundamente trágica[32].

La crítica que se hace al mundo que representa el pueblo de *Al filo del agua* y, particularmente, a esa concepción religiosa que lo sustenta es interna al propio texto, no viene impuesta desde fuera: es la propia evolución de los personajes, el juego libre de las canicas a las que se les ha dejado rodar, incluido el mismo párroco, lo que muestra el fracaso del sistema.

Más que la condena de toda convicción religiosa (hecho que sí se puede percibir en los textos de Revueltas, aunque con los matices ya comentados), más que un «alegato anticlerical», como la califica Monsiváis[33], la novela muestra la caducidad de una concepción de la religión que se enfrenta al impulso de la vida. Se trata en realidad de una religión deformada que no es capaz de encarnarse en el mundo (por eso tiende al encierro conventual), que está a la defensiva ante el desarrollo de la historia y los cambios sociales (por eso pretende anclarse en un tiempo remoto), y que carece de recursos para encauzar las inquietudes humanas (por eso su única defensa es el miedo). Y esta denuncia, como señala Rodríguez Lozano, entronca más con la problemática del movimiento cristero, que con la etapa revolucionaria:

---

[32] Sommers 1973a, 76. En esta misma línea puede verse: Jiménez de Báez 2000, 142-145.

[33] Monsiváis 1992, 372.

Así, Yáñez no está en contra de la religión, sino de cierto tipo de discursos que se desarrollaron de manera agresiva durante el movimiento cristero. Evidentemente, como hombre político, Yáñez tenía que considerar otro campo social, el porfiriato, para presentar imágenes con las que no estaba de acuerdo[34].

Si bien el trasfondo es el del conflicto religioso, más que una denuncia de los discursos desarrollados durante éste, me parece que Yáñez indaga sobre las motivaciones profundas que están en el origen de la violenta reacción de la población alteña contra Calles. Por supuesto, con esta afirmación no se quiere negar la coherencia interna del texto, que se sostiene por sí mismo. Como señalé desde un principio, la presencia de la guerra cristera en la novela se encuentra en un nivel profundo y para identificarla hay que recurrir a datos extratextuales (las declaraciones de Yáñez sobre la génesis de la obra, el conocimiento histórico acerca de la región en que se sitúan los hechos novelescos, la biografía del autor, el momento de su escritura, etc.). Ahora bien, todos esos datos dejan su huella en la novela y permiten realizar una interpretación que considere los factores históricos y culturales que entran en juego en la configuración de la obra, así como los diversos sentidos que ésta les confiere.

La revolución que aparece al final de *Al filo del agua* adquiere proporciones míticas. Su presencia es más bien latente, su imagen resulta algo difuminada (la narración termina en cuanto ella aparece), y está cargada de un simbolismo casi religioso (manifestado en el creciente tono apocalíptico al que ya he hecho referencia). Es la tormenta largamente esperada, un nuevo diluvio que lleva consigo, junto a una enorme fuerza destructora –mitigada en el texto– el comienzo de una nueva era[35]. Se trata de una imagen construida, sí, a partir del hecho histórico concreto, pero reinterpretado con el paso del tiempo y cargado de nuevas connotaciones:

---

[34] Rodríguez Lozano 1997, 670. El final de la cita es un ejemplo magnífico del carácter de tabú que adquirió este conflicto, y que lo mantuvo en el silencio durante muchos años.

[35] Obsérvese esta nueva coincidencia con el relato de Revueltas: el simbolismo del agua del maestro, que analicé en «Dios en la tierra», presenta numerosas notas comunes con las de esta lluvia.

Agustín Yáñez participó de ese ambiente urbano [el ascenso de la nueva burguesía en la segunda mitad de los 40], de esos nuevos aires nacionalistas que vieron en la Revolución de 1910 un corte intempestivo y reformador. [...] Antes de la Revolución nada, después de la Revolución todo[36].

Los presagios de tono apocalíptico que se reiteran y van aumentando en intensidad a lo largo de la novela, sirven para acentuar este carácter inaugural de la revolución, vislumbrada casi desde una óptica milenarista, hecho que, por poner un ejemplo, se refleja de manera muy nítida en el tratamiento que recibe la figura de Madero, rodeada de cierto misterio, y a la que se le confieren características mesiánicas[37]. Probablemente, Rosario Castellanos hacía referencia a esta visión mitificada de la revolución mexicana cuando, al tiempo que ponderaba la herencia literaria del escritor jalisciense, añadía un solo pero: «puede legar a sus discípulos todo, menos su optimismo».

Volviendo a nuestro punto de partida, el minucioso análisis sociológico que se despliega a lo largo de la novela muestra la caducidad de un sistema social y cultural que no puede prolongarse más. La revolución idealizada supone la llegada de un tiempo nuevo. Ahora bien, según mi interpretación, el hecho de haber situado los acontecimientos en un pueblo de Los Altos, así como el papel preponderante que desempeña el párroco están apuntando también a la guerra cristera como parte integrante de ese proceso complejo que fue la revolución. Los avisos proféticos de Lucas Macías a D. Dionisio van en esa dirección. Por otra parte, el mismo párroco llega a intuir la necesidad del cambio, e incluso le atribuye un valor providencial, casi al final de la novela, en un fragmento que parece fundir a personaje y narrador:

¿Cómo pueden ser jamás justos el robo, los asesinatos, las depredaciones? Mas él mismo ¿no ha predicado que las calamidades deben aceptarse como azotes de la justicia divina? ¿Por qué no ha de ser la Revolución el

---

[36] Rodríguez Lozano 1997, 665.
[37] El estudio de Franco sobre la obra narrativa de Yáñez detecta y analiza la presencia de esta visión milenarista (1988, 280-372).

instrumento de que sirva la Providencia para realizar el ideal de justicia y pureza, inútilmente perseguido por este decrépito cura? (241)

Se aprecia aquí un nuevo paralelismo con Revueltas, en este caso con *El luto humano*. También en esa novela el sacerdote, figura tan trágica como D. Dionisio, llega a vislumbrar las posibilidades redentoras de la revolución aunque, en el caso de Revueltas, se trata de resucitar una revolución traicionada precisamente por el ascenso de esa nueva burguesía, de la que es Yáñez un claro exponente.

La revolución, tal y como se presenta en *Al filo del agua*, era necesaria pero, ¿quiere decir esto que el enfrentamiento entre la Iglesia y el Estado revolucionario era necesario también? ¿La guerra cristera era un mal inevitable para que la renovación del país pudiera realizarse plenamente? ¿Nos da alguna pista el texto de Yáñez en ese sentido?

Si se acepta el enfoque particular que he adoptado en mi estudio de la novela, creo que es posible encontrar algunas claves que hacen referencia precisamente a esta cuestión. Se podrá además percibir la coherencia de fondo y la continuidad que existe entre lo que apenas se esboza en *Al filo del agua* y lo que se expone, con mucha mayor claridad, en *Las vueltas del tiempo*.

1.2. *Una figura clave: el padre Reyes*

La crítica ha subrayado el papel central desempeñado en la novela por D. Dionisio, sin embargo, no ha prestado demasiada atención a otro de los personajes que conforman el trío principal de los clérigos en el pueblo de *Al filo del agua*: el joven sacerdote Abundio Reyes. Como mucho, se ha señalado su contraste con el P. Islas y la beneficiosa influencia que, paulatinamente, va ejerciendo sobre el párroco. Entre los rasgos caracterizadores de este personaje se han destacado su juventud, su carácter abierto, una concepción moderna de la religiosidad y una clara preocupación social. Estos rasgos pueden encontrarse en análisis de la novela ya clásicos, como el de Sommers, quien habla de esta figura en los siguientes términos: «[...] el liberal padre Reyes, con ideas de reforma social y prácticas religiosas modernas». También Rodríguez Lozano apunta cómo en alguna de las intervenciones del P. Reyes se hace referencia al impulso social que caracteriza la actuación de algunos grupos católicos, con los cuales estuvo vinculado el propio Yáñez en los años veinte[38].

Desde mi interpretación, si se tiene en cuenta la tarea rectora que sobre la vida de esa población desempeña el estamento eclesiástico, si se considera que la problemática central de la novela encuentra su origen en una religiosidad que constriñe la vida de todos los personajes y si, finalmente, se repara en las implicaciones de carácter histórico que entraña el texto, la figura del P. Reyes adquiere un relieve que parece no haber sido suficientemente apreciado hasta el momento.

He insistido una y otra vez, recogiendo lo que es una impresión generalmente aceptada, en ese aspecto que da cohesión a las distintas historias que se entrecruzan en el espacio común del pequeño pueblo: nos encontramos –al filo del agua– en la agonía de un tiempo que concluye para dar paso a algo novedoso, que apenas queda aludido (final abierto, que insinúa mucho más de lo que muestra, y que supone una incitación al lector para que ejerza un papel activo en la tarea de completar la historia). El medio a través del cual se llevará a término esta transformación es el acontecimiento fundacional: la revolución, descrita según un procedimiento mitificador. El pasado caduco tiene su punto de apoyo en el papel tutelar del párroco y este hecho se percibe, entre otras cosas, por el modo simétrico en que se presentan las fisuras de ese mundo cerrado –cada vez más pronunciadas– y el progresivo deterioro físico de D. Dionisio.

A pesar de todas sus virtudes y de la visión ofrecida por un narrador admirado ante su talla humana, el párroco no puede dejar de asumir un carácter trágico que consiste, precisamente, en luchar agónicamente por defender un modo de vida y una concepción del mundo que pertenecen a un tiempo ya superado: «[…] la posibilidad de percibir gradualmente el cambio le es dada al Padre Dionisio. Éste no puede rebasar la conciencia posible de su tiempo, y deviene una figura trágica»[39]. Por eso, retomando las palabras del cronista-profeta, la

---

[38] Sommers 1973a, 77; y Rodríguez Lozano 1997, 666, respectivamente.

[39] Jiménez de Báez 2000, 143. En esta misma dirección se orienta la apreciación del personaje que Skirius vincula con el final del período de los dioses, dentro de la concepción viquiana: «El sacerdote Dionisio Martínez es la imagen de Cristo trágico y el protagonista heroico viquiano en *Al filo del agua*. […] El pueblo condena al que ya no tiene la fuerza para llevar su Cruz» (2000, 220-221).

fuerza renovadora de la revolución dirigirá contra él los primeros granizazos de la tormenta.

Llegados a este punto y extrayendo de la anécdota concreta de la novela las implicaciones históricas que en ella se dan cita, podríamos responder ya a las preguntas que se planteaban al final del apartado anterior. Si nos quedamos con lo visto hasta ahora, el choque entre Iglesia y Revolución parecería inevitable. No encontramos en D. Dionisio la capacidad para asumir un cambio tan profundo... y tan necesario; el mundo que él sostiene (representado en esos murmullos anónimos que se suceden en las últimas páginas), se resiste a toda transformación:

> [...] el final de *Al filo del agua* expone como inevitable la Revolución porque ésta va a trastocar las relaciones Iglesia-Estado, poniendo en jaque, a través de la Constitución, prácticas religiosas controladas por otros[40].

Pero, también en este punto, llama la atención el hecho de que el texto no ofrezca una solución única, ni simplifique la realidad a favor de una causa determinada[41]. Y es aquí donde se demuestra el importante papel que desempeña el P. Reyes. En efecto, el diálogo entre Iglesia y Revolución no parece factible mientras el primer grupo se mantenga en la posición que representa la figura del párroco, pero las cosas serían muy distintas si esa posición fuera ocupada por una personalidad como la de D. Abundio Reyes.

En este personaje, Yáñez ha querido recoger la realidad de una parte de la Iglesia mexicana que estaba experimentando un fuerte impulso transformador, alentada por la proclamación de la *Rerum Novarum*. Al calor de esta encíclica, un sector importante entre los

---

[40] Rodríguez Lozano 1997, 670. Me interesa la cita porque muestra la impresión que extrae el lector de que el enfrentamiento entre ambas realidades (Revolución/Iglesia), siguiendo la lógica del texto, resulta inexorable. No comparto, no obstante, los porqués según los cuales se explicaría la posición de Yáñez, como autor implícito. Me parece que la crítica está hecha desde dentro y se dirige más bien contra una concepción religiosa que niega toda realidad mundana desde un espiritualismo asfixiante, así como contra su carácter inmovilista y su incapacidad para dialogar con otras visiones.

[41] Como apunta Skirius: «la crítica liberal o izquierdista que señala a la Iglesia como aliada de la oligarquía porfirista y de los terratenientes está ausente de *Al filo del agua*» (2000, 222).

católicos mexicanos emprendió una reflexión sobre la necesidad de una profunda reforma social para el país, se inició en una incipiente cultura democrática y comenzó a abordar –aún de manera muy tímida– eso que más tarde se llamaría el diálogo con la modernidad[42].

En la caracterización del P. Reyes aparecerán, de una u otra manera, estos rasgos que definen una concepción religiosa renovada, frente a los planteamientos anquilosados del anciano párroco. Ya desde la presentación de ambos personajes, al comienzo de «Ejercicios de encierro», queda marcada esta oposición. Si del párroco se destacan su severidad, la lentitud, la repetición de un ritual, el origen alteño, el ascetismo casi descarnado (28-29); el joven sacerdote, desde su época de seminarista, se distingue por su afición a las artes, su sentido del humor y una enorme vitalidad que despierta los temores en la mitra, motivo por el que es destinado finalmente a ese pueblo remoto (32-33). Me parece muy importante señalar la cercanía entre las impresiones del P. Reyes, recién llegado al pueblo, y las palabras del narrador en el «Acto Preparatorio»:

> [...] el viaje halló término a la cuarta jornada, en anocheciendo. ¡Qué oscuro pueblo de sombras escabullidas, de puertas cerradas, de olor y aire misterioso! ¡Pueblo de oscuridad y silencio que aplastaba el ánimo del recién llegado! Campanadas de monotonía le golpearon las sienes. Jaqueca cruel. Ganas de llorar (33).

Al igual que el narrador, también el P. Reyes termina por encariñarse con aquellas gentes y evoca el tópico del *contemptus mundi*:

> Así el Padre Abundio lleva ya ocho años en el pueblo; solo dos veces fue a la capital del Estado y sede archiepiscopal [...]. De cuando en cuando, a solas recuerda poemas aprendidos en otras épocas: Más precia el ruiseñor su pobre nido/ de pluma y leves quejas [...] (35).

Estas coincidencias entre narrador y personaje resultan muy significativas, pues indican que ambos mantienen una actitud similar ante el pueblo de mujeres enlutadas y ante su pastor y guía, D. Dionisio. Como es evidente, este hecho supone también una orientación para el

---

[42] Puede verse un mayor desarrollo de esta cuestión en Arias 2002, 23-27.

lector, al que el narrador traslada su empatía con el personaje. El talante renovador del padre Reyes se expresa en muchos aspectos: se interesa por la prensa y está suscrito al periódico católico *El País* (50); da consejos apoyándose en escritores profanos (58); impulsa iniciativas de promoción social (110); es capaz de dialogar con los descreídos y con los norteños, sin perder de vista su misión pastoral (31 y 96-98)... Este hecho adquiere una enorme importancia si se tiene en cuenta que la revolución –dejando a un lado el fenómeno zapatista– se origina en el Norte. Yáñez revela en la novela un hecho rigurosamente cierto: el alud revolucionario portador, en gran medida, del talante del norteño (que carece de una tradición, vigoroso, hecho a su medida, influido por la cultura del país vecino, etc.), provocará una enorme sacudida en estas regiones del México central (con una organización secular, enraizadas en unas hondas convicciones religiosas, acostumbradas a una vida de rutinas ancestrales, etc.). Para éstas, esos hombres del Norte son extranjeros. De modo que al dialogar con los norteños, se subraya aún más la actitud abierta del P. Reyes. En último término, se insinúa algo que podremos confirmar más adelante: la posibilidad de intercambiar impresiones y llegar a compartir unos ideales comunes con los revolucionarios.

El contraste entre los dos sacerdotes bien puede interpretarse como un combate pacífico entre dos maneras de concebir la religión. De hecho, durante la primera parte de la novela, la evolución del P. Reyes parece indicar el triunfo del párroco, pues se percibe el esfuerzo del joven sacerdote por someterse a los modos de actuar del anciano: censurar los periódicos, adoptar un porte más grave, colaborar en las tandas de encierro, etc. Pero se trata de una victoria sólo aparente. Pronto la fuerza de los hechos, el progresivo avance vital no puede ser ya contenido ni por los recios muros de la Casa de Ejercicios, ni por las severas palabras del párroco.

Traspasado el capítulo «Canicas», parteaguas de la novela, se asiste al creciente declive de D. Dionisio, cuyas fuerzas irán disminuyendo de forma progresiva hasta la conclusión de la obra. Por el contrario, la posición del P. Reyes se irá afianzando cada vez más: la locura de Luis Gonzaga demuestra los nefastos efectos de la dirección espiritual ejercida por el P. Islas y refuerza, por contraste, al joven sacerdote (212); el párroco le pide su consejo para decidir el futuro de Gabriel (183); en las celebraciones marianas de diciembre, frente al desastre de la festividad de la Inmaculada dirigida por el P. Islas, triunfa la conmemoración de la Guadalupana, organizada por D. Abundio (200); se subrayan sus prudentes comentarios ante las supersticiones que despierta la llegada del cometa Halley (206); el pueblo contempla asombrado el desquiciamiento final del Padre Director (217), etc.

Si todos estos hechos marcan el mayor peso que va adquiriendo la figura del P. Reyes y suponen, por tanto, una confirmación de la postura que encarna, hay dos momentos cruciales para establecer, por un lado, el triunfo de una nueva actitud religiosa y, por otro, la posibilidad de un entendimiento entre la revolución y este catolicismo renovado.

La primera escena tiene lugar casi al inicio del último capítulo, «El cometa Halley». Poco después de que se nos describan los recientes desvaríos del atormentado Luis Gonzaga, escuchamos las reflexiones de un cansado párroco que ve derrumbarse, de manera irremediable, el edificio tan cuidadosamente construido durante años: su obra espiritual. La grandeza del personaje se manifiesta también en su claridad para descubrir la propia derrota y aceptarla con serenidad:

> El patético relato [en que el padre de Luis ha descrito los arrebatos de locura de su hijo] [...], plantea de nuevo la conveniencia de temperar el rigor en la guía de almas, limitar la jurisdicción del Padre Islas, *hacer que participe más el Padre Reyes en el gobierno de la parroquia y ponga en práctica sus ideas innovadoras*. El anciano ha venido rindiéndose a la evidencia de que hay un cambio al que no escapará su feligresía; es casi una sensación como la del viento caliente y terroso que anuncia la cuaresma [...]. Antes infatigable, don Dionisio ha comenzado a sentir cansancio y deseos de morir [...]. *Siente cada vez mayor necesidad de charlar con el padre Reyes, y explayársele y confiársele* (212. Cursiva mía).

Las palabras finales de este párrafo muestran hasta qué punto se han vuelto las tornas. Y señalan de forma nítida la imposición del proceso transformador. Un cambio –es importante incidir en esta idea– que se efectúa desde dentro y facilita, de este modo, su aceptación por parte del párroco. Finalmente, el arquetipo que funciona en el núcleo de esta historia es el eterno enfrentamiento entre los tiempos pasados y los tiempos nuevos: en él se funden el dolor del alumbramiento y el del declive. Tanto Gabriel como María, hijos adoptivos de D. Abundio, se enfrentan al padre. De manera mucho más sutil, el P. Reyes, a quien el párroco había acogido paternalmente, termina también por imponérsele. Se trata de un *suave parricidio*, anunciado ya en los primeros compases de la narración[43]:

> El Padre Abundio, por su parte, se mantuvo fiel al propósito de no tomar iniciativa alguna y estudiar el carácter de don Dionisio, con la minucia del que revisa un mecanismo que lo ha hecho fracasar; pronto aprendió los gustos del buen hombre, lo aparencial de su rudeza, los resortes de sus pasiones, la energía de sus virtudes, el esquema de su temperamento recio y blando a la vez. El clima de derrota le fue propicio para entender con claridad el complejo de los párrocos y el modus vivendi relativo a quienes han de sometérsele y sobrellevarlo (33).

La segunda escena que deseo recoger viene a dar una respuesta de signo distinto a la pregunta que parecía ya resuelta por el final desesperanzado de D. Dionisio. ¿Era posible un entendimiento entre Iglesia y Revolución? Escuchemos las palabras del P. Abundio Reyes:

> –¡Cómo ha crecido el número de los que pierden sus tierras, de los que no pueden trabajarlas por falta de elementos, de los medieros que no reciben un centavo en efectivo porque se hallan endrogados con el propietario que les ministra comestibles, haciéndoles cuentas enredadas e interminables; la diferencia del precio en que se ha vendido el maíz con lo que pagaron al comprarlo al tiempo es un abuso irritante. La gente es sufrida; pero la paciencia se está acabando! (110).

Estas ideas, extraídas de su lectura de *El País*, despiertan de nuevo la vitalidad del sacerdote, que se dirige a D. Dionisio para poner en marcha varias obras de asistencia social: cajas refaccionarias, cooperativas, un seguro de vida. La escena demuestra la similitud entre las preocupaciones del P. Reyes y las aspiraciones de justicia social que lleva consigo el movimiento revolucionario. Hay en la novela otros pasajes que confirman esta cercanía. Así, veremos al P. Reyes reprender a un seminarista que se burla públicamente de Madero y se muestra escéptico sobre la necesidad de las reformas sociales (222). En otro momento, el narrador señala como una de las principales preocupa-

---

[43] Tomo prestada la expresión de Krauze, quien la utiliza para definir el ascenso de Lázaro Cárdenas a la presidencia y el posterior enfrentamiento con su mentor Calles (1997a, 378).

ciones del director político porfirista la acción del P. Reyes en favor de los pobres: «–Con usted me arreglo fácilmente; pero dígale al Padre que no se ande metiendo en asuntos de gobierno– había dicho a don Dionisio» (227).

Por eso, cuando los revolucionarios hagan su entrada en el pueblo, no resulta extraño que el coro anónimo afirme, entre otras muchas cosas, «que [¡los revolucionarios descreídos!] quieren que se vaya con ellos el Padre Reyes...» (237).

La figura de este joven sacerdote puede interpretarse como una vía de conciliación entre las dos fuerzas, en principio antagónicas. A través de él, se deja abierta la posibilidad de un entendimiento entre los revolucionarios y una Iglesia renovada (fenómeno que se repetirá en *Las vueltas del tiempo*, por medio de otro personaje singular y centrada ya la cuestión, de forma clara, en el conflicto cristero). El papel de puente que desempeña el P. Reyes entre estos dos bandos, que en el cuento de Revueltas se presentaban absolutamente enfrentados, resulta muy importante para desvelar la orientación ideológica de la novela (entendido este término en un sentido amplio). A partir de lo que apenas deja apuntado, podrían extraerse algunas conclusiones.

El choque entre el Estado revolucionario y la Iglesia no era inevitable. Dentro de la institución católica existían fuerzas de renovación que mantenían una sensibilidad cercana a los ideales proclamados por la revolución. Se llega al enfrentamiento final, la trágica guerra cristera, porque terminan imponiéndose las visiones más extremas de ambos lados.

Sobre esto último, aunque no quiero ahora detenerme en este aspecto, la novela ofrece, junto a la denuncia del catolicismo más recalcitrante, una muy velada crítica a los excesos jacobinos. Por poner sólo dos ejemplos suficientemente significativos, basta con recordar las palabras resentidas de Luis Gonzaga contra la Iglesia, en sus delirios de la Semana Santa (63); o el modo en que se describe el juego sucio que el director político hace de la cuestión religiosa, utilizando la aplicación de la ley como chantaje (106-107 y 185).

La importancia del P. Reyes queda puesta de manifiesto al representar una tercera vía que señala, no sólo la posibilidad de la conciliación entre la revolución y los católicos sino, más aún, la de un verdadero entendimiento mutuo. Para comprender mejor este sentido en que parece orientarse la novela es necesario atender a dos circunstancias. En primer lugar, el momento de su escritura y, seguidamente, algunos aspectos que hacen referencia a la biografía del autor: se trata de elementos que están situados más allá de los márgenes de la textualidad pero que dejan sin duda una marca, al incidir de manera muy clara en el proceso de producción de la obra.

1.3. *Entre el contexto histórico y las borrosas huellas de una biografía*

Sobre el momento en que se escribe *Al filo del agua*, debe tenerse en cuenta que la situación política de México había variado considerablemente por lo que se refiere a la posición del Estado frente a la Iglesia, y viceversa. Durante la presidencia de Cárdenas, a pesar de los arreglos del 29, la cuestión educativa había solivantado de nuevo los ánimos. Pero el giro pacificador de los últimos años de su mandato y, sobre todo, el tono conciliador que desde un principio manifestó abiertamente su sucesor, Ávila Camacho, permitió el establecimiento de un nuevo *modus vivendi* que facilitaba un análisis más sereno de la cuestión. Es esta óptica conciliadora la que se impone finalmente en el texto de Yáñez. Las palabras de Perus resumen de manera sintética y precisa algunos de los puntos que me han conducido hasta esta interpretación final, al tiempo que los enlaza con el momento de publicación de la obra:

> [*Al filo del agua*] recoge entonces una temática hasta cierto punto candente, aunque ya mitigada en el momento de la publicación de la novela. Inscrita en el marco de una pugna entre posiciones extremas e irreconciliables cuyo enfrentamiento es ahora menos frontal, la novela ubica el problema en sus orígenes para considerar las condiciones de la «modernización» del país desde una perspectiva menos «ideologizada» [...]. Las principales direcciones de la transformación iniciada con la Revolución de 1910 señaladas por Agustín Yáñez conciernen conjunta y simultáneamente la transformación de la fe cristiana, el surgimiento de nuevas formas de sociabilidad y constitución de la individualidad subjetiva, y la reelaboración de los elementos constitutivos de la cultura nacional en nuevos marcos de interpretación[44].

---

[44] Perus 1992, 367.

Estas circunstancias generales explican en parte la originalidad con que aborda Yáñez una cuestión tan simplificada, por razones ideológicas, en otras novelas. No obstante, considero imprescindible descender a la propia trayectoria vital del autor. Acudiendo a ella encontramos también claves que nos permiten comprender mejor los porqués del texto, al ponerlo en relación con las experiencias de su creador (evitando caer en los excesos del biografismo). Pretendo también de esta forma dar cuenta, en el caso concreto de *Al filo del agua*, del complejo entramado de relaciones que entraña toda obra literaria. Por último, el recorrido por un período silenciado de la vida de Yáñez aporta también datos relevantes para iniciar el análisis de su siguiente novela, *Las vueltas del tiempo*, que permaneció durante bastantes años sin salir a la luz pública.

Cuando Emmanuel Carballo, sorprendido por la abundante aparición de referencias religiosas en *Al filo del agua* (oraciones, textos de la liturgia, festividades y, sobre todo, la familiaridad con que se refleja la mentalidad de los sacerdotes y sus diversas sensibilidades), interroga al escritor sobre la fuente de la que ha extraído estos conocimientos, Yáñez habla de una cuidadosa labor de documentación[45]. Sin negar las palabras del autor, lo cierto es que junto a ese trabajo de investigación, detrás de esa reconstrucción del contexto religioso que caracteriza a la novela hay, sin duda, un trasfondo biográfico que el escritor prefiere no mencionar. El hecho no se limita únicamente a este punto; en esa misma entrevista[46], en otras[47], e incluso en diversos estudios que han abordado su creación literaria[48], se observa cómo Yáñez consigue establecer una biografía y una obra oficiales, en las que quedan silenciadas su actividad durante los años veinte (hasta la formación de *Bandera de Provincias*), y sus primeras publicaciones de marcado carácter confesional: *Ceguera roja, Divina Floración y Llama de amor viva*[49].

---

[45] Carballo 1973, 24-25.

[46] Así, por ejemplo, cuando se le pregunta: «Como casi todos los novelistas, ¿usted comenzó escribiendo poemas?», responde: «Ni antes ni ahora he escrito versos» Carballo 1973, 20. Desterraba, de este modo, cualquier referencia a su obra primeriza.

[47] Las dos entrevistas que realiza Melgoza (1984, 55-81), o la que tuviera con Morales (1979, 149).

[48] Flasher 1950; Martínez, J. L. 1968; Giacoman 1973.

[49] «Yañez' change of attitude towards the moral teachings of the Catholic Church in the 1940s was also clearly signalled by his decision to collect up and purposely des-

Resulta llamativo que incluso en la edición de la *Colección Archivos*, salvando el «Liminar» de Gómez Robledo (que hace referencia a esas primeras obras, muy de pasada) y los comentarios de Monsiváis acerca de la actividad de Yáñez como miembro del catolicismo militante durante los años veinte, se haya eludido la mención de un aspecto que, desde mi punto de vista, ha dejado una honda huella en la escritura de *Al filo del agua*. Así, en el artículo de Díaz Ruiz, «*Al filo del agua* en la historia personal de Agustín Yáñez y el itinerario de su obra»[50], se habla de recuerdos de la infancia, de los paseos y excursiones familiares por los alrededores de Guadalajara, de sus estudios... y se pasa como de puntillas por esa parte de su vida (importante, al ocupar los primeros años de escritura, sus inicios en el periodismo, sus comienzos en la acción política), sin que quede justificado este silencio. Más llamativo aún resulta que en un amplio cuadro cronológico de su vida y obra, se evite cualquier referencia tanto a esos tres primeros libros como a la labor de Yáñez en la dirección de periódicos y semanarios ligados a distintas iniciativas católicas, o su pertenencia a la célebre Unión Popular de Anacleto González Flores: de todo esto, ni una sola palabra[51].

No pretendo dilucidar aquí los curiosos prejuicios que llevan a deformar la realidad biográfica de uno de los autores más importantes de la narrativa mexicana de este siglo o, simplemente, a censurar un período de su vida. Me atrevo a apuntar que, en el caso del autor, se trata de un mecanismo de defensa ante los posibles ataques que pudiera recibir entre los círculos políticos e intelectuales, más o menos oficiales, por su pasado reaccionario. Por supuesto, cualquier mención al conflicto religioso podía levantar antiguas heridas. En cuanto a la crítica, me resulta difícil explicar este temor a abordar un hecho que se puede entender perfectamente en su contexto y que, a estas alturas, no debería significar ningún demérito para la obra literaria de Yáñez. Quiero suponer que se trata, por tanto, de un respeto a la voluntad del autor de hacer un paréntesis sobre aquellos años. Sin embargo, no deja de resultar muy curiosa esa propensión a la elaboración del mito, no sólo con las figuras históricas de mayor relevancia, sino también con

---

troy the copies of the Catholic propagandist texts *Ceguera roja, Llama de amor viva*, and *Divina floración* that he had previously circulated to his friens» Harris 1996, 285.
   [50] Díaz Ruiz 1992.
   [51] Caicedo 1992.

los grandes autores literarios y los artistas. Como si los errores biográficos debieran ser omitidos o maquillados para que la obra no se resin-
tiera. Ante Yáñez, no sólo se aprecia este trabajo de *cirugía estética* por
lo que se refiere a su pasado cercano a los cristeros, sino que se omite
también cualquier alusión a su actitud ante el movimiento universita-
rio del 68 y la matanza de Tlatelolco, cuando él ocupaba la Secretaría
de Educación. Pero no se trata de hacer leña del árbol caído. Si entro
en el estudio de ese período, silenciado por una biografía oficial, es
porque considero que tiene una enorme relevancia en las dos novelas
que aquí analizo. Nada pasaría si los datos biográficos extraviados no
tuvieran mayor relevancia con respecto a sus textos, pero resulta que,
en este caso concreto, la vinculación entre las dos novelas y el recorrido vital de Agustín Yáñez aporta importantes claves[52].

Para reconstruir ese tiempo voluntariamente olvidado es necesario
recurrir a los datos que, de forma desperdigada, se pueden encontrar
en obras de carácter histórico[53]. Los hechos pueden sintetizarse en los
puntos siguientes:

a) Entre el círculo de amigos de juventud se descubren relaciones
con personas fuertemente ligadas al movimiento católico de resistencia al régimen callista: Gómez Robledo colaborará estrechamente con
Anacleto González Flores y, de hecho, escribirá su biografía (bajo seudónimo)[54]. Además, indica Meyer que en el despacho de Efraín González Luna (otro amigo de Yáñez), trabajaba el abogado Luis Flores
González, uno de los dirigentes de los grupos que proporcionaban
pertrechos a los combatientes cristeros. Pero además, al referirse a
María Goyaz, la célebre Generala de las Brigadas Femeninas, ofrece
un dato muy importante: «La joven María Goyaz tenía a quien salirle,
pues era hija de Francisco Goyaz, administrador del periódico de combate *El Cruzado*, dirigido por Agustín Yáñez»[55].

---

[52] El artículo ya citado de Harris (1996) apunta en esa dirección revisionista y crítica ante la fijación de una imagen del escritor –y de sus escritos– que silencia deliberadamente aspectos biográficos decisivos y que, por otra parte, no aborda un estudio
global de toda su producción literaria.

[53] Muchas de estas referencias aparecen recogidas en Sarmiento 1987-1988, quien
dedica la primera parte de su artículo a la recuperación de esos datos.

[54] Loza 1947.

[55] Meyer 1973-1974, III, 121.

b) Como vemos, no se trata sólo del círculo de amistades. Yáñez participa de una forma bastante destacada en un movimiento católico que alcanza particular fuerza en el estado de Jalisco. De hecho, según reseña Rius Facius, interviene en la «primera y única gran convención [de] la Unión Popular Jalisciense», tomando la palabra junto al Padre Méndez Medina, el canónigo José Garibi Rivera (futuro cardenal de México) o Agustín Navarro Flórez, entre otros. Y anota el historiador de la ACJM (Asociación Católica de la Juventud Mexicana):

> [...] este último [A.Y.] director del periódico *La Época*, fundado por el diná-
> mico Caballero de San Gregorio Magno, Pedro Vázquez Cisneros. Seis lus-
> tros más tarde Agustín Yáñez ocuparía la gubernatura de su estado como
> representante de la Revolución y, actualmente la Secretaría de Educación
> Pública[56].

De manera que Yáñez, además de pertenecer a la UP, aparece como director de dos periódicos católicos: *El Cruzado* y *La Época*. En las palabras de Rius Facius, valorando la poca repercusión que tuvo la protesta católica ante el gobernador Zuno, se percibe cierto resentimiento por el giro que daría Yáñez con el paso del tiempo:

> No les había dado resultado el manifiesto suscrito por el Comité Arqui-
> diocesano de Guadalajara, en el que se relataba una serie de atropellos; ni
> tampoco lo había dado el opúsculo *Ceguera roja*, escrito por Agustín Yáñez,
> quien no podía prever que con la suma de años y ambiciones él también
> enfermaría de la vista[57].

c) ¿En qué momento se produce el alejamiento entre el escritor y el grupo de los católicos militantes? Carecemos de información precisa para dar respuesta a esta pregunta. Lo cierto es que en 1929 el mismo exgobernador al que Yáñez se había enfrentado con su primer opús-culo, José Guadalupe Zuno, aparece como uno de los colaboradores de *Bandera de Provincias*[58]. Este hecho indica la superación de las recientes rivalidades. Por otra parte, Franco añade un nuevo dato bio-gráfico:

---

[56] Rius Facius 1966, 23.
[57] Rius Facius 1966, 255.
[58] Sarmiento 1987-1988, 75.

Todas las biografías oficiales borran el período del conflicto cristero, extendiendo sobre él un púdico velo; sabemos que Yáñez, muy joven en aquel momento, se quedó en las franjas del movimiento sin participar directamente (la muerte de un tío suyo, farmacéutico cerca del Santuario, que recibió un balazo durante las primeras refriegas debidas a la cuestión religiosa, tuvo en ello un influjo sin duda decisivo); miembro de la «Acción Católica de la Juventud Mexicana» y alteño de corazón, Agustín Yáñez compartió probablemente las opiniones de los católicos jaliscienses erguidos en contra del anticlericalismo de Calles: unos libelos anónimos que circularon clandestinamente durante la campaña electoral de 1952-3 se lo achacaron con vehemencia[59].

Por tanto, se puede afirmar que si bien Yáñez colabora estrechamente con el grupo de Anacleto González, no participa en el conflicto armado.

Será necesario recurrir a otro de los investigadores de la guerra cristera para encontrar algo más sobre la actuación de Yáñez en aquellos confusos años. Aparecen estas referencias con ocasión del relato sobre la muerte del Maestro Cleto, que lleva a cabo Ceja Reyes[60]. Lo que más llama la atención por lo que se refiere a nuestro autor es su presencia entre los hombres más buscados por la represión callista, junto al mismo Anacleto y algunos otros:

> Comienza el peregrinaje, de casa en casa ante un acecho y una búsqueda constantes; podría quizá perdonarse a todos, a todos, menos a tres o cuatro de los que se enlistaban como conjurados: Anacleto González Flores, Miguel Loza Gómez o Miguel Gómez Loza [fue el gobernador civil de Jalisco en el territorio dominado por los cristeros, murió en un combate], Agustín Yáñez y Heriberto Navarrete [joven universitario, miembro de la ACJM, llegó a ser secretario de Gorostieta. Terminada la guerra, ingresaría en la Compañía de Jesús. Es autor de una de las novelas de la guerra cristera][61].

Hasta tal punto llega, al parecer, la vinculación de Yáñez con el movimiento dirigido por *el Maestro* y su importancia dentro del mismo, que el General Ferreira –encargado de sofocar el conflicto cris-

---

[59] Franco 1988, 40.
[60] Ceja Reyes 1981, I, 127-143.
[61] Ceja Reyes 1981, I, 130.

tero en la región– se muestra contrariado, tras la captura y ejecución de González Flores y los hermanos Vargas, porque se le han escapado dos de sus objetivos primordiales:

> Mucha gente se aglomeró a presenciar este cuadro de muerte [los cadáveres de los ejecutados] y recuerdo que llegó el Jefe de las Operaciones Militares, general Jesús M. Ferreira; con una mirada cruel, penetrante, escrutaba alrededor de los que contemplábamos la escena y lívido, denotando una crisis nerviosa, manifestaba a sus subalternos: «¿Por qué no aprehendieron a Gómez Loza y a Agustín Yáñez? ¡Búsquenlos y donde los encuentren, denles muerte!». Varias veces repitió en voz alta los nombres de Gómez Loza y Yáñez[62].

Esto ocurría el 1º de abril de 1928; todo indica que, en fecha ya avanzada desde el comienzo del conflicto, todavía Yáñez está asociado al grupo de católicos que presentan una firme resistencia a las medidas antirreligiosas del régimen callista. Semejante posición suponía un elevado grado de compromiso, hasta el extremo de que se arriesgaba la vida. Uno de sus grandes amigos, que sí había sido apresado por Ferreira, estuvo a punto de ser fusilado:

> [El mismo día en que se ejecuta a don Cleto] en un calabozo contiguo a la Sección Médica se hallaba detenido el joven estudiante Antonio Gómez Robledo esperando su muerte, pues sería pasado por las armas a las 8:30 de la noche, pero gracias a que era sobrino del senador jalisciense Juan de Dios Robledo se movieron influencias para ponerlo en libertad una hora antes de la señalada para su ejecución. Al salir aquel joven con el rostro demacrado por el terror, tuvo que pasar por sobre los cadáveres de sus amigos, a quienes no reconoció porque estaban cubiertos con cobijas; de lo contrario, se hubiera impresionado más por la pena[63].

¿Fue la muerte del Maestro Cleto la que produjo el paulatino alejamiento de Yáñez? ¿Fue acaso la experiencia de los horrores de la guerra, lo que le condujo a abandonar una postura de radical enfrentamiento con el Estado revolucionario? Carecemos de cualquier información que nos pueda ayudar a resolver este enigma. Creo que es pertinente

---

[62] Ceja Reyes 1981, I, 138.
[63] Ceja Reyes, 1981, I, 139.

recordar ahora, para conseguir una mejor comprensión del recorrido biográfico de Yáñez, la férrea oposición de Anacleto González hacia la opción por la violencia. Durante años, el líder católico se empeñó en sostener como línea de actuación la resistencia pacífica (postura que, probablemente, compartiría con su grupo de jóvenes colaboradores): sólo la insostenible situación a la que llevó las cosas el gobierno, empeñándose en aplicar una legislación que atentaba directamente contra las convicciones de un amplio sector de la población, y la exaltación creciente de numerosos católicos, que parecían anhelar el enfrentamiento, colocaron al Maestro ante un callejón sin salida. Cuando ya habían surgido los primeros brotes de la guerra, al máximo director de la poderosa Unión Popular no le quedaba más remedio que decantarse por uno de los bandos en pugna: el de los cristeros.

Con la suma de todos estos datos desperdigados queda esbozado lo que debió de ser ese borroso período, lleno de tensión y violencia, en la vida del novelista Agustín Yáñez. Años también de formación para un joven estudiante católico, que se encontraba inmerso en los sectores *renovadores* del catolicismo mexicano. Ahora falta por resolver una última cuestión que, en el fondo, es la que justifica el que me haya detenido en estos pormenores biográficos. ¿Fue ese tramo de su vida algo de lo que Yáñez renegó por completo? ¿Hasta qué punto puede hablarse de las huellas biográficas del autor, concretamente de este período, en sus novelas?

A estas preguntas no se puede responder más que con una conjetura y de forma muy indirecta, dado que parece como si estos años hubieran sido borrados por el autor y por una buena parte de la crítica. Pero, aun con todo, creo que se pueden percibir en aspectos de su actuación política, en diversos discursos y en algunos de sus trabajos históricos, del mismo modo que en las novelas, las huellas de su vinculación juvenil con ese movimiento incipiente del catolicismo social. En la misma línea se expresa J. Franco, quien no sólo no elude esta cuestión, sino que coincide en otorgarle una considerable importancia:

> No cabe duda de que el humanismo cristiano, la «voluntad de servicio» a menudo proclamada, la moral alteña tan exigente, determinan la existencia y los escritos de Yáñez. En las entrevistas que le hicimos en 1978, el exministro y exgobernador confesaba –frente a un extranjero, ello no se prestaba a indirectas ni malevolencia– que estos elementos habían

sido el motor de su acción y exaltaba esta mentalidad alteña que se había perpetuado, a pesar de las fluctuaciones históricas[64].

Este hecho, que probablemente puede comprobarse en varios niveles, expresado de distintas maneras, se manifiesta de forma primordial en el esfuerzo por hallar una síntesis entre tradición y modernidad; un problema central dentro del pensamiento católico. Además, en el ámbito concreto de México, se relaciona con una cuestión que afecta también a otros intelectuales, de distinta procedencia, que se interrogan sobre la identidad nacional. La gran reflexión en torno a *lo mexicano* va a balancear sobre los polos de una tradición compleja (indigenismo, catolicismo, hispanidad) y, en el otro extremo, una modernidad igualmente conflictiva (reforma, extranjerización europea o norteamericana, revolución)[65]. Esta es una de las problemáticas principales que podemos encontrar en las tres grandes novelas de Yáñez: *Al filo del agua*, *La tierra pródiga* y *Las tierras flacas*. También, desde otro ángulo, el de la labor artística, aparece planteado en *La Creación*.

En el caso de *Al filo del agua* he destacado cómo se ofrecía, a través de la figura del P. Reyes, una posible solución al conflicto catolicismo/revolución (una variante de la dicotomía). Y este hecho es muy significativo porque el personaje, al que se caracteriza en la novela de un modo tan positivo, viene a ser un claro representante de ese fenómeno que se ha denominado como catolicismo social. De modo que, en este sentido, *Al filo del agua* no supondría un rechazo del autor respecto a esa época pasada, sino más bien todo lo contrario. Tal y como están planteadas las cosas en la novela, lo lógico es que el P. Reyes se vaya

---

[64] Franco, J. 1988, 40. También Sarmiento concluye, quizás con excesiva vehemencia, que «la permanente inquietud por la problemática social, apuntada a situaciones concretas: reparto de tierras, alfabetización, ordenamiento de la vida civil; la búsqueda raigal de lo mexicano, eso debió beberlo de las mejores fuentes, las primeras [se refiere a su formación en el entorno del catolicismo social]» (1987-1988, 76). Todas estas cuestiones fueron abordadas por los distintos grupos de católicos preocupados por *la cuestión social*. Como se ha indicado en algunos trabajos historiográficos, no son pocos los aspectos en que se llegó a importantes coincidencias con las reformas que trajo consigo el movimiento revolucionario (Meyer 1973-174, II, 48; Krauze 1997, 234; y Adame 1991).

[65] Lempérière ha trazado un brillante análisis sobre los orígenes y la evolución de este cuestionamiento de la identidad entre los intelectuales mexicanos (1992, 58-61, 71-75 y 112-120).

con los revolucionarios, eso mismo dice el coro anónimo. De manera similar, fuera de la ficción, Agustín Yáñez sin renegar por completo de su catolicismo, se ha unido a la Revolución Institucionalizada.

Esta hipótesis que toma pie en la biografía del autor, a pesar de que pueda parecer un tanto atrevida, ofrece una respuesta razonable a las contradicciones que algunos críticos creen ver en la novela de Yáñez. En principio, el problema queda resuelto al hallar una síntesis posible entre Iglesia y Revolución. Ahora bien, volviendo al comienzo de este apartado, esta actitud conciliadora responde también a un tiempo distinto, el de los años 40, momento en que ese añorado entendimiento es finalmente posible. *Al filo del agua*, tal y como he intentado demostrar en el análisis, dejaba sólo apuntado que había fuerzas convergentes en una y otra parte. El enfrentamiento –«los granizazos»– se produciría si se mantenía esa religiosidad hermética y angustiosa, y si, por la otra parte, se caía en la utilización política de la cuestión religiosa o en los ridículos excesos de un jacobinismo trasnochado. Pero en realidad, al situar la acción en los comienzos mismos del movimiento revolucionario, la novela no puede (¿no quiere?) reflejar uno de los grandes dramas de la guerra cristera: fue precisamente ese catolicismo renovado, que aspiraba a participar en las reformas sociales del país y que quería intervenir con voz propia en la vida política, el que terminó mortalmente enfrentado con el Estado surgido de la revolución.

En su segunda novela, *Las vueltas del tiempo*, desde una posición más crítica con unos y otros, y desde una visión menos mitificada de la revolución, Yáñez se adentrará en las condiciones que forjaron el drama. Antes de pasar al análisis de esa novela, sólo quiero indicar que el estudio de *Al filo del agua* llevado a cabo no pretendía abarcar todos los aspectos de una novela que destaca por su complejidad y por la acumulación de cuestiones que, a través de las historias de sus personajes, se entrelazan a lo largo de la narración. Aquí se ha atendido únicamente a las huellas que el conflicto religioso ha dejado en la novela, así como a la interpretación que del mismo nos sugiere ésta.

2. *LAS VUELTAS DEL TIEMPO*

Comenzados los «primeros apuntes» en 1945, la novela fue escrita entre el 19 de marzo de 1948 y el 19 de agosto de 1951, según se indica en su última página. Es decir, nos encontramos ante la segunda novela de Yáñez, redactada justo a continuación de *Al filo del agua*, a pesar de haber permanecido inédita hasta 1973. Este retraso en su aparición pública plantea cierto enigma, que parece estar en correspondencia con el mismo silencio mantenido por Yáñez respecto a su propia trayectoria biográfica. Podría argumentarse que la novela requería de una revisión previa por parte del escritor; sin embargo, el enorme espacio de tiempo transcurrido, el hecho de que el mismo Yáñez se refiriera a ella como una obra ya acabada y la presencia de la fecha exacta de su conclusión, indican más bien que las razones han de buscarse en otra parte. No se debe olvidar que en 1953 Yáñez va a ocupar el cargo de gobernador de Jalisco, como candidato del PRI, lo cual significa que ha pasado a formar parte de la «familia revolucionaria» y, además, con un peso destacado dentro de la misma, hasta el punto de que en las dos siguientes legislaturas ocupará respectivamente los puestos de Subsecretario de la Presidencia y Secretario de Educación Pública. De modo que tanto el tema abordado, como el enfoque con que se lleva a cabo –muy crítico– hacían que su publicación fuera, cuando menos, políticamente incorrecta.

En el breve repaso por su pasado próximo a la resistencia católica, destaqué el esfuerzo de Yáñez por borrar cualquier posible referencia a aquel período de su vida. En su campaña para obtener la gobernatura de Jalisco, llegaron a circular algunos pasquines que atacaban al futuro gobernador, recordándole su vinculación con el movimiento cristero. En este marco resulta lógico pensar que Yáñez pospusiera para un momento más propicio la publicación de una obra que podía frenar su ascenso político. Además:

> The author may have wanted to wait until those who are related to that epoch in Mexican history were deceased, since the novel mentions many historical personalities in a less than flattering light. This political caution is better understood in the light of the fact that, after completing the writing of the novel, Yáñez served as Governor of Jalisco and then as Secretary of Public Education: he was not politically retired until 1971[66].

Como ocurría en el caso de la biografía de su autor, también en lo que se refiere a *Las vueltas del tiempo* hay un silencio por parte de la crí-

---

[66] Skirius 1983, 78.

tica: son muy pocos los trabajos que le han prestado atención[67]. Bien es cierto que esta vez se puede alegar que la novela no alcanza una gran altura literaria[68]. Sin embargo, considero que su estudio resulta relevante por tres motivos. Desde el punto de vista temático, nos encontramos ante una obra que, por medio de una mixtura entre ficción e historia, presenta una visión crítica de la revolución y del régimen político a que ésta dio lugar. Por otra parte, en su análisis se pueden encontrar claves importantes sobre la experimentación de técnicas narrativas, fenómeno que caracteriza la peculiar poética de uno de los autores más destacados de la novela mexicana contemporánea. Finalmente, por lo que atañe al enfoque de nuestro estudio, la guerra cristera adquiere en *Las vueltas...* un peso fundamental.

A pesar de la demora de su publicación, la obra guardaba para Yáñez un lugar destacado dentro de su amplio proyecto narrativo, como queda señalado en sus declaraciones. A la pregunta de Morales sobre el punto en donde se encuentra lo universal ligado a lo mexicano, responde: «En los tipos, que están en mi última novela. *Las vueltas del tiempo*, que es la historia del país, pero a la vez la universalidad de los tipos que componen la historia: desde lo indígena, hasta lo moderno»[69]. En otra entrevista, previa a la públicación, Yáñez la definía como la aspiración de «una síntesis de nuestra historia»[70]. Otras palabras de Yáñez, refiriéndose ahora a su concepción general de la novela, resultan particularmente adecuadas para definir esta obra: «La novela retrata una circunstancia, es una demanda que pide se superen vicios arraigados en la estructura del país. Plantea un estado de cosas que demanda una pronta superación»[71].

---

[67] Destacan los artículos de Skirius (1983 y 2000) y Sarmiento (1987-1988). Hay también algunas reseñas en el momento de su publicación, y poco más...

[68] Discrepo en este punto de la opinión ofrecida por Sarmiento, para quien *Las vueltas...* es «una de sus novelas más logradas» (1987-88, 62). Quizás una valoración tan altamente positiva se deba al entusiasmo por el redescubrimiento de esta novela, que indudablemente aporta datos muy significativos para el estudio de la obra de Yáñez. Pero, como podrá apreciarse en su análisis, las excesivas alusiones a lo histórico, el carácter plano de la mayor parte de los personajes y lo inverosímil de algunos diálogos conducen a la conclusión de que «lo literario» se descuida un tanto, a cambio de centrar su interés en ofrecer una interpretación del pasado reciente.

[69] Morales 1979, 149.

[70] Carballo 1973, 33.

[71] Carballo 1973, 40.

Con estas citas quedan subrayadas dos características fundamentales para enmarcar nuestro acercamiento a *Las Vueltas*...: por un lado, el recurso al pasado histórico para explicar el presente (es lo que cabe apreciar en esta «síntesis de nuestra historia») y, por otro, el doble movimiento en el que se engarzan la representación de una circunstancia, fundamentalmente a través del testimonio de los personajes, y el sentido moralizador, orientador, en el que se descubre la huella del autor («su demanda de superación»).

2.1. *La historia, el espacio, los personajes*

La acción de la novela se desarrolla en la Ciudad de México y temporalmente abarca las 24 horas de un día bien preciso: el sábado 20 de octubre de 1945. El hecho que aparece como origen de la narración y como nudo en el que se entrelaza la red de personajes y tramas es el fallecimiento y las honras fúnebres del general Calles, el Jefe Máximo del régimen entre los años 1925-1935. De la biografía del expresidente apenas se cuentan algunos detalles; podríamos decir que en la novela desempeña un papel meramente funcional: es el enlace que otorga cohesión al texto, permitiendo que puedan desarrollarse en la novela historias aparentemente independientes, sin que se pierda el sentido de unidad. Por otra parte, de manera indirecta, se muestra la enorme relevancia de esta figura, no a través del relato de lo que hizo, sino dando cuenta de la influencia que sus acciones ejercieron sobre todos los personajes que aparecen en esta obra.

Dentro de la producción narrativa de Yáñez, *Las vueltas*... debe clasificarse entre las novelas de tipo urbano (junto con *La creación* y, sobre todo, *Ojerosa y pintada*), frente a esas tres grandes obras en las que se destaca el elemento provincial y el peso de lo telúrico: *Al filo del agua*, *La tierra pródiga* y *Las tierras flacas*. Importa esta ubicación espacial porque marca el desarrollo de toda la novela. Al igual que en *Ojerosa y pintada*, el ritmo de la ciudad, la convivencia estrepitosa de una multitud, la mezcla y el contraste de tipos humanos que la habitan, otorga a la narración una impronta particular. Las características de la gran ciudad, sin llegar a la imagen laberíntica o absolutamente fragmentada que se consolida en la narrativa contemporánea, trasladan su desorden al mismo relato. Al analizar los rasgos de la representación de la ciudad en la novela realista, se vuelve a apreciar el carácter de transición que desempeña la obra de Yáñez en la narrativa mexicana. En *Las vueltas...*, el autor va muy lejos en la experimentación de una narración fragmentaria, sin un protagonista claro, con extensos pasajes dialogados y otros de largo monólogo interior. Pero su visión de la ciudad se corresponde aún, en buena medida, con la ofrecida por el realismo en dos puntos fundamentales: por una parte, «la ciudad es fuerza que atrae y repele a la vez» y, por otra «el espacio urbano[...], si bien esconde algo de amenazador, todavía es considerado descriptible o reducible por el narrador realista»[72].

Con todo, la novela presenta innovaciones audaces. No hay un desarrollo gradual de los personajes ni una acción nuclear que evolucione de principio a fin, a lo largo de toda la obra (como sí ocurre en *Al filo del agua* o en *La tierra pródiga*). Alrededor de la ceremonia fúnebre, el narrador nos irá trasladando, a golpe de capítulo, por cada uno de los grupos donde se reúnen esos tipos que componen la historia. Conforme avanzamos en la novela, estos cambios ocurren dentro de un mismo capítulo, hasta llegar a la acentuada fragmentación de «La última morada», que ocupa un lugar climático en el texto. A través de estos saltos de un grupo a otro, el narrador omnisciente va configurando un verdadero mural narrativo, que despliega, junto a la *pintura* de las circunstancias presentes, el comentario o la evocación histórica. De esta manera, el hecho o el personaje actual quedan ligados a un evento o una figura del pasado. A pesar de que la acción –el presente de la novela– ocupa tan sólo veinticuatro horas, los comentarios de un narrador experto en Historia Patria, el relato autobiográfico de los personajes y sus recuerdos amplían enormemente la extensión temporal y espacial de la obra[73].

Los personajes construyen un mural representativo de la sociedad mexicana que el autor pretende retratar. Skirius distingue diez personajes principales –«none is protagonist»–, cuyas biografías sirven para representar tipos, y de esta manera:

---

[72] Zubiaurre 2000, 255 y 256, respectivamente.
[73] En su análisis de la novela, Skirius propone que, tras la peculiar estructura y contenido de *Las vueltas...*, puede percibirse la influencia de una obra de Dos Passos: *Nineteen Nineteen* (1983, 82). La comparación resulta, desde luego, sugerente.

The multiplicity of perspectives assures a complex presentation of Mexican history, with different ideological points of view fleshed out[74].

Los tipos aparecen agrupados según ciertas similitudes y contrastes. La narración se teje de forma fragmentaria, yendo una y otra vez a cada uno de esos grupos de personajes. El conjunto de estos trayectos de ida y vuelta va ofreciendo una visión caleidoscópica de la realidad. No hay un protagonista, no hay un punto de vista predominante. El verdadero protagonista está integrado por varios personajes, es –o quiere ser– la sociedad mexicana en su conjunto, concentrada en un espacio bien delimitado (son unos pocos lugares de la ciudad), y en un tiempo mínimo (no llega a las 24 horas), pero conteniendo a la vez toda la historia y toda la diversidad geográfica del país. ¿Cúales son esos personajes tan representativos? ¿Cómo se agrupan? ¿Qué características se les atribuyen?

– Pablo Juárez y Damián Limón: constituyen una pareja inseparable, a la que en algún momento se suma alguna otra figura. El primero es el eterno funcionario del gobierno. A este rasgo se le añade el de ser indígena y defender la idea de que hay que volver a la pureza primitiva, destruyendo todo cuanto suponga una huella del imperialismo extranjerizante, europeo o gringo. Como ocurre con otros personajes, el nombre sirve para relacionar a la figura de ficción con alguna personalidad histórica. Esta técnica —un tanto simple– sirve para reforzar la concepción fundamental en la novela acerca de las repeticiones cíclicas de la historia. Aquí el funcionario indígena se pone en relación con Benito Juárez. En segundo término, encontramos al general Limón, personaje de *Al filo del agua*. Frente a la galería de revolucionarios enriquecidos, que forman parte de la nueva clase dominante, Limón representa al hombre que peleó en la revolución y que, en un momento dado, cayó en desgracia por una asonada militar: es el revolucionario fracasado y empobrecido. En los diálogos entre estas dos figuras se desarrolla, sobre todo, la historia de Damián Limón durante la lucha revolucionaria. Se reconstruyen también, de manera resumida, los hechos que aparecían en *Al filo del agua*, aclarándose circunstancias

[74] Skirius 1983, 80.

que en aquella novela quedaron un tanto oscuras (por ejemplo, la muerte de su padre). La vida de Pablo Juárez carece prácticamente de acción. Predominan en él la actitud reflexiva y la esperanza, llena de resentimiento, de un futuro que haga resurgir el elemento indígena como único signo de identidad de lo mexicano. Ambas figuras son abordadas por el narrador desde un claro distanciamiento irónico.

– El segundo grupo viene a representar la nueva burguesía, más o menos asentada en el régimen. Está formado por el empresario de cine norteamericano, Goldwyn[75]: es el representante del intervencionismo extranjero en el presente de la acción y en la historia de México. La alusión del apellido va referida a la compañía cinematográfica: la Metro-Goldwyn-Mayer. También contiene la palabra *gold*, para evocar los intereses económicos que están detrás de la presencia extranjera. Finalmente, su nombre, Max, lo relaciona con el emperador Maximiliano. A él le acompañan un periodista de cierto renombre entre la clase política, Cumplido, y el joven abogado, Lizardi, que busca la buena sombra de Jacobo Ibarra para ir subiendo peldaños en el escalafón social. Sus paralelos históricos son el periodista liberal Ignacio Cumplido y el autor del Periquillo Sarniento, José Joaquín Fernández de Lizardi[76]. Cierra el grupo un hombre muy singular, don Santos Munguía, quien encarna al combatiente cristero desengañado por los arreglos y la actitud hipócrita de los católicos adinerados. Se trata, por tanto, de un personaje marginado en el conjunto del tablado social que escenifica Yáñez.

Los comentarios sobre la actualidad política, en los que se deja entrever una crítica contra el olvido de los ideales por la búsqueda del interés personal, predominan en sus diálogos. Junto a ellos, dos historias principales se van a desarrollar en sus animadas conversaciones: las vivencias revolucionarias del empresario yanqui, donde se pone de relieve la constante intrusión norteamericana en la evolución de la política nacional y, en segundo lugar, los recuerdos de don Santos

---

[75] Skirius 1983, 89.

[76] Como anota Skirius, es importante que en los diálogos entre estos dos personajes se desarrolle, intratextualmente, la propia poética de la novela. A la vez, el hecho de que sus contrafiguras históricas sean periodistas y escritores de ficción: «points to Yáñez's idea that the writing of literature and the writing of history do find common ground in journalism» 1983, 80.

sobre la guerra cristera. De manera puntual aparecerán también algunas referencias al Padre Osollo y a la historia de Jacobo Ibarra y María. Miguel Osollo, siguiendo el juego de homónimos establecido por Yáñez para buena parte de los personajes, se relaciona con dos líderes del ejército conservador, los generales Miguel Miramón y Luis G. Osollo. Además, Skirius opina que también representa al Padre Pro, y señala que su *alias* durante la guerra, Luis Osorio, se corresponde al pseudónimo que utilizó el líder de la ACJM, Luis Vázquez[77].

– La familia Fernández Roa reúne en su casa al tercer grupo: los herederos de la *aristocracia* porfiriana. En la velada que tienen durante las pompas fúnebres de Calles, el tema predominante es la crítica de todo cuanto ha traído la revolución y el recuerdo nostálgico de la época de don Porfirio. A través de estos personajes, Yáñez expone los prejuicios de la gente *decente*, en la misma línea iniciada por Azuela, y muestra su inmovilismo, la envidia por el ascenso social de personas que no provienen de las familias de renombre, su visión maniquea de la historia, el peso de las apariencias, etc.

Dos personajes sobresalen entre los contertulios: Luz, la hija de los Fernández Roa, y Francisco Javier Lerdo, el joven que la corteja (familiar del presidente Lerdo de Tejada, famoso por su política anticlerical[78]). La relación entre estos dos jóvenes, herederos respectivamente de la tradición conservadora y liberal, forma una de las tramas fundamentales de la novela: es una de las tres historias de amor que encontramos en el texto (junto con la de Osollo y la del matrimonio Ibarra). A pesar de que su relación promete una superación de los antiguos enfrentamientos, el desenlace de la historia manifiesta lo mucho que pesan aún las heridas del pasado.

En la tertulia de los Fernández Roa ocupará también un lugar destacado el relato de Luz sobre la vida del Padre Osollo, que en su juventud –antes de ser sacerdote– había sido uno de los cristeros de mayor fama. La admiración por el jesuita es compartida por la mayoría de los contertulios (es más, se trata de uno de los pocos puntos en que coin-

---

[77] Skirius 1983, 88. Yo apuntaré, casi al final de mi análisis, un quinto personaje real, conocido de Yáñez, que pudo servirle de inspiración para construir esta figura.

[78] Su correlato histórico le viene dado, entonces, por descendencia familiar. El presidente Lerdo de Tejada incluyó en el texto constitucional las Leyes de Reforma, motivo por el que se originó la primera guerra cristera o de los *religioneros*.

ciden la opinión de Luz y su madre), con excepción del médico y, por supuesto, Francisco Javier.

La casa de la Avenida Veracruz va a ser punto de reunión, casi al final de la novela, de los personajes más importantes que antes habían aparecido de manera dispersa: además de los asistentes a la velada llegan hasta allí Cumplido, Osollo, y el matrimonio Ibarra y Diéguez.

– Finalmente, el cuarto grupo corresponde a la clase más baja, lo que los señores Fernández Roa llamarían el *peladaje*, representado por un personaje principal: Heliodoro, empleado de la agencia funeraria que se encarga del sepelio de Calles. A él le acompaña todo un entorno (su familia pulverizada, las cuscas de la calle por la que se dirige todos los días al trabajo, los compañeros de la fueneraria), que completa el retrato del inframundo de la Ciudad de México, tantas veces abordado por la pluma de Azuela. Son los barrios populares sucios y pobres, con olor a fritanga y a pulque, la picaresca, el hampa, la violencia doméstica… La historia de Heliodoro Camacho, en palabras de Sarmiento,

> como una estela de sombra cruza por la obra [...]. La evolución en el orden social de este nuevo personaje no es ascendente sino que representa el caso típico de proletarización provocada. [...] De campesino humilde pero con acceso a la educación, se convierte en proletario sin oficio fijo, que busca de un lugar a otro un trabajo digno. En la capital, casado, con grandes cargas de familia se hunde en la miseria, en la que la mendicidad y prostitución son consecuencia casi necesaria, sin posibilidades de salida[79].

Se trata, en efecto, de «la víctima de la Revolución». La acción que se desarrolla a través de este personaje podría alcanzar un aliento casi trágico: todas las desgracias de Heliodoro Camacho arrancan del brutal asesinato de su padre, ordenado por un joven general Calles. Ahora, en el presente de la novela, el desdichado funcionario de la agencia funeraria tiene en sus manos la oportunidad de vengarse del hombre que arruinó su vida, pero el pánico lo detiene. La historia de Heliodoro está tratada según la técnica del esperpento: el héroe trágico se convierte en un pobre fantoche, incapaz de superar su entorno miserable.

---

[79] Sarmiento 1987-1988, 83-84.

2.2. *Algunas claves temáticas*

En el rápido repaso por los distintos grupos que forma esta galería de tipos representativos se habrá podido comprobar, junto a la variedad de historias que se reúnen en *Las vueltas...*, el peso que adquieren en esta obra los diálogos. Si se analiza cada uno de esos grupos, sorprende que –con la única excepción de Heliodoro– la acción primordial que todos los personajes realizan sea, precisamente, la de hablar. El propio Yáñez destacaba este elemento como una de las características peculiares de *Las vueltas...* frente al resto de sus novelas:

> En una novela inédita, intermedia entre este último libro y *La creación*, el estilo está casi despojado de todo lo que sea abundancia; está construida a base de conversaciones muy ágiles: no se describe estados de ánimo, todo se expresa directamente, todo está dicho en el momento mismo de la acción, aun aquello que corresponde a la perspectiva del recuerdo. Es una novela nerviosa que no se parece a ninguna otra de las que he escrito[80].

El recurso al diálogo, presente en toda la novela, permite mostrar una misma historia desde diversas perspectivas, y esto es posible porque la mayoría de las acciones que aparecen en la novela corresponden a un tiempo pasado. Tal es el caso de la vida de Osollo, que llega *reconstruida* al lector a través de las palabras de Luz, los recuerdos de Cumplido, los comentarios de don Santos, la misma evocación interior del jesuita y las intervenciones del narrador. Pero esta tendencia al relato en segundo grado o *metadiegético*, además de aportar una variedad de enfoques, cumple también otra función: permite desarrollar, dentro de la novela, concepciones más o menos enfrentadas sobre temas que forman parte del debate cultural y político que está teniendo lugar en el momento de producción del texto. La novela se presenta, así, como un «espacio de discursos»[81]. Y aquí radica uno de los puntos que mayor interés puede despertar en el lector, si bien es verdad que tanto el peso excesivo de las continuas referencias históricas (a veces, meras alusiones), como lo artificial de algunos diálogos, muy alejados de lo coloquial, hacen que la viveza de la narración decaiga

---

[80] Carballo 1973, 33.
[81] Así la define Sarmiento 1987-1988, 77.

por momentos, que las conversaciones entre los personajes puedan parecer poco verosímiles y que el tono llegue a resultar en ocasiones algo monótono.

En este apartado pretendo señalar, brevemente, las principales cuestiones que despiertan el debate entre los personajes y las distintas posturas desde las que son abordadas por éstos. Detrás de la organización de los diálogos y a través de las intervenciones del narrador, se pueden extraer también algunas conclusiones sobre la orientación de la novela y, por tanto, sobre la posición adoptada por el autor implícito.

a) La identidad

La reflexión sobre *el mexicano* y *lo mexicano*, además de ser uno de los lugares comunes del debate intelectual de la época, supone una preocupación recurrente de Yáñez, perceptible en su obra literaria y en sus investigaciones históricas. La complejidad en la definición de una identidad nacional queda claramente reflejada en esta novela, que ahonda en una problemática esbozada ya en *Al filo del agua*.

El texto muestra, por una parte, la pluralidad de elementos (en algún caso opuestos) que conforman dicha identidad y, al manifestar este fenómeno, rechaza de manera implícita las posiciones extremas que pretenden imponer uno sólo de esos aspectos como definitivo. Se percibe de manera muy patente en las conversaciones entre Damián Limón y Juárez, donde éste viene a defender la necesidad de recuperar la cultura indígena y destruir cualquier residuo de influencia extranjera (desde la conquista y colonización española, hasta el imperialismo norteamericano), por considerarla como el origen de todos los males del país:

> Lo que yo digo: desde Cortés y los españoles ha sido la misma historia; no faltan malinchistas que le hagan el juego a los conquistadores. Lo estamos viendo: abogados a sueldo de las empresas extranjeras; periodistas vendidos a los intereses ajenos, que no se tientan en desprestigiar a los hombres capaces de acaudillar la reconquista; chusmas que gritan conforme les pagan; indolentes que se dejan arrastrar... (297).

El personaje cae en numerosas contradicciones y sus argumentos terminan por resultar ridículos. La última escena, en la que se le ve jugando al dominó en la cantina y bebiendo cerveza con su compañero Limón, otorga un juicio definitivo.

A través de otras conversaciones, entre estos u otros personajes, se va perfilando la dificultad para definir la identidad mexicana. No faltan los símbolos nacionales, como el himno (247-248); los tres cerros: Tepeyac, Chapultepec y Las Campanas (174); y, sobre todo, los grandes acontecimientos históricos con sus héroes y villanos (Conquista, Independencia, Reforma y Revolución). Hay, asimismo, abundantes referencias a ese mal endémico que también encontramos en algunos pasajes de Revueltas: la maldición de la violencia. Da la impresión de que el país estuviera abocado al enfrentamiento fratricida, al derramamiento de sangre. Así resume Juárez la historia de México: «¡La muerte! ¡Siempre la muerte! Y en un paisaje tan bonito. Coatlicue no es sólo la Revolución: es la historia, es la tierra, es la vida de México» (156). Y otro personaje, Lizardi, insistirá también en este punto: «¡Sangre! No se puede hablar en México sin recurrir a esta palabra» (181).

Al lado de estos elementos –luces y sombras– que se presentan como configuradores de una identidad común, la novela pone de relieve las profundas disparidades. Los mismos acontecimientos que marcan los grandes hitos en la historia del país reciben una interpretación muy distinta en cada uno de los grupos. Se señalan también las diferencias regionales que dan lugar a modos de vida y caracteres muy variados. Juárez proviene de Oaxaca, zona indígena; Osollo y don Santos del México central, orgulloso de su raigambre hispánica y fuertemente conservador; Damián Limón, los generales revolucionarios y el padre de Osollo representan el carácter liberal, emprendedor y nómada del norteño, muy influido por el poderoso vecino.

Queda, de este modo, planteado el problema en toda su complejidad. La novela no termina de aportar una clave o una solución definitiva en lo que se refiere a la cuestión de la identidad; pero, desde luego, desvela las incoherencias de la exaltación nacionalista y lleva al ridículo las posiciones de un indigenismo extremista.

b) *Las constantes históricas*

Muy en relación con lo anterior, se subraya también a lo largo de la novela la idea de que, a pesar del discurrir del tiempo, hay elementos

que se van repitiendo, con pequeñas variaciones, en las distintas épocas. La teoría es enunciada por Cumplido en el segundo capítulo:

> He conocido tanto a todos los personajes más importantes de la vida
> de México: presidentes y obispos, hombres de negocios, y líderes intelec-
> tuales y patanes, cómicos y toreros, esbirros y criminales, prostitutas y
> ¡todo lo que usted quiera! Que a veces me pongo a pensar que yo he vivi-
> do completa la historia de México, sin faltarle ni sobrarle detalle. Para mí
> es como si hubiera conocido a Santa Anna y a Juárez, a Maximiliano y a
> Iturbide, a Hidalgo y a los virreyes, a Cortés y a Cuauhtémoc... (28).

Se está describiendo, en el fondo, una de las claves de construcción
de la novela. Tras la voz de Cumplido puede oírse, en este caso, la del
propio Yáñez. Este solapamiento se produce también en este mismo
capítulo, cuando Cumplido habla de su hipotética novela elaborada a
partir de la idea del eterno retorno (que el lector bien puede identificar
con *Las vueltas...*), y se detiene en la construcción de los personajes. En
este caso, las palabras de Cumplido son casi una transcripción literal
de la respuesta que dio Yáñez a Carballo cuando le interrogó sobre
este tema[82].

Como ya señalé al comienzo de mi análisis, asistimos en la novela a
un constante movimiento que, partiendo de la descripción de las circunstancias presentes, se dirige hacia la búsqueda de sus relaciones
con los eventos y los personajes del pasado. Toda la obra gira en torno
a este concepto que Cumplido describe como «la emoción del pasado
en el presente» (31). La importancia de esta noción se pone de manifiesto desde el mismo título de la novela y considero que, además de
constituirse en un recurso constructivo, supone también una clave
interpretativa del texto. Me distancio en este punto de la opinión de
Sarmiento, para quien

> puede afirmarse que esta concepción de la historia más que una convic-
> ción resulta un recurso poético eficaz para vertebrar la construcción nove-

---

[82] En concreto, la respuesta de Yáñez es: «Al ejercitar su libertad, al decir una palabra, el personaje puede romper el plan de trabajo de una novela, torcer el rumbo que
inicialmente se había seguido. El destino de los personajes es irreversible, no así el de
las novelas. [...] Ante todo, y sobre todo, [el autor] tiene la obligación de respetar su
libertad, su destino [el de cada personaje]» (Carballo 1973, 34-35).

lesca, en tanto que permite la correlación de presente y pasado por medio de los personajes y sus arquetipos primordiales[83].

No se trata únicamente de un recurso poético. Limitar a ese nivel el desarrollo de esta visión de la historia y de la temporalidad, que está presente tanto en los diálogos de los personajes como en la misma configuración del relato, supone despojarla de su enorme riqueza significativa. Quizás sea necesario precisar que la asunción de esta manera de concebir la historia –tiempo circular, repetición cíclica de una cadena de acontecimientos–, no se presenta como opción única, ni está llevada hasta sus últimas consecuencias. Es decir, no supone la anulación de la libertad en los personajes, ni elimina el valor de los acontecimientos concretos; tampoco concluye, de manera definitiva, en la visión fatalista del «es preciso que todo cambie, para que no cambie nada», como diría Fabrizio en *El Gatopardo*. Pero esto no significa que la función del tiempo circular se reduzca a un artificio técnico. La misma crítica, antes citada, añade justo a continuación: «Sirve además a Yáñez [esta visión de la historia] para sustentar su tesis de que a pesar de la Revolución todo ha vuelto a su punto de partida»[84].

Skirius ha relacionado esta visión cíclica del tiempo con la influencia que la lectura de Vico tuvo en su interpretación de la historia de México, que adquiere un desarrollo narrativo y conceptual en esta novela. Yáñez, a diferencia de otros, entiende que la temporalidad histórica en los escritos viquianos incluye, junto a la circularidad, la noción de progreso: «Yáñez indica [en su ensayo sobre Vico] que el *ricorso* del resurgimiento que lleva a la nueva sucesión cíclica promoverá el progreso, y que la lucha de clases es un factor de éste»[85].

Volvemos a encontrarnos, así, con la complejidad característica de los textos de Yáñez, que en algunos casos ha llevado a calificar de ambigua su escritura (recuérdese, por ejemplo, la tensión entre la denuncia del anquilosamiento y la nostalgia con que se describe el pueblo de *Al filo del agua* o, aún más claramente, la mezcla de admira-

---

[83] Sarmiento 1987-1988, 79. Para un estudio de las técnicas narrativas utilizadas por Yáñez para conseguir la plasmación en el relato de este concepto de la temporalidad, puede verse: Skirius 1983, 83-87.

[84] Sarmiento 1987-88, 1979.

[85] Skirius 2002, 210-211.

ción y rechazo que despierta el personaje de El Amarillo en La tierra pródiga). En el caso que ahora nos ocupa, la presencia de esta concepción circular del tiempo se desarrolla en varias direcciones:

– Probablemente su significación más inmediatamente perceptible corresponda a la crítica del mito de «la Revolución». Me referiré a este punto enseguida.

– Como he insinuado al referirme a la cuestión de la identidad nacional, se muestra en la novela la pervivencia de conflictos no resueltos, que reaparecen, agudizados, cada cierto tiempo: el mestizaje con toda la problemática que encierra (cómo asumir e integrar los diferentes sustratos étnicos y culturales); el rechazo y la admiración simultáneas por el vecino del norte; los deseos de autonomía frente a la influencia extranjera y, paradójicamente, la innegable necesidad de ésta; la articulación entre el peso de la Iglesia católica y el poder del Estado[86]; etc.

– Hay también cierta visión desencantada frente a las aspiraciones idealistas, fenómeno particularmente notable en el periodista Cumplido, cuyos comentarios delatan con frecuencia un cinismo escéptico. Desde otro ángulo, también se puede percibir en el profundo desengaño de don Santos. Las repeticiones de la historia vienen a demostrar la imposición del fuerte sobre el débil y la supremacía de los intereses personales frente a la búsqueda del bien común. De todos modos, la postura de Cumplido no es absolutamente predominante y la novela deja abiertas otras posibilidades.

– Por otra parte, según indicaba el propio Yáñez en la entrevista de Carballo, esta concepción circular, que permite establecer nexos reiterativos entre pasado y presente, dota a los personajes particulares de una validez universal, pues los pone en relación con arquetipos humanos. Frente a las variaciones aparentes que se producen con el transcurrir de los años y de las épocas, hay actitudes que se repiten, caracteres similares, decisiones paralelas[87].

---

[86] «One of the axioms in Yañez' view of Mexican history is the perennial polarization between liberals and conservatives, and the question of the Church looms large in this struggle» Skirius 1983, 87.

[87] Esta misma idea más desarrollada aparece en Skirius 1983, 87-92.

Son éstas algunas de las cuestiones sugeridas por el peculiar tratamiento del tiempo, como tema y como elemento estructurador del texto. Se consigue así una construcción en la que se articulan circularidad y linealidad, sin plantear una oposición radical, sino más bien integradas con un carácter polisémico, anunciado ya en el mismo título de la novela. «Las vueltas del tiempo» insinúan, a la vez, la aparición de constantes en la historia y la posibilidad de transformar aquello que se consideraba inmutable. Éste último aspecto queda refrendado, por citar sólo algún ejemplo, en la evolución experimentada por el P. Osollo, que pasará de una postura absolutamente intransigente en su juventud, a la reflexión comprensiva de la madurez.

En el plano histórico, el desarrollo de la novela deja constancia del proceso por el que atraviesa la relación entre la Iglesia y el régimen revolucionario: desde el enfrentamiento frontal de la guerra cristera, hasta la convivencia pacífica que abre vías de entendimiento (recuérdese el final de la velada en la casa de los Fernández Roa y la conversación entre Osollo y Jacobo Ibarra).

c) Revolución

Éste es, sin duda, uno de los temas principales de *Las vueltas*..., y a lo largo del análisis ha ido apareciendo de forma recurrente. Teniendo en cuenta la cercanía temporal de esta novela con *Al filo del agua*, no puede dejar de sorprender la distancia que separa a ambos textos por lo que respecta al modo en que se configura la imagen de la revolución en uno y otro. En la primera novela de Yáñez, la revolución está dotada de un enorme potencial transformador, que llega a alcanzar proporciones míticas. Por el contrario, en *Las vueltas*..., el escritor jalisciense confiere a su narrador y a los personajes una aguda visión crítica, que establece un duro juicio sobre la lucha y sobre el régimen revolucionarios, llegando a recordar en ocasiones las páginas más amargas de Azuela. Esta imagen crítica se construye también de manera poliédrica, a través de las distintas visiones que aportan varios personajes y los comentarios del narrador, otorgando así al receptor una participación activa en la refiguración del texto: es cada lector el encargado de integrar todos estos discursos y adquirir así una perspectiva más completa. Por otra parte, el tono fatalista y la evocación desengañada del proceso revolucionario sitúan a esta obra dentro del marco de la corriente de las novelas de la revolución mexicana.

La historia de Heliodoro Camacho, el relato de las peripecias de Damián Limón y la descripción de «la Pantera de Cuencamé» dan cuenta de la violencia que desencadena la guerra, con su cúmulo de crueldad gratuita y el imperio de la barbarie:

> –Eso no fue nada [habla Damián Limón] en comparación con los días en que mi general Villa y don Emiliano dominaron la capital. No más comparable a la toma de Durango. Pero aquí fue más tiempo y había más recursos para divertirse, sin otro trabajo que estirar la mano. Usted podía ejercitar el tiro al blanco en la calle, a toda hora. Por cierto que se me fue la mano una vez con una rorrita que me saqué de una tienda en que trabajaba como dependienta, ¡muy bonita! Y yo casi estaba enamorado de ella: ¡la de malas! (170).

Por otra parte, la narración desenfadada de Goldwyn acerca de la intervención norteamericana en la revolución supone un ataque muy grave contra la exaltación nacionalista, el *orgullo mexicano*, que de manera un tanto simple y con una clara intención política, presentaba la lucha revolucionaria como un movimiento unánime del pueblo mexicano, levantado en contra de las fuerzas opresoras internas, sostenidas por los intereses extranjeros. De hecho, la difusión de esta idea, su cristalización en el imaginario colectivo, se muestra en la identificación entre Revolución y Nación. En este aspecto la novela de Yáñez resulta muy atrevida, al asumir el argumento más utilizado por la oposición conservadora contra el régimen revolucionario. También en las novelas de la guerra cristera se encuentra perfectamente testimoniada esta actitud, que no se origina durante la lucha revolucionaria, sino que posee una larga tradición anterior: los conservadores atacaron a los liberales por sus relaciones con la masonería y el protestantismo norteamericanos (defendiéndose así, a su vez, de la denuncia contra su *gachupinismo* y la instauración de un imperio extranjero, el de Maximiliano). La recuperación del hispanismo, a la que contribuye el grupo del Ateneo, alimenta, una vez instaurado el regimen revolucionario y más agudamente durante el conflicto religioso, la crítica del extranjerismo contra los gobiernos de Obregón y Calles[88]. Además de las novelas procristeras,

---

[88] Arias 2002, 191-215.

podemos encontrar esta argumentación en algunos trabajos historiográficos, apartados de la *línea oficial*. Actualmente la mirada sobre la revolución, realizada desde la perspectiva que proporciona la distancia temporal, ha permitido elaborar un juicio más ponderado y desmitificador. Sin negar las aportaciones que, tanto en materia de justicia social, como en el gradual desarrollo del país, trajo consigo el movimiento revolucionario, se señalan también sus limitaciones. La influencia de los Estados Unidos sobre la orientación de la lucha y su peso en las decisiones de los sucesivos gobiernos es un hecho pacíficamente aceptado.

Si bien es verdad que el tono coloquial con que se afirma la intervención norteamericana y el hecho de que las palabras estén puestas en boca de un personaje casi de sainete atenúan la agresividad de la crítica, no es menos cierto que la abundante aportación de pruebas históricas presentes en el texto la hacen irrefutable[89]. En el tramo final de la novela, mientras Limón y Juárez bajan de Chapultepec tras asistir al entierro del general Calles, vuelve a surgir esta cuestión. Las palabras del funcionario resentido resumen de manera contundente las pruebas y extienden esa dependencia del arbitrio extranjero a los hechos más importantes de la historia patria:

> Las tentativas de Revolución han terminado vergonzosamente: la de Independencia con los Tratados de Córdoba, llamando a un príncipe, que si no fue borbónico, resultó peor: un criollo; la de Reforma, con los agasajos del Secretario de Estado norteamericano, y si no con la letra, con el espíritu del Tratado de MacLane. [...]. La de Madero con los Tratados de Ciudad Juárez; la Constitucionalista, con los Tratados de Bucarelli; la Callista, con la diplomacia de huevos con jamón dirigida por Morrow; la Cardenista, con el Nuevo Trato del Buen Vecino y... ¿cierto? (295).

Como se aprecia en este fragmento, la visión negativa de la revolución no se detiene en el turbulento período del conflicto armado, sino que se extiende también a sus consecuencias, hasta llegar al presente de la acción (año 1945). La clave para entender el porqué de esta actitud crítica se nos anuncia ya desde los primeros compases de la novela y, por curioso que parezca, nos llega a través de las palabras del general Limón:

---

[89] Sarmiento 1987-1988, 81.

[...] los fines que buscábamos ya nadie los discute: tierra para campesinos, garantía para trabajadores, cortar alas a los ricos, queriendo ser parejos en el disfrute del país. Por esto me dan ganas de ahorcar a estos militarcitos de banqueta y a esos politicastros, a los que no se les cae de la boca la palabra Revolución; míreles, punta de avorazados (8).

Aunque tremendamente ciertas, las palabras del general no dejan de resultar irónicas, conforme se avanza en la lectura y se descubre que él mismo se olvidó –mientras pudo– de esos fines, y actuó tan *avorazadamente* como sus antiguos compañeros militares: «primero es gozar la vida que ser revolucionario», le dirá a «Juaritos» (155).

Por otro lado, la descripción del velatorio, al comienzo del relato, muestra cómo la escena fúnebre se convierte en un mercado de intereses: la política del régimen emanado de la revolución, lejos de regirse por aquellos ideales, se mueve por las ambiciones de poder, influencia y brillo social. La comparación que hace Pablo Juárez entre las nuevas elites dirigentes y la antigua aristocracia *científica* del porfirismo queda avalada en las páginas siguientes (14-15).

También la instauración del régimen, una vez concluida la lucha armada, lleva consigo el estigma de la sangre: cualquier oposición a la facción que detenta el poder es exterminada de cuajo. Se suceden así las matanzas y ejecuciones de quienes antaño fueran compañeros revolucionarios; es el imperio del terror. En la novela se encuentran diferentes testimonios que dan cuenta de ese período agitado y sangriento. Quizás una de las imágenes con mayor fuerza para expresar esa realidad sobrecogedora sea la asociación entre Obregón y la diosa Coatlicue:

> Don Pablo Juárez recordaba unas palabras leídas años atrás en quién sabe qué periódico: Obregón mató a su padre: Carranza; luego, a sus hermanos: Munguía y Blanco; después a sus hijos: Serrano y Gómez. Volvió a pensar en Coatlicue, la diosa decapitada, en cuyo tronco florecen serpientes y cuyo pecho se atavía con collar de calaveras y manos ensangrentadas (171).

Podrían citarse, por último, las críticas antirrevolucionarias que encontramos en la casa de los Fernández de Roa. Pero, en este caso, más que a señalar los puntos oscuros de una revolución mitificada, la novela parece orientarse hacia la sátira de una mentalidad anacrónica: la de un grupo social que se sigue considerando superior y que recuerda con nostalgia sus antiguos privilegios. Por tanto, las escenas que corresponden a este grupo de personajes, aunque contengan comentarios críticos contra la revolución, constituyen en el fondo una prueba de su oportunidad... y de la necesidad de retomar algunos de los ideales que le dieron razón de ser. Las reflexiones interiores de Francisco Javier cumplen su función de simétrico contrapunto:

> Para estas gentes decentes, los enriquecidos en anteriores administraciones, que disfrutan monopolios, bancos, latifundios, empresas en grande, todavía son unos pelados, con los cuales no deben rozarse; pero ellos pasan ya la pelota: pelados los que van llegando: rojillos, comunistoides, a quienes, cuando consoliden su fortuna, les llegará el turno de sentirse gente decente [...] (67).

Finalmente la historia de María y Jacobo, desarrollada por el narrador, los recuerdos de la protagonista y la memoria del general Limón, es el otro ángulo desde el que se enfoca a la revolución. En la joven pareja, que continúa la historia iniciada en *Al filo del agua*, se puede apreciar el aspecto positivo de la transformación operada. A través de su tesón en el trabajo, Jacobo ha obtenido un prestigio considerable dentro de *la familia revolucionaria*, ha prosperado social y económicamente (al igual que su mujer) y, por encima de todo, ha ejercido una función rectora sobre el impulsivo carácter de los generales en el poder, que ha resultado muy provechoso para el desarrollo del país. Detrás de los dos personajes puede reconocerse uno de los papeles que aparecen con frecuencia en el *reparto* de las novelas de la revolución: el intelectual implicado con la causa. Este tipo de figuras suelen ejercer de contrapeso frente a los combatientes, generales y soldados, a quienes se les caracteriza por su actuación enérgica e irreflexiva (versión mexicana de la oposición civilización y barbarie)[90].

Es también en la historia de Jacobo y María donde encontramos el rostro más amable de Obregón y Calles. Frente a las críticas que condenan de manera absoluta la revolución y que, en la ficción de la historia novelesca, se ensañan en la joven pareja, el narrador desvela los verdaderos motivos que originan esos comentarios:

---

[90] Muchas veces en estas novelas, la crítica a la revolución encuentra uno de sus apoyos en la incapacidad de los intelectuales para dirigir correctamente la enorme fuerza del impulso revolucionario, por diversas causas (Rutherford 1971, 78-129).

Los más encarnizados difamadores fueron los porfiristas desposeídos, enemigos irreconciliables de todo lo que la marea revolucionaria echó sobre el pasado, y tanto más cuanto se sabían responsables por no haber defendido el antiguo régimen [...]; la Revolución siguió siendo para ellos el dominio del bilimbique; ¿cómo podrían aceptar siquiera oír del engrandecimiento de una María Pistolas, de un Jacobo «quién sabe qué», con ignominiosos antecedentes, verdaderos o falsos; poco importaba esto? Pero también habían sido encarnizados difamadores los resentidos a quienes la Revolución dejó de cumplir todo lo que ambicionaban, por mucho que les hubiera dado [...] (202-203).

Una vez más se puede comprobar que la novela no impone un punto de vista cerrado, sino que da entrada a voces y visiones distintas que muestran, en primer lugar, la falsedad que entrañan las posturas reduccionistas, a pesar de que en el caso concreto de la revolución se acentúe más lo negativo.

d) La teatralidad

Es el último elemento que quiero señalar en este repaso por las claves temáticas de la novela. Su importancia significativa se proyecta, al menos, en dos direcciones. Por una parte, el texto puede interpretarse como un retrato de la sociedad mexicana en el momento previo a su escritura[91]. En este sentido, la presencia de lo teatral retoma el tópico clásico del mundo como un escenario, la feria de las vanidades. En segundo término, la teatralidad entendida como simulación, desdoblamiento entre la máscara externa y el rostro interior, la exageración de la cortesía que concede enorme importancia a todo lo gestual, los formalismos, etc., ha sido apuntada frecuentemente como una de las notas fundamentales en la idiosincrasia del mexicano:

Plantado en su arisca soledad, espinoso y cortés a un tiempo, todo le sirve para defenderse: el silencio y la palabra, la cortesía y el desprecio, la ironía y la resignación. Tan celoso de su intimidad como de la ajena, ni siquiera se atreve a rozar con los ojos al vecino: una mirada puede herirle,

---

[91] Sarmiento define a *Las vueltas...* en los siguientes términos: «no es en rigor una novela histórica, sino que por su naturaleza e intención es una novela política» (187-188, 63)

palabras y sospecha de palabras. [...] En suma, entre la realidad y su persona establece una muralla, no por invisible menos infranqueable, de impasibilidad y lejanía. El mexicano siempre está lejos, lejos del mundo y de los demás. Lejos también de sí mismo[92].

Tenemos, por tanto, la *puesta en escena* de la comedia social y el desarrollo de una de esas notas que parecen definir la identidad nacional. Estos dos aspectos no se encuentran separados en el texto, sino que se integran fusionando su doble significación. Además, la aparición de la teatralidad se expresa simultáneamente como tema, por medio de las conversaciones de los personajes, y también en el mismo proceso de estructuración del relato[93]. Basta con pensar en el peso fundamental del diálogo a lo largo de toda la obra (hay capítulos que están formados por diálogos casi en su totalidad), o en la frecuente aparición de la técnica de contrapunto, que intercala entre los diálogos de las figuras fragmentos de sus reflexiones interiores (algo similar a los aparte del teatro).

Nada más comenzar la obra encontramos unas palabras de Limón y Juárez que sirven para introducir esta cuestión, al tiempo que la relacionan con el tema principal anunciado por el título:

–Si le digo que este mundo es como baile de carnaval: una bola de gusto, y que aquí estamos como en un teatro. [Dice esto después de referirse a los «cambios de chaqueta» de alguno de los presentes en el velatorio]. –Realmente como en un teatro: ¿qué diferencia encuentra entre estos hombres tan elegantes, tan correctos, y los científicos del porfirismo? (14).

La referencia a la teatralidad aparecerá, de diversas maneras, en otros muchos fragmentos de la novela. Menciono algunos ejemplos ilustrativos: las palabras de doble sentido que cruza Cumplido con varios personajes que acuden al entierro; la forzada *representación* de Heliodoro Camacho como empleado de la agencia funeraria; la exage-

---

[92] Paz 1964, 32.

[93] En este aspecto la novela se relaciona con una de las obras más importantes del *corpus* de la guerra cristera: *Los recuerdos del porvenir*. Allí también aparecen numerosos elementos característicos de lo teatral (recuérdese toda la «puesta en escena» de la fiesta del pueblo para engañar a los militares, una farsa que acaba en tragedia), y el mismo teatro, a través de Felipe Hurtado, se convierte en un tema de una gran carga simbólica. Navascués 1998, 15-17; y Eguiarte 1999.

rada caracterización de la pronunciación de mister Goldwyn (que llega a resultar cargante y, como dije, evoca la parodias verbales del sainete); el ritual de las pompas fúnebres; la reunión en la sacristía del P. Osollo a la que acude Cumplido, llena de fingimientos y simulación; etc.

Tal vez uno de los aspectos más interesantes del tratamiento que recibe esta cuestión en la novela sea la extensión que alcanza como nota de identidad, no únicamente sobre los personajes individuales, sino sobre el conjunto de la historia patria, sobre el modo mismo de concebir esa historia común. Las palabras de Krauze parecen refrendar la visión de Yáñez:

> México es un país dotado para la teatralidad ideológica. Innumerables representaciones históricas lo demuestran; proclamas, planes, balanceos a la bandera, gestos ante el Supremo Tribunal de la Historia, constituciones celestiales, etc... No modificamos la realidad, pero sabemos transfigurarla en el teatro de las palabras[94].

Lo que queda de los hechos históricos no es tanto su capacidad para transformar de manera efectiva la realidad, sino lo grandilocuente del gesto, su potencialidad emotiva, su fuerza para congregar sentimientos. *Las vueltas del tiempo* da testimonio de esa singular concepción de la historia, a la vez que se enfrenta a ella, para mostrar sus fisuras. La historia convertida en mito nacional, que eleva a sus personajes más relevantes a la esfera superior de los héroes y sataniza a sus opositores, que pinta la realidad pasada con el color de su ideología, y que proyecta sobre los hechos sus exaltados anhelos, supone, en el fondo, una grave manipulación, un enmascaramiento, cuyo mayor peligro consiste –según parece indicar la novela– en la incapacidad para integrar otras visiones. De esta manera se hace imposible el diálogo, se simplifican los problemas y se anula la posibilidad de ejercer una crítica sobre los propios planteamientos.

La obra no muestra únicamente la falsedad de estas visiones monócromas (una de las funciones principales que desempeña la construc-

---

[94] Krauze 1980, 44. Paz dice también: «A cada minuto hay que hacer, recrear, modificar el personaje que fingimos, hasta que llega un momento en que realidad y apariencia, mentira y verdad, se confunden. [...] Simulando nos acercamos a nuestro modelo y a veces el gesticulador [...] se funde con sus gestos, los hace auténticos» 1964, 34.

ción narrativa mediante los diálogos), sino que describe también los mecanismos mediante los cuales se fragua esa noción cerrada del pasado histórico: el teatro de las palabras y de las imágenes. Por las palabras se *etiqueta* la realidad según ideas preconcebidas, que dividen el mundo de forma maniquea. Así se formula esta idea en las reflexiones de Francisco Javier:

> Reaccionario: revolucionario. Liberal: retardatario. Anarquista: sinarquista. Chinacos: conservadores. Gentes de orden: sans culottes o descamisados. Yorkino: escocés. [...] A cuántos fulminó el maximato con el dicterio de «reaccionarios», mientras la «familia revolucionaria» vino a ser una masonería del medro, hasta la hora y punto en que fue atacado con el mismo dicterio, al cual sustituyeron los de «fascista» y «nazi», contrapuestos al de «comunista», que sigue siendo eficaz explosivo de conciencias (75).

El pasado disimula también sus aspectos desagradables con el maquillaje de *lo que no debe ser nombrado*. En este sentido se puede interpretar el enfado de Cumplido ante las palabras de Goldwyn que relatan los orígenes del movimiento revolucionario. También se observa el mismo fenómeno en la actitud de doña Concha, quien intenta ocultar los sucesos menos virtuosos de la vida del jesuita Osollo, para no estropear la *fabricación* del héroe cristero. De la misma manera que se procura negar cualquier mención positiva hacia el difunto Calles. En otro sentido, el indigenista exacerbado, Juárez, no está dispuesto a conceder ni el más mínimo valor a todas aquellas realidades que no procedan de la cultura indígena, aunque constantemente se vea obligado a contradecirse. Podríamos poner como último ejemplo un fenómeno extratextual: la misma novela –su tardía publicación– es una muestra palpable de la impotencia de un régimen para enfrentarse con determinados hechos (la guerra cristera, los errores de la revolución, la traición de los ideales, etc.).

Lo que queda de la historia son las palabras, los gestos, las imágenes heroicas, elevadas al plano de lo mítico, *expuestas* en el museo de los símbolos patrióticos, ante los que sólo cabe una devoción casi religiosa. A algunos de ellos nos hemos referido ya (el himno, los espacios sagrados, los grandes acontecimientos, las figuras beneméritas). Buena muestra de esto resulta el resumen –muy breve– de la vida de Calles, que queda fijado precisamente a través de algunas frases y de unas pocas imágenes célebres:

Quiénes lo evocaban en traje de campaña; quiénes, en algún momento de la gira como candidato presidencial: estrechando la mano del torero Juan Silveti, que lo declaró su par en valentía; desafiando con discursos la ira y suscitando el temor de reaccionarios [...]. Cincuenta años y más de la vida de un hombre de acción, compendiados en cinco minutos de intensa, múltiple recordación. De las cinco a las cinco y cinco de la tarde. Una tarde llena de sol. Estadista de la Revolución. Comparable sólo a Juárez y a Cárdenas: ejecutivos eminentes de la República, los tres. [...] En cinco intensos minutos de adioses fueron recordadas muchas palabras: –Pujidos de beatas. –O el Congreso o las armas. –Al Gobierno le toca protegerme, no a mí cuidarme; nada podrán hacerme, porque los conozco bien a todos; mi archivo es mi mejor coraza (234-5).

2.3. *Imágenes de la guerra cristera: las difusas huellas de la historia*

Dentro del amplio conjunto de temas que acabo de describir, la guerra cristera ocupa un lugar prominente, hasta el punto de que el personaje más destacado de la novela no es otro que el padre Osollo, el antiguo oficial de las tropas cristeras. Si la figura de Calles ejerce esa función de eje por el que atraviesan las distintas historias que componen el relato; es, sin embargo, la reconstrucción de la biografía de Osollo la trama que alcanza un mayor desarrollo. No deja de resultar sorprendente que de los diversos hechos históricos protagonizados por Calles, el conflicto religioso sea el que ocupe la atención del novelista, muy por encima de otros que aparecen simplemente resumidos o aludidos. Quizás, como señala Sarmiento, la propia experiencia vital de Yáñez se encuentre detrás de esta elección:

> Es aquí donde se hace más evidente el vínculo de la novela con la vida de su autor. Este es el conflicto que le tocó vivir, la realidad que conoció «ad intra», no por medio de la documentación sino de la propia experiencia. La vida de los años celosamente silenciados se manifiesta al fin, en una historia que no escatima detalles, matices, reiteraciones que devienen de la perspectiva múltiple y coincidente[95].

La imagen que de la guerra cristera nos ofrece Yáñez en *Las vueltas...* resulta particularmente interesante frente a la de otros autores y obras,

---

[95] Sarmiento 1987-1988, 85.

por reunir, como fruto de su propia trayectoria, un conocimiento directo del conflicto (que él vivió desde el lado de los vencidos), y un distanciamiento crítico ante aquella postura juvenil. Estos dos aspectos ponen al novelista en condiciones de construir una visión ponderada de la guerra, en la que se da voz a quienes acalló el silencio oficial para exponer sus argumentos (los antiguos combatientes cristeros, representados por Osollo y don Santos), sin que se oculten los errores cometidos y las razones *del otro lado*. No se trata, por tanto, de la visión maniquea –buenos y malos– que es nota común de muchas de las novelas de la guerra cristera. Tampoco se adopta la condena global, desde fuera, de unos y de otros, como ocurre en *El luto humano* (con una mirada trágica), o en la novela de Azuela *El camarada Pantoja* (en tono grotesco). Esto no significa que la narración no emita un juicio sobre los hechos, aunque sea de manera implícita, ni que el *moralista* Yáñez deje de proporcionar a la novela una orientación aleccionadora. Lo que me parece novedoso en su acercamiento a la Cristiada es ese intento por adentrarse, a través de la ficción narrativa, en la comprensión de los porqués de la guerra sin imponer una visión preconcebida.

En este sentido, lo primero que hay que subrayar es el amplio panorama histórico que se va desarrollando en el relato. Detrás de la explosión del conflicto cristero hay una larga historia de tensiones y de división ideológica entre las elites dirigentes del país.

Nos encontramos, por tanto, ante una de las notas con que se puede caracterizar a los narradores de las novelas de la guerra cristera: se trata, muchas veces, de un narrador historiador[96]. En el caso de *Las vueltas...* esta facultad del narrador se *contagia* también a muchos de sus personajes. De manera resumida se rememoran los enfrentamientos entre liberales y conservadores, y la impresión primordial que extrae el lector es la incapacidad de unos y otros para establecer un diálogo. De ambos bandos se destacan actitudes heroicas como las del general Osollo (259), o la decisión de Maximiliano de permanecer en México, a pesar de la marcha de las tropas francesas, así como su oposición a la política anacrónica de quienes lo habían traído, los conservadores (178 y 196). No faltan tampoco comentarios positivos sobre Lerdo de Tejada, aunque provengan de un descendiente, el joven

---

[96] Arias 2002, 177-229.

Francisco Javier (76) o, como se ha visto, la calificación de «gran esta-dista» para Juárez, en este caso por parte del narrador (234). En una conversación donde se suceden de manera trepidante las referencias históricas, don Santos habla de su antepasado, el obispo de Michoa-cán, Mons. Munguía, quien se enfrentó con los líderes liberales Comonfort y Juárez. Cumplido compara a este personaje con el céle-bre obispo de Huejutla, Mons. Manríquez y Zárate. Después, don San-tos menciona la participación de su abuelo en la primera guerra criste-ra, la del XIX (197-198). El conflicto de 1926 aparece enmarcado en un contexto histórico, que permite detectar las raíces profundas que lo alimentan.

Ya he mencionado también la imagen de la revolución, compleja y llena de matices, que se construye en la novela. Tal y como se insinua-ba en *Al filo del agua*, la revolución aparece como causa próxima de la guerra cristera. ¿Cómo se explica en *Las vueltas...* el choque entre cató-licos y revolucionarios? Una aportación importante para comprender este proceso es el contraste de carácter y sensibilidad que origina la diversa procedencia geográfica. Los revolucionarios, por lo menos la facción que se impone, proviene del norte, las tropas cristeras están formadas fundamentalmente por rancheros y campesinos del centro occidental del país. En el texto se expone la extrañeza y hostilidad que despiertan en los habitantes del *México viejo* las sucesivas llegadas y salidas de los ejércitos revolucionarios:

> El día del juicio final pareció a los habitantes del Bajío, desde León hasta Celaya, esos meses en que sus campos fueron teatro de batallas terri-bles, incesantes movilizaciones de trenes, tropeles de caballerías, ríos de gentes parecidas e irreconciliables, desprecio total por la vida, siniestros nombres en los rumores populares: Villa, Fierro, Urbina, y su presencia sanguinaria en la estación, en la plaza, en el terror de los ánimos (268).

Como en el caso de Miguel Osollo, este rechazo se vio agravado por los ataques jacobinos, que herían uno de los sentimientos más pro-fundamente arraigados, su religiosidad:

> [...] la irritación de ver a las iglesias convertidas en muladares por ebrios cuyos pechos y sombreros iban tapizados de imágenes [...] desper-taban en el adolescente vivos anhelos de acaudillar el pueblo en un movi-miento de reacción (266).

Por parte de los revolucionarios, la novela muestra tres motivos que ayudan a comprender su conducta anticlerical. En primer lugar, hay razones históricas que conducen a la crítica de la actuación política desempeñada por parte de la Jerarquía o de los grupos de católicos oficiales: la novela recoge, por ejemplo, varios comentarios sobre la instauración del Imperio de Maximiliano. También se encuentra en el texto la acusación contra los católicos por haber apoyado a Huerta, tras el asesinato de Madero. Finalmente, centrándonos en el caso de Calles, don Santos recuerda, durante esos cinco minutos en que suena el himno nacional –última despedida al jefe Máximo–, las intrigas de los católicos para que saliera adelante la candidatura de Adolfo de la Huerta. Es importante observar que el dato y la crítica aneja procedan de un excombatiente cristero:

> [...] don Santos era de los ciudadanos a quienes no les cabía en la cabeza que fuera posible hablar siquiera del triunviro de Agua Prieta como futuro aspirante a la Presidencia; en todo caso, el otro triunviro, De la Huerta, era menos malo, y había que convencerlo para enfrentarse a su colega. Por eso expulsaron a Monseñor Filipi, delegado apostólico, que se hallaba en el tejemaneje del futurismo delahuertista. [...] El error incorregible de las cábalas conservadoras. [...] Los incorregibles incautos, que no hallan gente dentro de su gente (241).

Algunos historiadores consideran que, junto a su formación en la tradición liberal, la aversión de Calles contra la Iglesia Católica tenía su origen en el temor constante al complot[97]. Queda reflejado también en este punto el rigor con que acomete Yáñez la reconstrucción ficcional de los hechos históricos.

El miedo de Calles a la conspiración de los católicos pudientes será, por tanto, el segundo motivo de la persecución religiosa, aducido explícitamente como tal en el texto. El tercer aspecto que aporta la novela, como clave para comprender –no justificar– las actitudes antirreligiosas de los revolucionarios, es la identificación entre la Iglesia y las clases privilegiadas: había que instaurar un nuevo orden y, para ello, era necesario demoler todos los pilares que sujetaban el sistema anterior. Recordemos las palabras de Limón:

---

[97] Meyer 1996, 11.

La experiencia de Madero nos enseñó que agua y aceite no se juntan, que teníamos que arrasar todo: instituciones y gente: el ejército antiguo, los bancos, la iglesia, las leyes, la propiedad (164).

En distintos momentos de la novela se reiterará la crítica a ese núcleo católico de las clases ricas. Aunque no muestre con toda su amplitud la realidad del catolicismo en México, este sector, dado su afán por aparecer como representante autorizado de la Iglesia, despierta el rechazo y ayuda a explicar el jacobinismo extremo de los revolucionarios. Basta con mencionar la descripción que hace Cumplido del grupo congregado en la casa de los Fernández Roa durante su primer encuentro con Osollo: su jactancia, la mojigatería, la continua conspiración, los temores infundados, el elitismo social, etc. (88).

Hasta aquí, he querido señalar el modo en que Yáñez reconstruye el contexto histórico que enmarca el conflicto religioso. En ese amplio panorama, desperdigado de manera fragmentaria y a través de distintas voces y perspectivas, el novelista ofrece al lector los antecedentes de la guerra y las concepciones enfrentadas que aportan sus razones a cada uno de los bandos.

A través de las historias de don Santos y del padre Osollo, la novela recoge algunos de los principales acontecimientos que tuvieron lugar durante la guerra. Aparece así, de manera sintetizada, el desarrollo del conflicto: formación de la ACJM (112), la organización de la resistencia católica (120), el comienzo de lucha (275), la traición por la que fueron entregados los primeros sublevados en León (303), la detención de Anacleto relatada con una gran precisión de datos pero sin dar el nombre del Maestro (124), las detenciones y los encarcelamientos en las Islas Marías (134), el fusilamiento del padre Pro (132), los atentados contra Obregón (208), su asesinato (220), la llegada de Gorostieta (310), los célebres arreglos, y la muerte del padre Pedroza después de la *amnistía* (316).

No puedo detenerme ahora en cada uno de estos hechos, pero creo que la larga enumeración muestra cómo el novelista se ha ceñido a los acontecimientos históricos y ha efectuado un resumen bastante completo de la guerra. La mayor parte de estos sucesos están vistos desde el lado cristero, aunque sea de manera indirecta, a través del relato de Luz o de las notas de Cumplido.

Pero también se recoge en la novela la actitud de María y Jacobo, quienes se muestran contrarios a la política seguida por Calles en este punto. De hecho, María se enfrentará al presidente y dará asilo en su casa a sacerdotes y religiosas perseguidos. Por su parte Jacobo, en solidaridad con su mujer, renuncia al alto cargo que ocupaba en el gobierno. Detrás de la anécdota novelesca puede comprobarse, de nuevo, el reflejo de algo que ocurrió en la realidad histórica. Es un hecho verídico que algunas de las mujeres de importantes miembros del régimen intercedieron a favor de sacerdotes o de jóvenes estudiantes detenidos, y no faltó quien los acogiera en su propia casa. En la figura de Jacobo se pueden reconocer también algunos rasgos de un personaje prominente, tanto en la administración de Obregón como en la de Calles: el ministro Pani, que llegó a presentar su dimisión precisamente por su desacuerdo con el presidente en el modo de enfocar la cuestión religiosa.

En estas escenas queda recogida también la inflexibilidad de Calles y hasta lo contraproducente de su terquedad para conseguir sus fines «desfanatizadores». María lo expresa en lo siguientes términos:

> Qué se proponen –había dicho–: ¿podar el fanatismo? ¿despertar la compasión en personas distanciadas de las sacristías? A mí casi se me había olvidado que mi verdadero padre, con quien me crié, fue un cura, mi tío, muy severo, pero muy bueno [se trata de un viejo conocido: D. Dionisio, el párroco]. Ahora no voy a dejar que gentes inocentes no hallen dónde meterse, perseguidos peor que si hubieran matado (205).

Sin embargo, esto no quiere decir que el matrimonio apoye la lucha armada emprendida por los cristeros, antes bien, la rechaza rotundamente e insiste en lo inútil de tanto derramamiento de sangre. La postura de María y Jacobo viene avalada, frente a las opiniones de otros personajes, por el prestigio que adquieren en la novela. Este hecho se percibe tanto en el modo con que se refiere a ellos el narrador, como en la admiración y envidia que despiertan en otros personajes. Su actitud ante el conflicto supone, por consiguiente, una orientación para el lector.

En esta línea, hay un dato importante que nos lleva de nuevo al trasfondo autobiográfico de la novela. Al relatar los inicios de Osollo en la guerra, aparece fugazmente el enfrentamiento entre el joven líder cristero y el director de

> un periódico católico de Guadalajara [que] publicó, en agosto de 1926, un artículo que con gran encabezado se intitulaba "Las armas ¡¡no!!"; Miguel buscó al director, lo injurió y lo amenazó, pistola en mano (123).

¿No responderá esta escena a un recuerdo del propio Yáñez? ¿No estará oculto, detrás de este brevísimo suceso, alguno de los motivos por los que el joven abanderado de la resistencia católica jalisciense terminó alejándose de sus antiguos compañeros? Nos movemos en el terreno de las conjeturas, aunque los datos que aquí se aportan (Guadalajara, 1926, periódico católico), y el conocimiento cierto de que el grupo de Anacleto –al que pertenecía Yáñez– defendió la resistencia pacífica nos dan bastantes indicios como para plantear la hipótesis de que se esté novelando el recuerdo de una experiencia realmente vivida por el autor. En cualquier caso, lo que queda claro es que la opción pacifista, al estar representada por los Ibarra y Diéguez, adquiere una autoridad particular en el contexto de la novela, frente a la persecución del gobierno y a la defensa armada de los católicos sublevados. De una manera particular se destaca esa función mediadora en María:

> Ella muestra el espíritu de conciliación tan admirado por Yáñez: se opone al fanatismo militar cristero, pero igualmente critica la opresión de los cristeros por parte del gobierno[98].

Una atención especial merece la figura de Miguel Osollo. El personaje del sacerdote es uno de los elementos prácticamente imprescindibles de los relatos de la guerra cristera. En este caso, nos hallamos ante la particularidad de que Osollo ingresa en la Compañía de Jesús una vez terminado el conflicto. Durante éste, será uno de los combatientes más temidos por las fuerzas oficiales y aparecerá caracterizado por muchos de los rasgos que definen el perfil del héroe cristero. Procedente del Bajío, formado por sacerdotes, el joven licenciado en medicina se identificará apasionadamente con la causa, evocando algunos relatos bíblicos que constituyen una referencia tópica para la enardecida juventud católica: los Macabeos, David contra Goliat, Sansón (269). La emoción del momento vivido, la impresión de estar ante un tiempo histórico, viene afianzada por las reminiscencias de un texto de Daniel, interpretado en clave milenarista:

> «En un tiempo y en dos tiempos y en la mitad de un tiempo»... «muchos serán escogidos y blanqueados como por fuego [...] y será entro-

---

[98] Skirius 2000, 223.

nizada la abominación de la desolación», que la exégesis de San Jerónimo refiere a la venida y a la muerte del Anticristo (268).

Dos notas fundamentales completan el retrato del héroe: su temeridad y lo enamoradizo (aunque se insista varias veces en el hecho de que ninguno de sus amores llega a cuajar)[99]. Al héroe cristero no puede faltarle su pareja: la hermosa Cecilia, representante del activismo católico femenino, que tan primordial papel desempeñó en la guerra, a través de las Brigadas Femeninas. El accidentado romance de los dos jóvenes es relatado por Luz, en el capítulo «Historia de amor», cargado muchas veces de excesos melodramáticos que, por momentos, recuerdan algunos fragmentos de Gram (tanto en *Héctor* como en *Jahel)*. El noviazgo termina en tragedia cuando Cecilia, un día de febrero de 1928, al ser sorprendida por fuerzas federales, se arroja del tren con un cargamento de explosivos y muere despedazada, en las proximidades de La Barca (extraña alusión a uno de los sucesos más famosos de la guerra cristera: el asalto al tren de Guadalajara). Este final traumático puede ponerse en relación también con las historias de amor recogidas en otras novelas: *Los cristeros, Jahel, Canchola era de a caballo, Entre las patas de los caballos*, etc. El paralelismo es casi total con *La virgen de los cristeros*, donde la heroína muere en un asalto al tren en que viaja, protagonizado por las mismas tropas cristeras.

La carga melodramática puede percibirse también en el relato de la infancia de Osollo: el abandono del padre, la muerte de la madre por «el carranzazo», su lucha para hacerse respetar a pesar de su aspecto un tanto enclenque, etc. De esta etapa, no obstante, resulta significativa la participación del padre en la huelga de Cananea (protesta obrera contra los abusos cometidos durante el porfiriato). El futuro cristero va a sentirse heredero, aunque sea desde la concepción católica, de aquella preocupación social de su padre. Y cumple así un deseo expresado por éste a su madre: «Hazlo fuerte para que cumpla el destino de justicia social que mi padre y yo soñamos, chocando con todos» (106). Aparece así insinuada, por primera vez en la novela, una idea que parece sustentar toda la orientación del relato: la posibilidad de encon-

---

[99] Los rasgos principales de este héroe, pueden ponerse en relación con los de distintos protagonistas de novelas procristeras (*Héctor, La Virgen de los cristeros, Entre las patas de los caballos, Jahel*, etc.).

trar objetivos comunes en los ideales que mueven a los revolucionarios y al incipiente catolicismo social (tesis que se recogía ya *en Al filo
del agua*).

A pesar de algunos detalles novelescos añadidos a la historia de
Osollo (que no terminan de resultar del todo verosímiles y restan fuerza al relato), muchos de los datos que configuran su biografía parecen
estar inspirados, tal y como apunta Sarmiento, en la vida real de uno
de los líderes cristeros: Heriberto Navarrete[100]. Las coincidencias son
muchas como para pensar que se trata de una pura casualidad: uni-
versitario, estudiante de medicina, activista de la ACJM, fue apresado
el día anterior a la muerte de Anacleto, tras su estancia en Islas Marías
se incorporó a la tropas cristeras y ejerció de secretario de Gorostieta.
Al finalizar la guerra, ingresó en la Compañía. Nada tiene de extraño
que, para construir su personaje de ficción, Yáñez se haya servido de
un modelo real, cuya historia probablemente le sería muy familiar.
Por otra parte, el prólogo a una de las novelas del ciclo cristero, *El voto
de Chema Rodríguez*, cuyo autor no es otro que el propio Navarrete, se
caracteriza por un tono conciliador que no está lejos de la actitud final
de Osollo.

Esta actitud, desarrollada a lo largo del capítulo «En un lugar de
México», contiene algunas claves importantes sobre el sentido de la
novela. Después de hacer memoria de su participación en el combate,
recuerdos despertados a partir de su oración por el eterno descanso
del Jefe Máximo, el jesuita da paso a una reflexión que hace balance
sobre el significado de la guerra. En ella se reafirma en algunas de las
antiguas convicciones que, a su parecer, continúan teniendo vigencia
en el presente.

Sobre ese balance de la guerra cristera hay algunos puntos que, en
el fondo, se plantean al lector como un juicio sumario de la historia
relatada. En primer lugar, se reincide en señalar a las maquinaciones
del clero a favor de De la Huerta como una de las causas principales
de la agresiva actitud de Calles (275). Asimismo, los recuerdos del
sacerdote encomian el heroísmo de campesinos y obreros que, movidos por el afán de defender su fe, se embarcaron en una lucha desi-
gual, para la que no contaban siquiera con los mínimos imprescindi-

---

[100] Sarmiento 1987-1988, 87.

bles: parque y armas. Su sumisión a unos arreglos, en los que no se les tuvo en cuenta, no hace sino reforzar su ejemplaridad (275-6). Pero tampoco falta la autocrítica por ese idealismo iluso que les llevó a creer que podrían dotar de un gobierno justo a México cuando, en realidad, no estaban capacitados para asumir el poder (273).

No podía carecer esta novela de uno de los lugares comunes en las narraciones de la guerra cristera; me refiero a la denuncia de la actitud de los católicos ricos que arrojaron al pueblo al combate, pero sin arriesgar ellos nada. Este tema va a ser desarrollado, sobre todo, a través de las reflexiones de don Santos. También es este personaje quien señala la torpeza en la jefatura de la Liga y su falta de entendimiento con quien se estaba batiendo el cobre en el campo de batalla:

> Viejos bobos o chochos era como les decíamos en confianza, sin hacerles mayor caso. A veces parecían aliados de Calles para detener y hacer fracasar el movimiento. Si nos hubiéramos atenido a lo que mandaban, la lucha se liquida en poco tiempo. Y éste lo perdíamos en idas y venidas, en explicaciones, en deshacer intrigas (310).

Volviendo a Osollo, sus reflexiones finales se presentan, incluso en el modo de ser enunciadas, como una verdadera declaración de principios. En apenas unas pocas páginas se reúnen los principales temas de la novela, a través de una visión integradora en la que se expone «la manera eficaz de mover y sostener los impulsos nobles, pero intermitentes, de un pueblo como el de México». Pueblo «heterogéneo», pero al que sustenta en el fondo «un mismo fin»:

> Pueblo pagado de exterioridades y novelería, de gritos y sátiras inoperantes [...]; pueblo entorpecido por apetitos de clases rencorosas, empeñadas en hacerlo mano de gato, carne de cañón. Hábitos inveterados demandan reformas pacientes. No ir de prisa, no querer llegar pronto, no asirse a tablas arrasadas por la deriva (281).

En la continuación de esta *proclama* se apuntan las coincidencias entre revolución y catolicismo social. Se reconocen los méritos de Obregón y Calles, y se denuncia la torpeza de los católicos, que han insistido en «buscar bules para nadar», en lugar de arrostrar ellos mismos la responsabilidad de participar en la vida pública. También se insiste en la necesidad de acometer la batalla de la educación, idea fundamental en el pensamiento político de Yáñez. Finalmente, tras recordar el pasado socialista de su padre, se separa de esta opción por considerarla atea e injusta, y define –defiende– su posición:

> Mi doctrina es la doctrina social de la Iglesia, que se cifra en este lema: Justicia y Caridad. [...] Como hace veinticinco años, pienso que debemos abatir los reductos no en beneficio de clases parásitas, plañideras del pasado, sólo porque fueron entonces poderosas; sino en beneficio del bien y de la justicia comunes (285).

A la vuelta de veinticinco años, ¿seguía Yáñez considerando válido lo fundamental del catolicismo social, al que tan estrechamente ligado estuvo durante sus años juveniles? ¿Se esconde tras la máscara ficcional del padre Osollo la voz del mismo autor? Me parece atrevido afirmar, de un modo tan rotundo, esta identificación. Lo que desde luego resulta innegable es que, en el contexto global de la novela, las palabras del sacerdote resuelven de una manera positiva los distintos problemas (tanto de carácter histórico, como de la actualidad más próxima), que se han ido planteando en los diálogos de los personajes.

La postura de Osollo, refleje o no las ideas de Agustín Yáñez, no recibe ninguna respuesta que la contradiga. Por otra parte, la escena final en casa de los Fernández Roa muestra el entendimiento entre el sacerdote y la pareja de los Ibarra –las tres figuras *ejemplares* del relato– para sacar adelante una iniciativa social. El acuerdo entre un representante de aquel catolicismo renovado y dos miembros destacados de la familia revolucionaria, para la búsqueda del bien común, manifiesta el sentido aleccionador del texto: la llamada a la concordia, la superación de viejos enfrentamientos.

Las vueltas... bien puede entenderse como la indagación narrativa de un autor que ausculta el pasado de México para poder explicar un presente ambiguo, en el que se encuentran motivos de desencanto y realizaciones que despiertan esperanza, y que concluye con un mensaje orientador para afrontar el futuro. Pero también en buena medida, a la vuelta del tiempo, cabe interpretar esta novela como el esfuerzo de Yáñez por encontrar las claves de su propia trayectoria biográfica. En ambos casos, se ha podido comprobar el importante lugar ocupado por la guerra cristera.

III

JUAN RULFO: LOS CRISTEROS DE COMALA

Acercarse a la obra de Rulfo, tan breve como densa, puede considerarse una temeridad. No sólo porque se está ante la creación de un mundo literario que ejerce una seducción casi obsesiva sobre el incauto lector que, como Juan Preciado, llega hasta ese pueblo de murmullos en el que queda atrapado de forma inevitable; sino también porque, para el crítico, aventurarse por las tierras de ese páramo en llamas presenta el peligro de caer en una red tupida de nexos, donde se entrecruzan la historia, lo imaginario, la amalgama de influencias literarias muy diversas, la tradición de una oralidad que define todo un modo de ser, los símbolos y los mitos, el misterio[1]. Y todo esto aparece en tan sólo dos títulos: una colección de cuentos, *El llano en llamas* (1953), y una novela, *Pedro Páramo* (1955). Frente a la brevedad y el laconismo de Rulfo, se desbordan los sucesivos asedios de la crítica en artículos, monografías, ediciones y homenajes... Ríos de tinta que siguen escrutando ese país de fantasmas, ese «curioso y paradójico contraste entre un texto formalmente abierto y una visión del mundo profundamente cerrada, fatalista y estática»[2]. Algún crítico sostiene que en los textos de Rulfo, junto a la presentación de la caída, encarnada en un paisaje desolador, está también presente una visión abierta a la esperanza[3]. A mí me parece que *en el texto* no se encuentra ninguna vía de salida –tal vez una excepción sea el final de «Nos han dado la tierra»– es más, en el desarrollo de los distintos relatos, se asiste de forma reiterada al sucesi-

---

[1] De la riqueza proverbial de la obra de Rulfo da buena cuenta la variedad de enfoques con que la crítica ha abordado su estudio. G. Martin lleva a cabo un repaso por las distintas épocas que han marcado la recepción de sus textos y elabora un esquema de las principales perspectivas con que han sido analizados: formal, temática, mítica, social e ideológica (1991).

[2] Stanton 1991, 851.

[3] Bell, 1966; y Jiménez de Báez 1990.

vo aniquilamiento de cualquier ilusión. Otra cosa es que en una obra tan *abierta*, que exige del lector la reconstrucción del sentido, se pueda concebir, por una argumentación *a contrario*, cómo transformar en sus distintos niveles (histórico, económico-social, antropológico, etc.) esa realidad desoladora que el texto revela. Pero este punto de discrepancia sólo viene a confirmar la riqueza de las narraciones rulfianas.

A estas alturas, ¿es posible aún decir algo más sobre la obra de Rulfo? La experiencia nos dice que sí, aunque a veces dé la impresión de que ya se ha dicho todo o de que quizás, como al propio autor, después de haber estado en Comala, lo único que nos queda es el silencio.

En este apartado me limitaré a indagar, en voz baja, entre murmullos, la presencia de la guerra cristera en su obra, en dos sentidos: la experiencia directa del conflicto, que dejó una profunda huella en el autor según se puede deducir a partir de sus intervenciones públicas, y el tratamiento explícito que recibe este hecho histórico en los textos.

1. ORIGINALIDAD Y CONTINUIDAD EN RULFO. ALGUNAS NOTAS

Antes de entrar en la materia cristera, me parece oportuno señalar la línea de continuidad que existe entre los tres autores abordados en este estudio y las particularidades que distinguen al último de ellos[4]. Tanto en Yáñez como en Revueltas se ha podido comprobar una profunda renovación de las técnicas narrativas, que responde a una nueva manera de ver e interpretar esa realidad que alimenta la creación ficcional. En el caso de Rulfo el proceso modernizador es llevado al extremo: fragmentarismo, forma dialogada, creación de un marco de oralidad y utilización del monólogo son algunas de las características más destacadas de su escritura[5].

Al igual que ocurre con Revueltas y Yáñez, tampoco los temas de su interés son, en un principio, originales. La transformación se encuentra

---

[4] Estas relaciones están apuntadas ya en algunos trabajos: Jiménez de Báez 1990, 226-238 (relaciona *Pedro Páramo* con la obra de D. H. Lawrence, *La serpiente emplumada* y con *Al filo del agua*); y Escalante 1986 (este artículo incluye un interesante estudio comparativo entre *Pedro Páramo*, *El resplandor* de Magdaleno y *El luto humano*).

[5] Pueden verse, entre otros, los análisis de estas técnicas en González Boixo 1984, 123-248; y también en Peavler 1988.

en el modo de enfocarlos y en la profundidad de la mirada. Lo particular de Rulfo es que esta novedad, aprendida en modelos extranjeros, lejos de producir extrañamiento, posee la facultad de reflejar más adecuadamente una realidad que, como en los otros dos autores, se encuentra anclada en el mismo corazón del México rural, cerrado, aferrado a un tiempo que ha sido detenido. Las palabras de Fares, aunque referidas al cuento «Macario», bien se pueden aplicar a toda la producción rulfiana:

> Mediante la presentación directa del monólogo del niño, Rulfo pone en evidencia un caso individual que universaliza algunas de las consecuencias funestas de la vida pueblerina en el México de mediados de siglo. *Si el tema no es novedoso, la construcción propuesta a través del uso del monólogo y de su estructura espacial sí lo son y contribuyen a crear un universo estético de inusitada fuerza y, valga la paradoja, de acentuado «realismo»*[6].

Las narraciones de Rulfo, en la misma constitución del discurso, proyectan una imagen de autenticidad que conduce a la impresión de estar escuchando la genuina *voz del pueblo*. Así, afirma Mora, en un agudo comentario a sus relatos:

> Al describir una realidad disociada de la historia, inexistente, por tanto, para muchos, con unos personajes desgraciados, e insignificantes, pobres y olvidados, el escritor mexicano ha logrado contar la «historia verdadera» de una buena parte de la provincia mexicana[7].

Y en la misma línea, señala Escalante cómo:

> Se comprende bajo esta luz el propósito de Rulfo de desaparecer como autor, y de dejar que sean sus personajes, por sí mismos, quienes construyan las historias. No se trata en el fondo, sino de un asunto de fidelidad. Fidelidad a la voz del pueblo, de los pueblos, a la voz soterrada de quienes han sido despojados de voz[8].

Detrás de ese efecto de lectura, se descubre uno de los rasgos que explican su consagración como un *clásico* de la literatura latinoameri-

---

[6] Fares 1998, 53 (cursiva mía).
[7] Mora 2000, 159.
[8] Escalante 1991, 564.

cana, su canonización. Me refiero a la creación de un nuevo lenguaje literario, que ha sido utilizado por Rama –en una de las obras teóricas que mayor influencia han tenido en la crítica reciente– como ejemplo de «transculturación narrativa»[9]. Este proceso *transculturador* puede percibirse, por lo menos, en dos niveles del entramado del relato: el lenguaje de los personajes y la construcción del narrador.

Por un lado, quizás el más evidente, en los parlamentos de sus personajes Rulfo rescata la oralidad y reconstruye o recrea el habla coloquial del campesino. Como el mismo autor indicaba, no se trata de una transcripción exacta. El punto de arranque es el conocimiento directo de esas gentes y de su lenguaje (experiencia grabada en su memoria y refrescada por sucesivas visitas posteriores):

> Es un lenguaje hablado, dice, no es un lenguaje captado, no es que uno vaya allá con una grabadora a captar lo que dice esa gente, es decir a observar: «A ver cómo hablan. Voy a aprehender su forma de hablar». Aquí no hay eso. Así oí hablar desde que nací en mi casa, y así hablan las gentes de esos lugares[10].

Y desde ahí se seleccionan determinados rasgos, se añaden otros y se *fabrica* un lenguaje que contiene su propia poética:

> En cuanto a la forma, al estilo... pues sí, traté efectivamente de ejercitar un estilo, de hacer una especie de experimento; tratar de evitar la retórica, matar al adjetivo, pelearme con el adjetivo [...]. Sí, rural, porque escogí para esto personajes muy sencillos, de vocabulario muy pequeño, muy reducido, para que se me facilitara la forma y no complicarme con personajes que hablaran con palabras difíciles[11].

La comparación que lleva a cabo Rama entre los rasgos caracterizadores del habla de los personajes y los que apunta el historiador Meyer, tras sus múltiples entrevistas con antiguos combatientes de la Cristiada, resulta bastante convincente para demostrar la intervención de Rulfo en la reelaboración literaria de un lenguaje, que responde a «una nueva concepción de lo verosímil y una determinada e igualmente nueva con-

[9] Rama 1989, 94-116.
[10] Harss 1966, 332.
[11] «Juan Rulfo examina su narrativa», 878-879.

cepción de la mímesis, ambas marcadas por una modernización que sólo cobra fundamento gracias a una perspectiva arcaizante [...]»[12].

Por otra parte, de manera más sutil, puede percibirse ese proceso de síntesis que supone la transculturación, en el esfuerzo por reducir al mínimo las huellas del *productor real* de la obra. ¿De qué manera? Fundamentalmente a través de una configuración muy particular de esa instancia mediadora entre el autor y el interior del texto: su narrador. Un análisis detallado de éste en los relatos rulfianos muestra:

- La frecuente creación de una situación enunciativa, ficcional, de carácter oral, en la que el narrador se dirige a un tú, que se supone en presencia.
- Otras veces, manteniendo ese tono coloquial, todo el discurso narrativo se presenta como un monólogo.
- Habitualmente no se percibe una barrera cultural entre el lenguaje del narrador y el de los personajes: el narrador pertenece al mundo de su relato. «Ni siquiera el narrador omnisciente del segundo movimiento en *Pedro Páramo* rebasa la óptica de los personajes»[13].
- Tampoco falta la narración compartida (recuérdese uno de los posibles título de *Pedro Páramo: Los murmullos*).
- Los saltos, las reiteraciones, las asociaciones de ideas motivan la ruptura de un relato lineal, guiado por la lógica causal.
- Se suprimen los comentarios orientadores del narrador, los fragmentos reflexivos o ensayísticos. Mignolo define la creación de Rulfo como un ficcionalizar la oralidad:

una oralidad que identifica la juxtaposición [sic] de tradiciones nativas y colonizadas [...]. Encuentro de la lógica causal y lineal del pensamiento escrituario-alfabético con la lógica no-causal y aleatoria de culturas primordialmente orales[14].

---

[12] Rama 1989, 115. Existe un estudio lingüístico sobre la obra de Rulfo, que viene a confirmar esta impresión: el resultado final manifiesta, junto los rasgos comunes, una clara diferencia entre el lenguaje campesino y la escritura de Rulfo (Gutiérrez Marrone 1978). También puede consultarse el artículo de Rodríguez-Luis 1985, 135-150.

[13] Jiménez de Báez 1990, 124.

[14] Mignolo 1991, 430. Estoy de acuerdo con lo fundamental del artículo, pero no deja de sorprenderme su reiteración en un error denunciado por el propio Rulfo: sus personajes no pertenecen al mundo indígena.

Estas breves pinceladas, que sirven para caracterizar a los narradores de los relatos de Rulfo, muestran la afortunada síntesis entre unas
novedosas técnicas narrativas, que son aprehendidas a partir de
modelos extranjeros, unidas a los modos de contar y la visión del
mundo de un espacio concreto, rural, no letrado, que en este caso
corresponde al campo jalisciense. El tratamiento que recibe el narrador y la forma misma en que se construye el relato diferencia claramente a Rulfo de los dos autores estudiados anteriormente: éstos man-
tuvieron siempre (quizás de manera más notable en el caso de
Revueltas) esa instancia –el narrador– situada por encima de la acción
y del mundo de sus personajes, que ejerce una mediación entre el
autor y la historia del relato, entre esa historia y el lector y, por supuesto, entre autor y lector. De hecho, en mi análisis de sus obras relacionadas con el conflicto cristero, destaqué la función orientadora del texto
con respecto al lector. Una función que es llevada a cabo, de manera
fundamental, a través de la instancia enunciativa del relato.

El mismo Rulfo declaraba cómo detrás de la inmediatez entre la
historia y el lector se ocultaba un arduo aprendizaje de *eliminación*:

> Había leído mucha literatura española y descubrí que el escritor llena-
> ba los espacios desiertos con divagaciones y elucubraciones. Yo antes
> había hecho lo mismo y pensé que lo que contaban eran los hechos y no
> las intervenciones del autor, sus ensayos, su forma de pensar, y me reduje
> a eliminar el ensayo y a limitarme a los hechos, y para eso busqué a perso-
> najes muertos que no están dentro del tiempo ni del espacio[15].

Tenemos, por tanto, como características significativas de Rulfo,
tanto la creación de un lenguaje propio como una honda renovación
en la elaboración del discurso narrativo. Ambos fenómenos, según
hemos visto, hunden sus raíces, se alimentan, en una cultura oral, tra-
dicional, excluida hasta entonces del círculo letrado, si no era para
presentarla desde fuera como curiosidad exótica.

Ligada a estos dos aspectos aparece la realidad espacial: sus cuentos y su novela nos conducen hasta un lugar que, por encima de las
particularidades de cada texto, muestra unos rasgos bien definidos,
que le otorgan una personalidad inconfundible, y se prolongan tam-

---

[15] Benítez 1980, 14-15.

bién en sus moradores. La importancia concedida al espacio se percibe asimismo en Revueltas y Yáñez, que fijan también su mirada en ese México interior, profundo y cerrado. Muchas de las notas que subrayé como características comunes de los pueblos que aparecen en sus narraciones serán compartidas por los espacios de Rulfo[16].

De manera similar a lo que ocurre con el lenguaje, el autor parte de una región concreta, real, a la que transforma por medio de un proceso ficcionalizador, poético, creativo:

> Hay un espacio real, que se ubica en una región determinada de México, en las tierras altas del Estado de Jalisco, una de las regiones que Rulfo mejor conoció. Es esa área de la meseta mexicana, seca, infinita. [...]El espacio se reconoce por la inclusión de señales toponímicas como los nombres de sierras, ciudades y pueblos, por nombres de personas, canciones y leyendas populares. Este espacio que aparece nombrado en la novela desde el principio, desde la aparición de Sayula, a pesar de referir elementos del mundo mexicano no es un sitio habitable [...] y aparece como producto de la imaginación y no de una descripción fidedigna, minuciosa y detallada[17].

Dentro de ese proceso transformador de la realidad, pueden distinguirse grados. Así, algunas narraciones como «El llano en llamas» o «La noche que lo dejaron solo» parecen más cercanas a su referente real, o mejor dicho, a un tratamiento realista de ese referente. Por el contrario, un cuento como «Luvina» está ya rozando el espacio espectral de Comala[18]. En cualquier caso, las narraciones ubican las acciones y los personajes en lugares que tienen su correlato en la realidad: esa *región rulfiana* que se sitúa al sudoeste de Guadalajara, en el estado de Jalisco. Las pequeñas ciudades de Zapoltlán, Sayula, San Gabriel, Tuxcacuesco (donde se desarrollaba originalmente *Pedro Páramo*) y Tonaya nos dibujan un mapa bien delimitado del espacio geográfico que sirve como referente a Rulfo[19]. Pero al autor no le interesa el retra-

---

[16] Alba-Koch 2000, 7-15.

[17] Fares 1998, 87.

[18] Detjens también señala esta evolución que va distanciando su escritura de un enfoque realista; pero, incluso en esos espacios espectrales, la crítica detecta las huellas de ese refrente real: el ambiente que vivió en su infancia (1993, 48-49).

[19] Fares realiza un breve recorrido por cada una de estas poblaciones, mostrando el profundo conocimiento que tenía Rulfo de esta región, y destacando aquellos aspectos que se recogen en su obra literaria (1991, 30-34).

to descriptivo o colorista de esa región llena de particularidades (y que, curiosamente, a pesar de su aislamiento, ha aportado algunos de los rasgos más característicos de lo mexicano: la canción ranchera y el tequila, entre otros). Lo que se plasma en sus textos es ante todo un ambiente:

> Yo conozco mucho la República Mexicana y conozco cacicazgos tremendos en el estado de Guerrero y en otras partes del país. Que yo haya situado *Pedro Páramo* en Jalisco fue sencillamente debido a que la conozco. Yo tengo la desgraciada tendencia de situar geográficamente a ciertos personajes imaginarios. Me gusta ubicar geográficamente al personaje. *Es el ambiente de la zona*[20].

El espacio físico está aprehendido como una realidad vivida, cargado de notas afectivas, que además es observado desde distintos ángulos y presentado por diversas voces[21]. El sonido es la base sobre la que sostiene esa atmósfera: «Lo sonoro antecede a la imagen, o la sustituye, o la trae al recuerdo como pura nostalgia. […] Un sonido –una voz, unos sollozos, unos pasos, la lluvia– se oye superpuesto a otros sonidos […]»[22].

Hay una continuidad entre la violencia, el desencanto, la sequedad de sus gentes y las propiedades físicas del lugar al que pertenecen (una nueva similitud entre los tres autores). A la terrible violencia de las distintas historias que se recogen en los cuentos y en la novela (oculta con frecuencia tras una voz inocente en apariencia, que parece no tener nada que ver con las atrocidades que relata), se le une la hostilidad de una tierra árida, dura y seca. Junto al aislamiento de los personajes, reflejado entre otros recursos por la abundancia del monólogo, los pueblos se presentan también separados por caminos tortuosos y pesados.

Curiosamente, la idea de cierre entendida como ensimismamiento o incomunicación con la realidad exterior (otra de las notas comunes a los pueblos de *Al filo del agua*, *El luto humano* y «Dios en la tierra»), no se transmite en los textos rulfianos a través de objetos que indiquen la

---

[20] Harss 1966, 326 (cursiva mía).
[21] Ver: Fares 1991, 39-40 y 153-154. Sobre el *rescate* de esa oralidad marginada, puede consultarse: Mora 2000, 161-172.
[22] Bradu 1989, 30.

delimitación del espacio físico: ventanas, puertas, muros. Por el contrario, será el deterioro de esos objetos lo que proyecte la idea de abandono y soledad, como en este fragmento de «Luvina», en el que se describe la iglesia del pueblo:

> Allí no había a quién rezarle. Era un jacalón vacío, sin puertas, nada más con unos socavones abiertos y un techo resquebrajado por donde se colaba el aire como un cedazo [...]. Hasta allí llegaba el viento, aunque un poco menos fuerte. Lo estuvimos oyendo pasar por encima de nosotros, con sus largos aullidos; lo estuvimos oyendo entrar y salir por los huecos socavones de las puertas [...] (107)[23].

Otro rasgo común es el envejecimiento: la tierra está agostada y es «una costra de tepetate» o un «duro pellejo de vaca», como sus pobladores que llevan años *haciéndole a la lucha* por arrancarle algo bueno, y se van quedando solos, porque los jóvenes se marchan hacia otras tierras, donde sí anide la esperanza. No falta en las narraciones la evocación de un lugar anhelado, un paraíso perdido, una tierra prometida o soñada que se muestra como el negativo del espacio *real* en la ficción. Comala es el lugar donde este envejecimiento alcanza su grado máximo: penetramos en un pueblo de muertos y, a pesar de ello, el recuerdo y los deseos siguen vivos, aunque se trate de «una nostalgia sin futuro, anclada en un tiempo y lugar irrecuperables»[24].

Los espacios que aparecen en la obra rulfiana están, por tanto, cargados de significado, precisamente porque son una realidad vivida, interiorizada:

> El espacio captado por la imaginación no puede seguir siendo el espacio indiferente entregado a la medida y a la reflexión del geómetra. Es vivido. Y es vivido no en su positividad, sino con todas las parcialidades de la imaginación[25].

Completando el *cronotopos* bajtiniano, se detecta también en la obra de Rulfo una peculiar concepción del tiempo, en la que quedan dilui-

---

[23] Como queda indicado en la bibliografía, utilizo tanto para *El llano en llamas*, como para *Pedro Páramo*, la edición de la Colección Archivos.
[24] Martín 2000, 208.
[25] Bachelard 1983, 28.

das las fronteras entre realidad factual e imaginaria y en la que se imbrica la vivencia subjetiva de la temporalidad, con las referencias objetivas del tiempo exterior. Por lo que respecta al tiempo referencial, el análisis de los cuentos y de la novela revela un buen número de alusiones a personajes y sucesos históricos, así como a problemas reales por los que atravesó el país (y más concretamente esa región), que enmarcan los hechos de la ficción en una época precisa: desde el final del porfiriato, hasta la presidencia de Cárdenas[26].

La fragmentación temporal del relato proyecta el desmoronamiento de la realidad que se representa y la desolación de sus personajes. La actitud que predomina en éstos es la del recuerdo y la evocación constante de una espera desesperanzada: no hay futuro y el presente aparece como petrificado. La obsesiva rememoración del pasado o la reiterada mención de esa *otra* realidad que fue anhelada son las únicas vías por las que se quiebra el estancamiento temporal (estancamiento que aparecía también, con diversos matices, en Revueltas y Yáñez):

> No sería temerario afirmar que la literatura de Rulfo se basa en el rencor. O en los rencores. La tierra sólo entrega un pellejo de vaca, el sol calcina; tatema los llanos pelones y las cabezas alucinadas, las mujeres son comales ardiendo, cuya carne se calienta en seguida con el calor de la tierra. Los hombres de Rulfo, mejor dicho, sus ánimas en pena van por llanos en llamas buscando a un padre que los deshijó [...][27].

Una tierra dominada por el rencor, en un tiempo detenido, donde sólo tienen lugar los recuerdos repetidos, rumiados constantemente por los campesinos, y las ilusiones nunca alcanzadas que revientan por dentro: este es el mundo de Juan Rulfo. La riqueza de su obra consigue, al mismo tiempo, presentar la realidad histórica y social de un espacio bien concreto y trascender, en su significación, el contexto específico. A nadie se le escapa la hondura de la mirada rulfiana que, desde ese anclaje en la realidad de su tierra, llega a tocar los temas más profundos que afectan a la condición humana: «Juan Rulfo quiso

---

[26] Para ver los datos concretos que nos sirven como marcadores del tiempo referencial puede consultarse: Fares 1991, 50-55 (para los cuentos) y 112-114; también Escalante 1991, 563.

[27] Poniatowska 1985, 163.

alcanzar con su escritura el máximo de condensación del sentido, con la máxima sencillez de la forma»[28]. Esto explica que su obra haya sido estudiada desde ángulos muy diversos. Por lo que se refiere a su tratamiento del contexto histórico, que es el que va a centrar mi atención, resulta casi hasta paradójico que las narraciones rulfianas, producto de una recreación imaginativa de la realidad, reflejen una visión de la revolución bastante más cercana a los hechos que la que nos otorga la historiografía mitificadora del acontecimiento:

> *El llano en llamas* como *Pedro Páramo* han provocado, muy probablemente sin proponérselo, el más tremendo, convincente y eficaz desmontaje del mito de la Revolución mexicana, dejando al desnudo la realidad más permanente y dolorosa del pueblo mexicano: su continua postergación[29].

El mismo Rulfo comentaba:

> [...] es que la verdadera historia de la Revolución Mexicana está en la literatura. Los historiadores son muy parciales. Los escritores no tenían un compromiso histórico[30].

El proceso crítico y desmitificador del discurso oficialista sobre la revolución, que se percibe en esa amplia corriente narrativa iniciada por Azuela, alcanza su grado máximo en la obra rulfiana.

Concluyo estos breves apuntes, en los que he procurado destacar algunos de los rasgos caracterizadores de la escritura de Rulfo, estableciendo –a partir de ellos– un nexo con los otros dos autores que han centrado nuestra atención. El repaso por algunas de las claves de su escritura bien podría resumirse en la síntesis singular entre la captación de una realidad profunda y marginal, y su recreación imaginaria, vertida en un lenguaje novedoso y arcaico a un tiempo, de enorme fuerza y de una innegable belleza poética.

Como he apuntado, detrás de la recreación literaria llevada a cabo, se percibe el conocimiento de la realidad histórica y geográfica de esa

---

[28] Jiménez de Báez 1990, 66 (sencillez de forma aparente, añadiría yo).

[29] Esta es la conclusión a la que llega Lorente-Murphy en su estudio de las relaciones entre los textos rulfianos y la Revolución (1988, 26).

[30] Ponce 1980, 46.

región que aparece una y otra vez en sus narraciones. Se trata de un conocimiento que no responde a un mero interés intelectual o estético: esa es la tierra de Rulfo y en aquellas poblaciones transcurrió su infancia, allí perdió a sus padres y allí también fue testigo de la violencia desatada por las secuelas de la revolución y por la guerra cristera. En mi rastreo de las huellas que deja éste último acontecimiento en sus textos, me dirigiré en primer lugar a la visión del conflicto que retuvo en su memoria el autor y al juicio que extrajo de aquellos trágicos sucesos. Desde allí, pasaré a analizar la presencia y el tratamiento que recibe este hecho histórico en su producción literaria.

2. Los recuerdos de una guerra

En sus intervenciones públicas y en distintas entrevistas, Rulfo fue contando de manera desperdigada, como en retazos, diversos sucesos de su propia biografía, junto a algunas claves sobre su escritura: lecturas predilectas, la lucha por la definición de un estilo, la creación de algunos personajes, etc. A través de estas fuentes secundarias, situadas más allá de su obra, se percibe la estrecha relación que existe entre la experiencia biográfica del autor y su producción literaria. Evidentemente, esto no significa que *todo* el sentido de la obra pueda o deba descifrarse a la luz de la vida de Juan Rulfo. Pero tampoco parece oportuno rechazar de entrada cualquier dato *extra-literario*, como si el texto hubiera surgido de la nada y se explicara completamente a sí mismo, como si no fuera un *producto* que se origina en una circunstancias determinadas y que, además, es recibido y *recreado* en otros contextos[31]. Las palabras de Rulfo sobre su recorrido biográfico y su visión de la realidad, así como otros datos que ayudan a completar las circunstancias del autor y del medio en que son escritos sus dos libros,

---

[31] Escalante denunciaba esa autosuficiencia del análisis formalista aplicado como única fuente de interpretación del texto: «Los metodos analíticos, cualquiera que sea su nombre, tienen como corolario un típico efecto de reducción: despojan al texto de su historicidad, tienden a velar los nexos reales de dependencia que guarda ese texto con respecto a otros que lo preceden, lo "limpian" de toda rebaba o excrecencia en las que pudieran leerse sus "señas" de nacimiento, es decir, los conflictos sociales que él trata de conjurar o de resolver» (1986, 96).

enriquecen el análisis crítico, interesado en indagar las claves del proceso creador que da lugar a una obra capaz de ejercer ese poder de fascinación sobre sus lectores.

Por poner sólo un ejemplo de la influencia del medio (la permeabilidad entre el texto y su contexto cultural), resulta notable la presencia en *Pedro Páramo* de «fenómenos que pertenecen a la llamada "larga duración": estructuras mentales, mitos, ideologías colectivas, visiones del mundo, arquetipos sociales, creencias religiosas y ciertas formas de organización social»[32]. Como puntualiza Stanton, algunos de estos aspectos aparecieron analizados en *El laberinto de la soledad* y despertaron una polémica intelectual, que se desarrolla durante la escritura de *Pedro Páramo* y *El llano en llamas*.

Como se ha visto en la breve descripción acerca del tratamiento del espacio en la obra de Rulfo, el autor va a construir el mundo de sus ficciones a partir del conocimiento personal, biográfico, directo, de una región que es la de sus antepasados y en la que transcurrió su infancia. Una región a la que vuelve más tarde, en distintas ocasiones, y que retrata en su obra fotográfica[33]. Como vuelve también, a lo largo de los años, a su turbulenta historia y a su deteriorado presente, en lo que puede interpretarse como una búsqueda constante de los orígenes. Esa búsqueda se puede percibir en sus abundantes referencias a la historia personal o familiar: a veces intentando maquillar ese pasado (como demuestra Alatorre[34]); en las distintas entrevistas, donde suele detenerse con frecuencia en relatos familiares; en sus cuadernos, que recogen una muy breve autobiografía, en la que no falta el recorrido por los orígenes de la familia[35]. Pero también, desde una óptica más amplia, puede detectarse en ese apego al terruño y en el interés con que se acerca a la historia de la región: así lo revela su trabajo para una televisión local, con programas que recogían la historia de Jalisco[36] o su introducción a un estudio sobre el conquistador de la Nueva Galicia[37].

---

[32] Stanton 1991, 852.

[33] Para un estudio de su fotografía, relacionada con sus textos, puede verse: Fares 1991, 179-198.

[34] Alatorre 1999.

[35] *Los cuadernos de Juan Rulfo*, 15-16.

[36] Harss 1966, 310.

[37] «Nuño de Guzmán: el muy magnífico señor de Jalisco».

Finalmente, al referirse a su novela en perpetua redacción, *La cordille-ra*, el escritor describía el argumento como una síntesis de la historia de esa región, a través de las vicisitudes de una familia.

Él mismo, como hemos podido comprobar en distintas citas, seña-laba ese arraigamiento de su creación literaria en una región y en una época concretas. La realidad conocida vitalmente actúa como punto de apoyo para que surja el impulso creador de la imaginación. Para explicar el trasfondo de las motivaciones del acto de escritura, Rulfo recurre a la experiencia un tanto traumática de su infancia, (la cita, aunque extensa, resulta relevante):

> Tal vez en lo profundo hay algo que no esté planteado en forma clara en la superficie de la novela. Yo tuve una infancia muy dura, muy difícil. Una familia que se desintegró muy fácilmente en un lugar que fue total-mente destruido. Desde mi padre y mi madre, inclusive todos los herma-nos de mi padre fueron asesinados. Entonces viví en una zona de devasta-ción. No sólo de devastación humana, sino de devastación geográfica. Nunca encontré... la lógica de todo eso. No se puede atribuir a la revolu-ción. Fue más bien una cosa atávica, una cosa de destino, una cosa ilógica. Hasta hoy no he encontrado el punto de apoyo que me demuestre por qué en esta familia mía sucedieron en esta forma, y tan sistemáticamente, esa serie de asesinatos y de crueldades[38].

El asesinato del padre, el relato de las fechorías de Pedro Zamora, la muerte de la madre, su traslado a un orfanato (en Guadalajara), y la crueldad desatada por la guerra cristera, tremendamente sangrienta en aquella región, son hechos que dejaron, sin duda, una huella imbo-rrable en su memoria. En la recreación literaria de esa realidad, una de las notas más constantes es la violencia y, como señalaba Poniatowska, el rencor:

> Porque a mi padre lo mataron unas gavillas de bandoleros que andaban por allí, por asaltarlo nada más. Estaba lleno de bandidos por allí, resabios de gente que se metió a la Revolución y a quienes les quedaron ganas de seguir peleando y saqueando. A nuestra hacienda de San Pedro la quema-ron como cuatro veces, cuando todavía vivía mi papá. A mi tío lo asesina-ron, a mi abuelo lo colgaron de los dedos gordos y los perdió; era mucha

---

[38] Sommers 1973b, 103-107.

violencia y todos morían a los treinta y tres años como Cristo, sí. Así es de que soy hijo de gente adinerada que todo lo perdió en la revolución[39].

Es cierto que en sus relatos orales a Rulfo le gustaba mezclar verdades y mentiras. No en vano él mismo definía la literatura como un ejercicio de fingimientos:

> Somos mentirosos; todo escritor que crea es un mentiroso, la literatura es mentira; pero de esa mentira sale una recreación de la realidad: recrear la realidad es, pues, uno de los principios fundamentales de la creación[40].

La inventiva de Rulfo genera problemas para precisar sus datos biográficos con total seguridad. Parafraseando a Alatorre, podemos afirmar que el escritor crea su propio personaje. La fecha de su nacimiento y el lugar exacto del mismo (los datos contrastados permiten por fin asegurar que Rulfo nace en Sayula en 1917)[41], la muerte de su padre[42] o el período de educación con dos años de estancia en el seminario, que jamás menciona el autor[43], son realidades que se relatan de manera confusa, alterando algunos datos y silenciando otros.

Pero esto no quita validez a sus intervenciones públicas, en ellas también se reflejan, aunque distorsionados por los juegos de Rulfo –muestra de un sentido del humor a veces olvidado por la crítica–, los

---

[39] Poniatowska 1985, 144.

[40] «El desafío de la creación», 383.

[41] Ha sido hallada en Sayula la partida de bautismo y el registro del nacimiento de Juan Nepomuceno Carlos Pérez Vizcaino, que señalan con toda claridad su nacimiento en esa población el día 16 de mayo de 1917 (Fares 1998, 7-9). Rulfo lo fechaba muchas veces en 1918, año que corresponde al nacimiento de Arreola, A. Chumacero y J. L. Martínez; el lugar solía variar entre San Gabriel y Apulco.

[42] En algún caso asociada a la guerra cristera. Por ejemplo Harss, basado en el testimonio del autor, indica que en 1928 la guerra cristera ya había llegado a la zona donde vivía Rulfo y que su padre había muerto en los primeros meses del conflicto (1926). Su madre seis años después, por tanto, en 1932 (1966, 308). Sin embargo, según los datos recogidos por Munguía, el padre muere en 1923 y la madre, a finales de 1927 (Alatorre 1999, 229).

[43] Alatorre aporta datos que demuestran un vacío en las biografías de Rulfo: los años 1932-1934. En el curso 1931-1932, asiste a una «mini-escuela de comercio». En 1932 ingresa en el seminario menor de Guadalajara, en el que estará hasta 1934 (1999, 238-239). Rulfo ocultó siempre estos años. Volveré a esta cuestión más adelante.

hechos fundamentales que quedan grabados en su memoria. Entre estos recuerdos, el de la guerra cristera ocupa un lugar muy destacado y esto es lo primero que debo subrayar al acercarme a la visión del conflicto que nos ofrece el escritor. Un recorrido por sus distintas entrevistas muestra que uno de los temas recurrentes es precisamente éste, una guerra que él asocia siempre a la evocación de su tierra natal:

> Debo hacer una advertencia. Yo procedo de una región donde se produjo más que... la revolución mexicana, la conocida –se produjo asimismo la revolución cristera. En ésta los hombres combatieron unos en contra de otros sin tener fe en la causa que estaban peleando. Creían combatir por su fe... pero en realidad..., esos hombres eran los más carentes de cristianismo[44].

De estas declaraciones podemos deducir, por un lado, que el clima de violencia característico del mundo rulfiano, bebe como fuente de inspiración en los acontecimientos de la guerra cristera. Por otro, en sus palabras se advierte que fue este conflicto el que marcó de manera más definitiva a aquella región. También se establece un juicio, bastante negativo por cierto, sobre las motivaciones y el balance final de la guerra. Aunque resulte difícil aceptar que estos hombres lucharan sin fe, lo interesante es apreciar que Rulfo valora como absurdas las causas de ese enfrentamiento. En la última frase considera anti-cristiana la actitud de quienes abogaron por las armas, por mucho que se adujera como motivo la defensa de la religión (Idea que aparece también en algunas novela anticristeras como: *Jesús vuelve a la tierra* o *Los cristeros*).

En otra ocasión, el escritor realizaba un análisis sobre la secuencia de hechos que condujeron al enfrentamiento y detallaba, además, la lista de los estados donde la guerra adquirió particular virulencia. Por estas palabras volvemos a comprobar un conocimiento bastante preciso del conflicto (aunque haya una confusión sobre la fecha de su conclusión). Al final de la cita, nos encontramos de nuevo con un juicio histórico: entre los porqués de la guerra cristera, Rulfo destaca una razón fundamental, que liga el acontecimiento histórico a las condiciones particulares de una región.

---

[44] Sommers 1973b, 106-107.

La revolución cristera fue una guerra intestina que se desarrolló en los estados de Jalisco, Colima, Michoacán, Nayarit, Zacatecas y Guanajuato contra el gobierno federal. Es que hubo un decreto donde se aplicaba un artículo de la Revolución, en donde los curas no podían hacer política en las administraciones públicas, en donde las iglesias eran propiedad del estado, como son actualmente. Daban un número determinado de curas para cada pueblo, para cada número de habitantes. Claro, protestaron los habitantes. Empezaron a agitar y a causar conflictos. Son pueblos muy reaccionarios, pueblos con ideas muy conservadoras, fanáticos. La guerra duró tres años, de 1926 a 1928 [sic]. Nació en la zona de los Altos en el estado de Guanajuato. Allí fue el brote[45].

Las palabras de Rulfo no dejan de manifestar cierta ambigüedad: tras describir las medidas tomadas por el gobierno con respecto a la cuestión religiosa, parece dar la razón a la protesta de la gente, sin embargo, enseguida pasa a calificar la mentalidad de esa población en términos de fanatismo. En otro momento, el escritor desarrollaba un poco más ese conservadurismo característico de la zona, apoyándose en el comportamiento general que había demostrado la población ante los acontecimientos más importantes de la historia de México (la evocación de *Las vueltas del tiempo* resulta, en este punto, inevitable). Pero, además, en esta ocasión la intervención de Rulfo se refiere directamente al espacio que sirve como referente de Comala. De la conclusión de esa mirada panorámica es posible extraer alguna clave importante para la interpretación de sus textos:

En realidad es la historia de un pueblo que va muriendo por sí mismo. Es el pueblo... Ese pueblo fue reaccionario siempre. Cristero, partidario de Calleja durante la independencia, partidario de los franceses durante la reforma, antirrevolucionario cuando la revolución. Y durante la cristiada, cristeros. Entonces fue como pagar la culpa[46].

Ha sido señalada con frecuencia, y de hecho ha aparecido ya en este trabajo, la crítica desmitificadora que lleva a cabo Rulfo, frente a la visión idealizada y, por tanto, paralizante de la revolución. Sus textos, de manera particular *Pedro Páramo*, contienen también una clara

---

[45] Harss 1966, 308.
[46] Roffé 1985, 61-62.

denuncia sobre los efectos devastadores de ese sistema del cacicazgo, sustentado sobre un poder despótico, que tuvo su época de oro durante el porfiriato, pero que no terminó de desaparecer tras la revolución. Junto a esto, hay también en su obra una visión bastante negativa del mismo pueblo: devastado sí, pero en buena medida culpable de su propia desgracia. Lejos está de la obra rulfiana la visión idílica del campesino ingenuo y postergado, más propia de las tesis cerradas de cierta novela social. La culpa que parece dominar por completo el espacio de Comala, es una culpa compartida, colectiva. Así lo percibe también Escalante:

> Como sucedió en el cuento de «La Cuesta de las Comadres», los habitantes de Comala son también responsables de su desgracia. No tuvieron la fuerza ni el valor para enfrentar al cacique, para defender lo suyo. [...] ¿No sería la novela de Rulfo un prolongado reproche a la dejadez de los pueblos? Puede ser. [...] Lo peculiar de la historia relatada por Rulfo es que este rencor acumulado no sirve para nada. Es un rencor inútil. Paralizador[47].

Me pregunto si detrás de la crítica no se halla latente también este juicio histórico: en la opinión de Rulfo, ese pueblo se situó siempre, en cada uno de los grandes hitos que configuraron la vida histórica de México, en el bando *equivocado* (según la versión consagrada de esa historia). La guerra cristera, vista desde esta perspectiva, es un eslabón más dentro de una cadena de decisiones erróneas. Junto a la historia de la comunidad, encontramos los reflejos familiares: según queda recogido por Alatorre, dos antepasados de Rulfo lucharon, respectivamente, junto a las tropas realistas de Calleja y en defensa de Maximiliano[48]. Este crítico detecta dos nuevas *mentiras* de Rulfo, que por un lado une a los dos personajes en uno y, por otro, intenta colocar a ambos del lado de los *héroes*. He de rectificar en este punto al artículo citado, por lo que yo he podido comprobar, Rulfo habla en su breve autobiografía (recogida en *Los cuadernos*) de su tatarabuelo realista. Bien es verdad que en ella funde a los dos personajes en uno y afirma que el realista terminó luchando contra los franceses.

---

[47] Escalante 1991, 577.
[48] Alatorre 1999, 233-235.

La guerra cristera se interpreta también como la causa del abandono en el que cayeron aquellas tierras, que será otro tema recurrente en sus narraciones. Además, en unas pocas palabras, describe la impresión del combate que se vivía en los pueblos. La guerra se percibe como una sucesión de entradas y salidas, que los habitantes contemplan atemorizados:

> [...] y cuando la Cristiada nos vinimos a Guadalajara porque ya no había escuela, ya no había nada; era zona de agitación y de revuelta, no se podía salir a la calle, nomás oía los balazos y entraban los cristeros a cada rato y entraban los federales a saquear y luego entraban otra vez los cristeros a saquear, en fin, no había ninguna posibilidad de estar allí y la gente empezó a salirse a abandonar los pueblos, a abandonar la tierra[49].

Aunque el grupo de los cristeros reciba las críticas más duras por parte de nuestro autor, hay también en sus declaraciones algunas censuras contra la actuación del gobierno. Algo de esto se podía apreciar, aunque de forma muy velada, en la descripción de las medidas adoptadas ante la *cuestión religiosa*. De manera más clara se manifiesta esta postura en sus declaraciones a Poniatowska: «Yo fui anticristero, me pareció siempre una guerra tonta, tanto de un lado como de otro, del gobierno y del clero»[50].

Cuatro notas más me sirven para unir esta visión personal de Rulfo con algunos de los lugares comunes con que se suele caracterizar la guerra cristera, y que encontramos reiterados en diversos trabajos historiográficos y en las novelas que abordan este conflicto:

– La importancia de la mujer: es ella quien lanza a los hombres al combate en defensa de la religión. Se demuestra así, por una parte, el poder matriarcal que convive con la exaltación de las virtudes del *mero macho*, en Jalisco y el Bajío. A la vez, queda reflejado el papel desempeñado por la mujer como salvaguarda del sentimiento religioso:

> En todo Jalisco y en el Bajío *es la mujer la que manda*. No sólo eso, la mujer hizo la cristiada porque obligaba a los hombres a ir a pelear, al mari-

---

[49] Poniatowska 1985, 146-147.
[50] Poniatowska 1985, 148.

do, a los hijos. Los acicateaban: «Si tú no vas es que no eres hombre», y en Jalisco decirle a un hombre que no es hombre es la peor ofensa[51].

– La responsabilidad del clero en el desenlace armado: como agitador que a través del sermón moviliza, precisamente, a las mujeres. Este punto no goza del mismo consenso que el anterior. Desde luego, hubo sacerdotes que alentaron el enfrentamiento; pero hay también muchos otros testimonios en los que queda recogida la actitud pacificadora de distintos clérigos. En algunas novelas de tema cristero se representan sermones que constituyen una llamada a la guerra (*Los Cristeros*), o que manifiestan, en un tono cargado de dramatismo, la difícil situación por la que atraviesa la Iglesia mexicana (*¡Viva Cristo Rey!* y *El voto de Chema Rodríguez*). Rulfo se refiere a este aspecto en los siguientes términos:

> El cura las utilizaba a ellas [las mujeres], las azuzaba en misa, un sermón tras otro; así fomentaban la causa; decía que había que ir a pelear, lo decía en todos los tonos, creo que era casi lo único que decía, que había que pelar por Cristo, matar por Cristo[52].

– Siempre con pocas palabras, el escritor no deja de mencionar, como de pasada, otro de los puntos que despiertan la polémica en el análisis del conflicto, por distintas razones: ¿qué papel desempeñaron en él los católicos ricos? Aquí las visiones están absolutamente enfrentadas y condicionadas por los prejuicios de los que se parte para abordar el estudio de la guerra cristera. Así, según las versiones cercanas a la postura del gobierno, fueron los ricos quienes promovieron esa guerra con el fin de preservar su poder. Por el contrario, como pudimos observar en la novela de Yáñez, para los partidarios de los cristeros la clase más pudiente de los católicos mexicanos supuso más un obstáculo que una ayuda: prefirieron mantener su posición, antes que arriesgarla en una empresa demasiado espiritual o ilusa. Como cabría esperar, Rulfo se sitúa dentro del primer grupo: «Muchas gentes de posibilidades financiaron entonces a los cristeros, les dieron dinero para que compraran parque y armas»[53].

---

[51] Poniatowska 1985, 148 (Cursiva mía).
[52] Poniatowska 1985, 148.
[53] Poniatowska 1985, 149.

– La primera impresión que produce una guerra intestina y sangrienta como la cristera es la de una violencia desaforada, que queda grabada en los testigos que sufrieron ese clima de persecución y enfrentamientos. También este aspecto queda recogido en las declaraciones del autor. No deja de resultar curioso que el interés de Rulfo por la lectura surja precisamente a raíz de estos acontecimientos:

> Todo eso [novelas de aventuras] lo leí yo a los diez años, me pasaba todo el tiempo leyendo, no podías salir a la calle porque te podía tocar un balazo. Yo oía muchos balazos, después de algún combate entre los Federales y los Cristeros [...] había colgados en todos los postes. Eso sí, tanto saqueaban los Federales como los cristeros[54].

A través de este repaso por el testimonio oral de Rulfo he pretendido extraer las impresiones y el juicio que sobre la guerra cristera se había forjado quien, años más tarde de aquel contacto directo con los hechos, daría entrada a algunos de esos recuerdos en su producción literaria. Antes de pasar al análisis de la imagen que sobre este acontecimiento histórico nos ofrecen sus textos, queda pendiente en el aire una cuestión que probablemente resulte irresoluble. ¿En qué momento se construye esta visión de la guerra cristera?

Planteo esta pregunta por dos motivos: en primer lugar, porque no deja de resultar sorprendente el hecho de que, junto al resumen bastante fidedigno sobre los sucesos que marcan el desarrollo del conflicto y una descripción de las características de la guerra apegada a la realidad, su interpretación se muestre tan inclinada hacia la línea *oficialista*. En segundo término, su paso por un seminario cuyo clero –en palabras de Alatorre– «seguía siendo cristero»[55], parece contrastar con la afirmación de que él siempre fue anticristero. Considero que su traslado a la Ciudad de México y la entrada en círculos más o menos oficiales, a través de la protección de su tío David, ponen a Rulfo en con-

---

[54] Poniatowska 1985, 149.

[55] Alatorre 1999, 239. Precisamente en este artículo se explica el secreto sobre este hecho, celosamente guardado por Rulfo durante toda su vida, por influencia directa de su tío, el capitán David Pérez Rulfo, que había combatido a los cristeros bajo las órdenes de Manuel Ávila Camacho. Se siguen, como en buena parte del trabajo, las tesis de Munguía (Munguía Cárdenas 1987, 27).

diciones de alejarse de la realidad de su entorno natal y le llevan a adquirir una mirada más crítica ante el clero y ante lo que empieza a juzgar como el *fanatismo* de sus coterráneos.

Así, estamos ya en condiciones de afirmar que sus opiniones sobre la guerra se inclinan en la dirección de la versión oficial. El detallado repaso de las intervenciones orales de Rulfo en torno al conflicto nos coloca en un ángulo privilegiado para enfocar el análisis del tratamiento que este tema recibe en sus narraciones. Si la persona del escritor toma partido, juzga y condena; como escritor, Rulfo adopta una verdadera «ambigüedad creativa», que se ajusta a esa poética que él definía como la *muerte* del autor[56]:

> Una de las cosas más difíciles que me ha costado hacer, precisamente, es la eliminación del autor, eliminarme a mí mismo. Yo dejo que aquellos personajes funcionen por sí y no con mi inclusión, porque, entonces entro en la divagación del ensayo, en la elucubración; llega uno a meter sus propias ideas, se siente filósofo, en fin, y uno trata de hacer creer hasta en la ideología que tiene uno, su manera de pensar sobre la vida, o sobre el mundo, sobre los seres humanos, cuál es el principio que movía a las acciones del hombre. Cuando sucede eso, se vuelve uno ensayista[57].

En los textos de Rulfo podremos comprobar ese distanciamiento de los modelos maniqueos que caracterizan a muchas de las novelas de tema cristero. No se nos presenta una tesis cerrada o un juicio definitivo sobre la guerra. Por otra parte, creo que en la recreación del hecho histórico que se lleva a cabo en los relatos se manifiesta algo esencial: el poder de la imaginación y de la intuición creadoras (son términos empleados por el mismo autor), como vía para alcanzar un conocimiento más profundo sobre la realidad:

> La narrativa de Rulfo subvierte los supuestos lógico–racionalistas del positivismo. Rulfo profundiza en el yo individual, abre paso hacia espacios existenciales insólitos del ser humano y desde allí, toca el tema de la angustia frente a la soledad y la muerte[58].

---

[56] Desarrollo a partir de este momento algunas de las ideas apuntadas por Navascués en un trabajo que me ha servido como guía: «Juan Rulfo y Elena Garro a la luz de la novela de tema cristero», (en prensa).

[57] Rulfo, «El desafío...», 384-385.

[58] Klahn 1991, 424.

3. La Cristiada en los textos

Como es lógico, el primer paso que debemos dar en este rastreo ha de ser la identificación de aquellos relatos y de los pasajes de la novela en que aparece el tema de la guerra cristera. Me parece evidente, después de *escuchar* a ese Rulfo oral, que la Cristiada deja una honda huella en la memoria del escritor, que de alguna manera está presente en toda su obra: en la aparición constante de la violencia; en la presentación de una religiosidad primitiva, llena de supersticiones y muchas veces sin fe verdadera (como esos cristeros *anticristianos*); en la mercantilización de los bienes espirituales; en el odio al gobierno; etc. Pero, señalada esta influencia fundamental de los sucesos históricos en su creación literaria, lo que me interesa ahora es el tratamiento explícito de la guerra cristera en sus textos.

Comenzando por *El llano en llamas*, encontramos un cuento que podríamos denominar plenamente cristero: «La noche que lo dejaron solo». Junto a éste, hay otros dos cuya temática y ambientación histórica puede relacionarse también con el conflicto religioso: «Luvina» y «Anacleto Morones». Concluiré mi análisis abordando el rastreo de la materia cristera en *Pedro Páramo*.

3.1. «Luvina»

Quizás parezca un tanto extraña su inclusión entre la nómina de los relatos relacionados con la guerra cristera. Sin embargo Escalante, en un repaso por las vinculaciones entre los textos de Rulfo y la realidad histórica que éstos reflejan, situaba a este cuento –uno de los predilectos del autor– dentro del contexto del conflicto religioso[59]. En efecto, la situación que plantea ese «monodiálogo» prolongado[60], en que un maestro rural se dirige a un silencioso oyente (un nuevo maestro), para contarle el recuerdo desalentador de su paso por Luvina, bien puede contextualizarse dentro de la campaña educativa de la época cardenista. Una campaña que daría origen a *La Segunda*, que

---

[59] Escalante 1991, 568-569.
[60] Perus 1998, 339. El artículo contiene un estudio sobre la poética de Rulfo, a partir de un detallado análisis de este relato.

alcanzó mayores grados de crueldad y se hizo tristemente célebre por las torturas a los maestros (recordemos que es éste también el ambiente recogido por Revueltas en su cuento «Dios en la tierra»). En su relato, el maestro describe detalladamente las características de ese pueblo en pena que es Luvina:

> San Juan Luvina: Me sonaba a nombre de cielo aquel nombre. Pero aquello es el purgatorio. Un lugar moribundo donde se han muerto hasta los perros y ya no hay quien ladre al silencio; pues en cuanto uno se acostumbra al vendaval que allí sopla, no se oye sino el silencio que hay en todas las soledades. Y eso acaba con uno. Míreme a mí. Conmigo acabó. Usted que va para allá comprenderá pronto lo que le digo... (111).

Dejando a un lado los múltiples niveles de interpretación que el texto permite, a partir de la creación de un espacio que está cargado de connotaciones simbólicas, lo que quiero destacar –por estar relacionado con el tema que ahora nos ocupa– es la oposición de dos visiones de la realidad, encarnadas a su vez en dos lugares. Esta antítesis constituye la estructura básica de todo el texto: el balanceo intermitente de la narración entre el «aquí» de la cantina, donde está situado el principal narrador de este relato, y el «allá» de Luvina.

Desde un enfoque centrado en la dimensión histórica y social que se incorpora a la obra literaria, y en la orientación con que esa realidad es transformada, se comprende que «Luvina» está revelando algunas claves fundamentales de la escritura rulfiana. La presencia del maestro rural como narrador principal privilegia la visión extrañada ante el atavismo y el singular comportamiento de los habitantes de este pueblo; es la perspectiva, compartida con el lector, del «mundo civilizado» (identificación entre narrador y lector que anuncia la posición de Juan Preciado). De la mano del narrador accedemos a ese *purgatorio* que es Luvina. El motivo fundamental por el que el maestro se dirige hasta allá es una ilusión que, a la vuelta de quince años, aparece ridiculizada. La pérdida de las ilusiones es un tema recurrente en Rulfo –de allí deriva el característico tono desencantado de buena parte de su obra–, y en este cuento resulta central.

¿En qué consistían esas ilusiones? Eran sus ideas transformadoras. Con la mirada superior del hombre cultivado, preparado precisamente para difundir su saber, el narrador va a Luvina con una misión que adquiere rasgos redentores para una realidad marginal, que es vista desde *el centro* como encarnación del retraso. Pero el fracaso resulta rotundo:

> Tal vez ya se cumplieron quince años de que me dijeron a mí lo mismo: 'Usted va ir a San Juan Luvina'. En esa época tenía yo mis fuerzas. Estaba cargado de ideas... Ustede sabe que a todos nosotros nos infunden ideas. Y uno va con esa plasta encima para plasmarla en todas partes. Pero en Luvina no cuajó eso. Hice el experimento y se deshizo... (111).

La pretensión de aplicar sobre esa otra realidad las ideas del progreso aparece como algo absolutamente inútil. Es, en efecto, la crítica a una mentalidad colonizadora, que se considera superior y que, además, cree ilusamente en su capacidad para imponerse. La transcripción del diálogo entre el maestro y los habitantes de Luvina da entrada a la voz de los otros, y nos ofrece algunos datos relevantes sobre su singular concepción de la realidad, en clara oposición a la que representa el maestro: frente al espacio del progreso, el de la tradición. En ese diálogo se subraya su apego a la tierra, el espacio no es una realidad objetiva; se percibe una interrelación con él que responde a lo que Fares denomina un «pensar seminal»[61]. A este rasgo caracterizador le acompañan la religiosidad, la veneración a los muertos, y sus burlas a un gobierno «que no tiene madre». Es importante incidir en la crítica que se hace de la actuación gubernamental, ante el olvido de aquellas gentes. Su única acción es la del castigo. El mismo narrador apoya la posición desconfiada y socarrona de los habitantes (único momento en que convergen las dos visiones):

> Y tienen razón, ¿sabe usted? El señor ése [personalización del gobierno] sólo se acuerda de ellos cuando alguno de sus muchachos ha hecho alguna fechoría aquí abajo. Entonces manda por él hasta Luvina y se lo mata. De ahí en más no saben si existe (110).

Pero, como parece claro, tampoco el pueblo y sus habitantes se presentan de una manera absolutamente positiva. Por el contrario, cada línea del relato describe el deterioro general de las tierras, de las casas y de las gentes. En el texto pueden descubrirse algunas reminiscencias

---

[61] Fares 1998, 27-42.

del pueblo de *Al filo del agua*. La más clara es el grupo de mujeres enlutadas, que en el cuento rulfiano se describen como

> un aletear de murciélagos en la oscuridad [...]. De murciélagos de grandes alas que rozaban el vuelo [...]. Me detuve en la puerta y las vi. Vi a todas las mujeres de Luvina con su cántaro al hombro, con el rebozo colgado de su cabeza y sus figuras negras sobre el negro fondo de la noche (108).

La técnica descriptiva utilizada por Yáñez, que daba entrada a lo onírico y a las asociaciones irracionales, es llevada por Rulfo a su extremo. Del mismo modo, la visión de un pueblo cerrado y atrasado adquiere en Rulfo un tono mucho más agudo: ese pueblo es la desolación o, como poéticamente se expresa en el texto, «es el lugar donde anida la tristeza» (104).

Se repiten las imágenes de abandono, de un derrumbamiento generalizado. La presentación de la iglesia destrozada, además de poder funcionar como símbolo de una religión que es incapaz de proporcionar consuelo, puede reflejar también una circunstancia histórica: las huellas de la reciente guerra cristera (la campaña educativa cardenista comienza en 1935 y la guerra, como sabemos, había concluido en 1929). El silencio, sólo interrumpido por un viento continuo que se cuela por todas partes, muestra el estado de incomunicación, no sólo hacia el exterior, sino dentro del pueblo. La noción de patria les resulta extraña. «¿Qué país es éste, Agripina?», pregunta el maestro a su esposa, dando señales claras de estar ante un mundo incomprensible.

Volviendo al punto de partida, en este cuento Rulfo recoge la impermeabilidad, que llega a ser verdadera oposición, entre dos concepciones del mundo. La primera corresponde a «la forma pública del pensar en la ciudad [que] está regida por el principio de causalidad y, en el fondo, esconde la ilusión de que existe una explicación para todo y de que la realidad es abarcable por la conciencia»[62]. Frente a ella, el maestro descubre y nos describe la del «pensar seminal», donde los límites se difuminan, donde el saber se liga a lo ritual y donde hay lugar para que aparezca lo «innombrable».

Si en este punto comparto la interpretación de Fares, me parece que, movido por la noción de transculturación (que aunque no apare-

---

[62] Fares 1998, 30-31.

ce así nombrada en su artículo, sostiene sin embargo su aproximación al texto), el crítico se muestra demasiado optimista al considerar «Luvina» como verdadero punto de encuentro entre esos dos mundos enfrentados. Es verdad que en el espacio textual –en un nivel superficial– se produce esa fusión, palpable en la misma composición del relato. Sin embargo, en su sentido más profundo, «Luvina» sólo sugiere la imposibilidad de tal encuentro: el maestro –mediador entre una y otra realidad– no sólo no consigue *comprender a*, ni ser *comprendido por* esas gentes, sino que su paso por Luvina impide también el reencuentro con el mundo civilizado. En mi lectura del cuento debo reconocer que coincido, en parte, con las tesis sostenidas por Larsen[63]. Si en el nivel cultural el concepto de transculturación puede servir para superar las dicotomías entre una cultura autóctona y una cultura importada, en el plano histórico esta noción no ayuda a plantear el modo de superar los dualismos sociales. Pero además, ciñéndonos a la cuestión cultural, queda una pregunta en el aire: ¿quiénes son los receptores de esa escritura transculturadora?

A pesar de que el relato no tiene más vinculación directa con el conflicto cristero que sus alusiones al fracaso de la campaña educativa de Cárdenas, lo cierto es que desvela, en su profundidad, una de las claves para comprender los motivos hondos que están en el origen de la guerra. Constituyéndose en centro, el gobierno revolucionario quiso imponer un modo de vida que se identificaba como el progreso. Pero en su afán transformador chocó con una visión del mundo fuertemente arraigada en los campesinos y rancheros de esa zona marginal que es la *región rulfiana*. Rulfo no es un moralista al estilo de Yáñez. Su relato presenta con enorme lucidez la raíz del enfrentamiento, pero no ofrece una vía de salida.

3.2. «Anacleto Morones»

En este cuento, quizás el texto donde se plasme más claramente el despiadado humor rulfiano, la relación con el conflicto cristero aparece de dos maneras: una mención explícita, por una parte, y la recreación

---

[63] Larsen 1998, 265-271.

ficcional de un hecho histórico que se desarrolló una vez terminada la guerra, por otra.

Atendiendo a la aparición explícita, ésta nos sirve para situar el presente de la acción relatada. Toda la acción del cuento se concentra en el diálogo entre un grupo de mujeres beatas y el socarrón personaje de Lucas Lucatero. El tono humorístico viene señalado ya desde la elección del nombre de esta figura, que contiene, probablemente un guiño paródico. Con él se alude al evangelista, San Lucas, quien en el prólogo a su evangelio advierte a su interlocutor, Teófilo, que va a proporcionarle el relato exacto y ordenado de la vida de Jesucristo. El apellido anuncia también el tono cómico que predomina en el cuento. Sobre este uso de los nombres, señala Jiménez de Báez: «los nombres de los personajes, propios de una farsa, indican que el hombre ha llegado a lo grotesco en su proceso degradante»[64].

Cuando *las viejas* le preguntan a Lucas, el narrador de la historia, desde hace cuánto que no se confiesa, él les responde:

> –¡Uh!, desde hace como quince años. Desde que me iban a fusilar los cristeros. Me pusieron una carabina en la espalda y me hincaron delante del cura y dije allí hasta lo que no había hecho. Entonces me confesé hasta por adelantado (166).

El encuentro entre Lucas y las mujeres queda situado, por tanto, en torno a 1945. La mención de los cristeros resulta coherente en el marco general del cuento, cuyo sentido principal parece ser la sátira de una religiosidad exaltada y la denuncia de la hipocresía que ésta lleva consigo. En la breve referencia que se hace de ellos, se apunta la incongruencia entre un supuesto fervor religioso y la crueldad de las acciones.

Por otro lado, como ya ha señalado Cros, la historia de Anacleto Morones, santón del pueblo al que las viejas quieren canonizar, está relacionada con uno de los sucesos más curiosos que se derivaron de la guerra cristera: la formación de la comunidad de la Cruz de Palo[65].

---

[64] Jiménez de Báez 1990, 91. También apunta la posible relación –un tanto remota– entre Lucas Lucatero y un personaje de *El resplandor*, Lucas Llamas. Recuérdese que este personaje colabora con Gabino en la destrucción del pueblo indígena.

[65] Cros 1998, 219.

Lucas Lucatero es el yerno de Anacleto y las mujeres van a buscarlo a ese lugar donde vive aislado («sin la moledera de la gente»), pues quieren que vaya a declarar a favor de su suegro. El relato alterna el diálogo entre Lucas y las beatas, con la narración. Hay dos acciones que se van desarrollando simultáneamente: en el presente, los apuros de Lucas Lucatero para deshacerse de *la bola de viejas* y, en el pasado, la historia de Anacleto Morones, trazada a través del contrapunto: los hechos que recoge Lucas y las opiniones de las mujeres que intentan negarlos. De esta manera, fragmentariamente, se va reconstruyendo la biografía de Anacleto y, a la vez, Lucas va sacando a la luz los *trapos sucios* de las piadosas congregantes. El cuento constituye todo un proceso de inversión de expectativas: el que aparecía como santo varón es, en el fondo, un sinvergüenza y las supuestas beatas tienen muy poca virtud. Queda desvelada, de esta forma, la hipocresía de las mujeres y los vicios del difunto Anacleto. Cuando se llega al final del cuento, resulta que el único que dice la verdad es Lucas Lucatero, a quien a lo largo de la narración se le ha acusado de mentiroso: «No te creemos, Lucas, ni así tantito te creemos» (166).

Dice la verdad... aunque no toda, porque él fue quien mató a Anacleto y por eso lo primero que piensa, cuando ve venir a *las viejas*, es que han descubierto su crimen. El objetivo es entonces evitar, mediante el enredo de sus palabras, el interrogatorio sobre este asunto. Cuando descubre que, en realidad, el propósito de las congregantes es que declare a favor de Anacleto, Lucas se explaya en contar *la vida y milagros* del difunto y son ahora las mujeres quienes intentan defenderse[66].

El dato principal que nos sirve para establecer el vínculo con el personaje histórico aparece en el momento en que Lucas refiere el comienzo de la predicación de «el Santo Niño»:

> Entonces él puso los brazos en cruz y comenzó a decir que acababa de llegar de Roma, de donde traía un mensaje y era portador de una astilla de la Santa Cruz donde Cristo fue crucificado. Y allí fue el acabose; la gente se postraba ante él y le pedía milagros (167).

---

[66] Puede consultarse el análisis de esa «justa de palabras» que conforma la situación enunciativa del cuento, en el excelente artículo de Molloy 1986, 319-328.

A este dato habrá que añadir las inclinaciones lujuriosas de Anacleto que, por lo visto, ha mantenido relaciones con todas las congregantes (¡y hasta con su hija![67]). Como indica Molloy, el motivo de la visita de las mujeres a la casa de Lucas termina resultando bastante ambiguo, conforme se van descubriendo las propiedades de la singular *santidad* de Anacleto:

–[...] La única noche feliz la pasé con el Niño Anacleto, entre sus consoladores brazos. Y ahora tú hablas mal de él. –Era un santo. –Un bueno de bondad. *–Esperábamos que tú siguieras su obra.* Lo heredaste todo. –Me heredó un costal de vicios de los mil judas [se refiere a la hija de Anacleto] (170. Cursiva mía).

Como veremos, hay bastantes coincidencias con los datos que nos ofrece Meyer sobre el P. Madrigal y su seguidor, Moisés. Lo primero que debemos decir es que en Anacleto se funden los dos personajes históricos (y se simplifica así la trama). El P. Madrigal fue un sacerdote de Michoacán contrario a los arreglos del 29, que formó una comunidad mesiánica a su alrededor y que negaba el derecho de administrar sacramentos a los curas que se hubieran registrado ante el gobierno. Tras formar esa comunidad, emprendió un viaje a Roma para mostrar su desacuerdo con los arreglos que habían llevado a cabo los representantes del episcopado (viaje del que no volvería, pues en el camino le dieron muerte unos agraristas). En su ausencia, un excombatiente cristero, Moisés, asume la dirección del grupo junto con otros doce miembros destacados y una mujer (que representa el papel de la Virgen). Su discurso adquiere notas milenaristas: declaran como anticristo al Papa y crean nuevos sacramentos. Su signo distintivo es una cruz de palo, que los miembros llevan colgada del cuello (y que sirve como elemento que enlaza la realidad histórica con la ficción). Excomulgados, se retiran a las montañas de la tierra caliente y su final resulta un tanto confuso. Al parecer, algunos de ellos murieron intentando cruzar el mar, según relata Ezequiel Mendoza, antiguo

---

[67] Aparece, ahora en un contexto humorístico, otra de las recurrencias temáticas de Rulfo: las relaciones incestuosas. «La escritura sugiere que el eje simbólico de ese mundo al revés es el incesto, signo de la confusión de relaciones» Jiménez de Báez 1990, 92.

combatiente cristero, a Meyer. En sus recuerdos, Mendoza también señala el motivo del fracaso de la expedición: la última noche del guía de ese *pueblo elegido*, Moisés.

> Moisés condujo a su pueblo hacia el mar, en Maruta, y lo preparó para la travesía del océano a pie enjuto, hacia la Tierra Prometida. Millares de curiosos atraídos por la noticia acudieron a asistir al prodigio: Moisés con una túnica blanca y apoyado en largo báculo, golpeó las aguas y, seguido por numerosas personas, penetró en las ondas. El testigo refiere que muchos se ahogaron y que otros muchos fueron salvados por los asistentes, que les lanzaban reatas desde la orilla. En cuanto a Moisés, algunos creen que se ahogó, otros que se salvó; muchos lo atribuyeron entonces al error del movimiento, pero otros perseveraron, afirmando que el fracaso se debía a los pecados del pueblo, o *a la impureza de Moisés, que había yacido con una virgen la noche que precedió al éxodo*[68].

La historia real, cargada de elementos verdaderamente sorprendentes, en los que se expresan las desviaciones a las que puede conducir una religiosidad deformada, sirve a Rulfo como excelente *materia prima* para construir un relato que, tras el juego humorístico que impregna toda la narración, no oculta la sátira mordaz. A través de la comicidad se denuncian las aberraciones de esa fervorosa exaltación religiosa. Al mismo tiempo, el narrador, un *pelado* descreído, arranca la hipócrita careta que, detrás de los escapularios renegridos, los suspiros y las plegarias, pretende ocultar la perversión de los vicios. Aparecen aquí, como ocurría en «Luvina», las «mujeres enlutadas» de *Al filo del agua*. Si en el texto de Yáñez se hacía referencia a esa obsesión por guardar las apariencias, es decir, a la ostentación hipócrita de la virtud, el tratamiento burlesco de Rulfo resulta mucho más agudo e hiriente en su denuncia.

La asociación con la guerra cristera, implícita en su alusión histórica y explícita en esa breve mención que sitúa el relato en un tiempo y un espacio precisos (la zona donde habitan Lucas y las mujeres fue escenario del conflicto), permite relacionar la fe por la que aseguraban luchar los cristeros con la triste caricatura que queda plasmada en el

---

[68] Meyer 1973-1974, I, 350 (Cursiva mía). En este caso bien puede decirse que la realidad parece superar a la ficción.

cuento: se trata de una «religión adulterada»[69]. Además de la cruz de palo y la actividad sexual de Anacleto, la admiración ciega de las mujeres y los rumores que despierta la misteriosa desaparición del *santo* son los elementos que permiten establecer una conexión entre el personaje del cuento y la historia real del P. Madrigal y del excristero Moisés.

Por otra parte, Jiménez de Báez ha apuntado la posible alusión a dos personajes históricos, vinculados con el conflicto religioso, en la selección del nombre «Anacleto Morones». A través de él, este personaje se pondría en relación con las figuras de Anacleto González Flores (al cual ya me he referido), y Luis Morones (el líder de la CROM y principal promotor de la Iglesia Cismática). Aunque la funcionalidad de esta alusión no me parece del todo clara, quizás se trate de un nuevo y sutil anclaje utilizado por Rulfo para vincular la ficción a los acontecimientos históricos. Al fundir a ambos personajes, dirigentes importantes de los dos bandos, el relato estaría proponiendo una igualación entre los grupos. Al mismo tiempo estaría acusando, simultáneamente, a las dos figuras aludidas, por el uso de una religión falsificada, como instrumento de manipulación[70].

Antes de pasar al siguiente relato, es interesante reparar en las similitudes temáticas que existen entre este cuento y la primera novela de la guerra cristera, *Jesús vuelve a la tierra*. También en ésta aparece la sátira misógina y anticlerical, en la que se contiene alguna referencia a las sospechosas relaciones entre unas mujeres fervorosas y el pastor de almas... y de cuerpos (tema predilecto de los discursos jacobinos durante el conflicto): así se percibe, tanto en la escena que relata la excitación del canónigo Vidrio, cuando la madre Conchita le muestra la marca de fuego que se ha impreso en la piel (63), como en el caso de la extraña mujer que aparece junto al padre Pedroza, en la recreación del asalto al tren de La Barca (27). Junto a este aspecto, el cuento incluye también las referencias al uso crematístico de los supuestos bienes espirituales, tema que se desarrollará, en tono serio, en *Pedro Páramo*.

---

[69] Es la expresión que utiliza González Boixo para referirse a esos elementos populares que se incorporan a lo religioso, y que incluyen muchas veces la superstición: «Lo más significativo, sin embargo, no es la presencia continua de los mismos, sino el carácter negativo que proyectan sobre la religión» (1985, 172).

[70] Jiménez de Báez 1990, 91 (aunque señala la alusión, no menciona nada acerca de su sentido).

3.3. «*La noche que lo dejaron solo*»

Como ya comenté anteriormente, este es el único texto de Rulfo centrado plenamente en el conflicto cristero. Lo primero que llama la atención –sobre todo si se recuerdan ahora las palabras del autor sobre la guerra– es la absoluta neutralidad que se manifiesta en la narración, así como el hecho de que la acción esté enfocada desde el punto de vista de «los perseguidos», los cristeros. En este caso, tenemos un narrador que cuenta la historia desde fuera, asumiendo la perspectiva del joven combatiente. A través de su voz se da entrada a la interioridad del personaje, en la que se combinan –de manera alternativa– los pensamientos conscientes y también las confusas imágenes de un estado de semi-sueño, que reflejan el agotamiento del protagonista y su angustia por escapar de la muerte.

Escalante subraya la ironía de la narración, que se percibe ya desde el mismo título:

> En efecto, ¿de verdad lo dejaron solo? ¿No fue más bien al revés que él se quedó dormido? ¿Y no es irónico que quien salve la vida sea justo ese personaje que incumple su misión al dejarse vencer por el sueño?[71].

La imagen del conflicto que se construye en este cuento resume en buena medida sus características particulares. Como señalé a propósito del relato de Revueltas, «Dios en la tierra», los ataques de los cristeros eran esporádicos, dada la falta de parque: se tomaba una población o se asaltaba a una guarnición de soldados para, un poco después, salir huyendo ante la contraofensiva federal (que movilizaba a un contingente muy superior). En el cuento de Rulfo, como se recordará, se recoge la huida de tres cristeros, que van escapando de las tropas federales después de haber tendido una emboscada al teniente Parra. Su objetivo es llegar a la Sierra de Comanja, «a juntarse con los cristeros del *Catorce*» (117). Frente a «Dios en la tierra», sobresale la objetividad con que se aborda literariamente el conflicto:

> Estamos muy lejos, en este texto, de la visión gobiernista de la guerra tal y como la articula Revueltas en su cuento «Dios en la tierra». Pero esta

---

[71] Escalante 1991, 571. También apunta este juego irónico Antolín (1991, 120), en un magnífico capítulo dedicado a estudiar el recurso a la ironía en los textos rulfianos.

versión es tan ajena a Rulfo como la que pretende atribuirle una secreta simpatía por el movimiento cristero[72].

La impresión de la guerra como un movimiento frenético de ataque y repliegue, además de aparecer en el cuento de Revueltas, está presente también en otras novelas: así ocurre en los comienzos de dos novelas de tema cristero, *Las Brígidas de Montegrande* y *De Los Altos*, y se refleja de un modo particularmente intenso en esa novela que, en palabras de Meyer, tanto había gustado a Rulfo: *Rescoldo* de Antonio Estrada. En clave paródica, aparecerá en los dos capítulos de *José Trigo* que están ambientados en la guerra.

Otro aspecto que cabe destacar en el tratamiento rulfiano del hecho histórico es la cruda representación de la violencia desatada por la Cristiada. Se refleja de varios modos, en primer término a través de la angustia del personaje, cuya vida se ha transformado en un correr constante al filo de la muerte. Esta apreciación emocional se objetiva, más adelante, en una imagen de una fuerza estremecedora (que recuerda a un célebre pasaje de «El llano en llamas»[73]):

> Llegó hasta las bardas del corral y pudo verlos mejor; reconocerles la cara: eran ellos, su tío Tanis y su tío Librado. Mientras los soldados daban vuelta alrededor de la lumbre, ellos se mecían, colgados de un mezquite, en mitad del corral. No parecían ya darse cuenta del humo que subía de las fogatas, que les nublaba los ojos vidriosos y les ennegrecía la cara (117).

La descripción evoca una circunstancia real, que además ha quedado grabada, a través de la fotografía, como una de las estampas típicas de la guerra cristera: aquellas hileras de hombres colgados en los postes de una vía de tren, como una sucesión de espantapájaros de horrible mueca. En sus memorias, Rulfo se refería a esta imagen y al intento de su madre por evitar que viera aquel espectáculo atroz.

---

[72] Escalante 1991, 571.

[73] «Aquella desparramada que nos dimos fue buena para muchos; pero a otros les fue mal. Era raro que no viéramos colgado de los pies a alguno de los nuestros en cualquier palo de algún camino. Allí duraban hasta que se hacían viejos y se arriscaban como pellejos sin curtir. Los zopilotes se los comían por dentro, sacándoles las tripas, hasta dejar la pura cáscara. Y como los colgaban alto, allá se estaban campaneándose al soplo del aire muchos días, a veces meses, a veces ya nada más las puras tilangas de los pantalones bulléndose con el viento como si alguien las hubiera puesto a secar allí» (85).

En la conversación de los federales aparece un nuevo elemento que caracteriza el clima de crueldad en que se desenvuelve la guerra: la gratuidad de esa violencia. Después de haber colgado a los dos cristeros capturados, los soldados esperan la llegada del tercero, para vengar así por completo la muerte del teniente Parra. Sin embargo, ante la posibilidad de que aquél no aparezca, uno de ellos comenta: «Mi mayor dice que si no viene de hoy a mañana, acabalamos con el primero que pase y así se cumplirán las ordenes» (117). Puede verse detrás de este hecho una crítica al modo en que las fuerzas del gobierno llevaron a cabo su lucha contra los cristeros. Como se recordará –también el propio Rulfo lo mencionaba– en su persecución, los federales castigaron duramente a la población civil (a la que consideraban partidaria de sus enemigos), a través de los saqueos, las concentraciones, los fusilamientos de inocentes, etc. (crítica que quedó recogida también en la que quizás sea la novela anti-cristera más conocida: *Los Cristeros* de Anda).

Un último aspecto completa la descripción de un ambiente inmerso en la barbarie de la guerra: la ausencia de solidaridad dentro del propio bando. El cuento asigna esta carencia a las dos facciones: en un grupo, los dos cristeros dejan solo a su joven compañero porque se ha quedado dormido; en el otro, el diálogo entre los soldados también refleja esta realidad:

–¿Y por qué no salimos mejor a buscarlo [al cristero que falta]? Así hasta se nos quitaría un poco lo aburrido. –No hace falta. Tiene que venir. Todos están arrendando para la Sierra de Comanja a juntarse con los cristeros del Catorce. Éstos son ya de los últimos. *Lo bueno sería dejarlos pasar para que les dieran guerra a los compañeros de Los Altos* (117. Cursiva mía).

La entrada del referente real en el texto de ficción se lleva a cabo, además de por estas notas que definen el momento histórico, a través de la toponimia y también por medio de los nombres de los personajes[74]. Pero más allá de poder confirmar la presencia de personas, lugares y hechos de la realidad, lo que considero más interesante del relato es la proyección que alcanza esta recreación del evento histórico, por medio de las *herramientas* de la ficción.

---

[74] Según los editores del texto todos son nombres reales, yo sólo he podido identificar el apodo del *Catorce* (119).

Por un lado, el pasado se recupera, cobra nueva vida. El cuento consigue transmitir una enorme tensión a su lector, a través de esa combinación entre una voz objetiva, situada fuera de la acción, y la entrada de las impresiones del personaje perseguido, quien ha caído rendido por el sueño y ha perdido a sus compañeros de fuga. El espacio nombrado adquiere rasgos que lo definen como una realidad vivida, pues se va describiendo a través de las sensaciones que genera sobre el protagonista. Por otra parte, mediante la recreación imaginativa es posible aventurar una comprensión más profunda del hecho histórico. El acto de la escritura (como, también en buena medida, el de la lectura), supone un esfuerzo por situarse en otras realidades, por encarnar *otros papeles*, sin abandonar del todo el propio. La imaginación rulfiana se esfuerza por asumir la visión de un joven combatiente cristero, para desde ahí contemplar los hechos. El texto transmite con enorme viveza el temor, la angustia, el cansancio y el horror del personaje ante la imagen de los compañeros colgados y también el alivio final tras haber escapado.

Detrás del relato se puede atisbar un sentido, que quizás ayude a descifrar la ironía que apuntaba Escalante: precisamente quien se escapa de la muerte es el muchacho que se queda dormido. Este es uno de los pocos textos de Rulfo en que se presenta de manera explícita la salida de un mundo donde impera la violencia. Como señala el mismo crítico, la gloria de Feliciano Ruelas, el joven durmiente, «es haberse quedado dormido. Escapa, así sea con un acto involuntario, al círculo de la violencia y sobrevive»[75]. El texto contiene, por tanto, un rechazo del mundo inhumano de la guerra: hay que salir de ese laberinto de muerte. En la breve descripción de los momentos previos al sueño, cuando decide detenerse y descansar, se subraya el contraste con la agitación de la huida. A pesar del frío molesto de la sierra, la imagen resulta apacible:

> Se fue sentando sobre el musgo. Abrió los brazos como si quisiera medir el tamaño de la noche y encontró una cerca de árboles. Respiró un aire oloroso a trementina. Luego se dejo resbalar en el sueño, sobre el cochal, sintiendo cómo se le iba entumeciendo el cuerpo. Lo despertó el frío de la madrugada. La humedad del rocío. Abrió los ojos. Vio estrellas transparentes en un cielo claro, por encima de las ramas oscuras (115).

---

[75] Escalante 1991, 571.

No es casualidad que, a lo largo de su escapada, el personaje se vaya despojando de sus armas. El narrador enfatiza este detalle y, al describirlo como la pérdida de un peso, está apuntando a ese sentido más hondo del cuento (o al menos permite interpretarlo así):

> Tiró los rifles. Después se deshizo de las carrilleras. Entonces se sintió livianito y comenzó a correr como si quisiera ganarle a los arrieros la bajada (116).

Y más adelante insistirá:

> Y ya iba a gritar: «¡Viva Cristo Rey!», pero se contuvo. Sacó la pistola de la costalilla y se la acomodó por dentro, debajo de la camisa, para sentirla cerquita de su carne. Eso le dio valor (117).

El muchacho que renuncia a su grito de guerra y al uso de sus armas conseguirá escapar del cerco de los soldados.

En «La noche que lo dejaron solo» Rulfo consigue reconstruir y transmitir al lector toda la angustia y el horror de la guerra fratricida, en un relato ceñido a una acción muy puntual. Al mismo tiempo, el cuento contiene en su nivel más profundo el anhelo de alcanzar un mundo alejado de ese clima destructor donde impera la violencia. La imagen temblorosa del joven cristero, que ha logrado finalmente escapar de sus perseguidores, deja abierta una puerta a la esperanza.

3.4. *Pedro Páramo*

Con esta breve incursión por la novela de Rulfo, una de las obras maestras de la narrativa del siglo XX, llego al final de mi recorrido por las imágenes de la guerra cristera que han dejado tres de los autores canónicos de la literatura mexicana contemporánea. Como es lógico, no pretendo en estas líneas otra cosa que mostrar el modo en que queda recogido este acontecimiento histórico y los valores que adquiere en una novela de una riqueza inagotable.

La aparición de la Cristiada en el texto –breve pero significativa– es uno de los referentes temporales que establece un puente entre el mundo de la ficción y un contexto histórico bien determinado. La historia de Pedro Páramo se sitúa de este modo en un período que abarca desde la época dorada del sistema caciquil durante el porfiriato, pasa por la llegada y las distintas fases de la revolución y concluye con la guerra cristera[76]. Asimismo, junto al anclaje temporal, la aparición de este evento supone también una referencia espacial –estamos en territorio de cristeros– al tiempo que contribuye a caracterizar un ambiente lleno de rencor como es Comala. El feudo de Pedro Páramo remite a ese mundo particular del estado de Jalisco que he procurado describir anteriormente. Hay, pues, un engarce entre la acción ficcional de la novela y unos referentes reales que se incorporan a ese mundo y lo conforman:

> Ubicado en la historia, inserto en el tejido de las contradicciones, el texto literario puede mostrar un doble rostro. En uno de ellos lo que aparece es una sucesión de acontecimientos autónomos, inventados, fabulados por el narrador, y que dependen sólo de la gramática del relato; en el otro, lo que surge es una acotación extraliteraria, dependiente de una temporalidad no manipulable por el narrador, y que estaría compuesta por una sucesión de acontecimientos que la memoria colectiva clasifica como históricos. Ambos relatos, en dado caso pueden trenzarse, por más que nunca lleguen a confundirse. La ficción y la historia, el relato inventado y el de lo que en realidad sucedió, habrán de apoyarse el uno al otro, reforzando su sentido y abriendo posibilidades múltiples de lectura[77].

El texto de Rulfo puede considerarse como un ejemplo paradigmático de ese trenzamiento al que se refiere Escalante. La novela, sin perder la apertura de su sentido y ofreciendo una variedad amplia de niveles de lectura, recrea también una situación histórica concreta y aporta claves para su comprensión. Así, el paso de las tropas revolucionarias por Comala no transforma la realidad estática que aparece completamente dominada por el poder de Pedro Páramo. Detrás de este hecho cabe percibir la crítica al mito de la revolución; el posible impulso renovador de ésta queda anulado cuando pacta con el cacique. Por otra parte, la guerra cristera, en las escasas ocasiones en que aparece mencionada, se describe como un movimiento desesperado, que queda ligado a una figura trágica y compleja como la del Padre Rentería.

Un rasgo importante en la recreación del conflicto es que los combatientes cristeros han sido antiguos villistas, que después se han ido

---

[76] Escalante 1991, 573.
[77] Escalante 1991, 572.

agrupando en las distintas facciones revolucionarias, hasta acabar constituyendo una gavilla de cristeros:

> El *Tilcuate* siguió viniendo:
> – Ahora somos carrancistas.
> – Está bien.
> – Andamos con mi general Obregón.
> – Está bien.
> – Allá se ha hecho la paz. Andamos sueltos.
> – Espera. No desarmes a tu gente. Esto no puede durar mucho.
> – Se ha levantado en armas el padre Rentería. ¿Nos vamos con él o contra él?
> – Eso ni se discute. Ponte al lado del gobierno.
> – Pero si somos irregulares. Nos consideran rebeldes.
> – Entonces vete a descansar.
> – ¿Con el vuelo que llevo?
> – Haz lo que quieras, entonces.
> – Me iré a reforzar al padrecito. Me gusta cómo gritan. Además lleva uno ganada la salvación.
> – Haz lo que quieras (296).

El fragmento refleja la sucesión constante de una violencia en la que lo de menos parece ser la causa por la que se pelea. La idea es interesante en la medida en que anula el posible peso de la motivación ideológica, tanto de la revolución como de la guerra cristera, y ésta queda asimilada al ritual de crímenes que parecen marcar la vida de Comala. Me parece muy llamativo que la única vía de salida que se plantea al cerco agobiante del pueblo sea precisamente la guerra. La frase utilizada por *el Tilcuate* resulta sumamente expresiva: «el vuelo que llevo».

La violencia desatada por la guerra puede encontrar su origen en la necesidad de romper la opresión tanto tiempo acumulada, también quizás de ahí provenga la mención entusiasmada de los gritos. Las palabras del antiguo revolucionario, a punto de incorporarse a las filas del Padre Rentería, señalan de manera muy concisa otros dos motivos que le conducen a la guerra a pesar de las advertencias del cacique: la autoridad del *padrecito* y la seguridad de ganar la salvación. Se retoman aquí dos temas recurrentes en la narrativa sobre la Cristiada: por un lado la autoridad que ejerce el sacerdote (por tanto, también su responsabilidad en el conflicto), y por otro, queda reflejada la fe ilusa que proviene de una religiosidad popular deformada[78]. Es difícil expresar tanto en tan pocas palabras y sin que sea preciso recurrir a un narrador que *explique* las implicaciones de los hechos.

Estas son algunas de las funciones que cumple el tema de la guerra cristera en el conjunto de la novela y, de forma sintética, podemos afirmar que en esa dirección va orientada la interpretación de este acontecimiento.

Ahora me remontaré a los orígenes del texto y a su progresiva evolución. Me interesa detenerme en el proceso de formación de la obra, al que es posible acceder –desde hace un tiempo– a través de *Los cuadernos de Rulfo*, que facilitan una indiscreta visita a la cocina literaria del autor. Entre la diversidad de datos que se pueden extraer de su lectura, hay dos sobre los que deseo llamar la atención:

- El progresivo proceso de ficcionalización que van recibiendo los elementos de la realidad que pasan a formar parte de la novela. Este fenómeno se produce tanto en lo que se refiere a la experiencia autobiográfica, como por lo que respecta a los hechos históricos.
- Asimismo, en esas primeras tentativas, se puede comprobar la función que jugó la guerra cristera en la conformación de Comala, como imagen de un hecho histórico hondamente grabado en la memoria del autor.

En el fondo, los dos aspectos están bastante relacionados pues, al fin y al cabo, la guerra cristera es uno de esos acontecimientos históricos que experimenta todo un proceso de ficcionalización en la elaboración de la novela. Tendremos ocasión de observarlo, más detalladamente, al abordar la historia del Padre Rentería.

Comenzando por los datos autobiográficos de los que parte la obra, pero que se van desligando de su referencia concreta hasta crear una nueva historia, encontramos diversos pasajes que hacen referencia a la vida de Juan Rulfo[79]. Para comprobarlo, basta confrontar estos hechos

---

[78] González Boixo 1985.

[79] Detjens insiste en la importancia de la experiencia infantil de Rulfo como punto de partida para la formación de Comala, junto a otras influencias: «The author became very familiar with death at an early age, and the memories of family members who have died seem to have blended with the thoughts of the spirits of the people of the region as a whole» (1993, 98).

con sus declaraciones en diversas entrevistas. Entre estos sucesos reales se observan algunos que marcan toda la escritura rulfiana. En los
fragmentos que Jiménez de Báez ha agrupado como pertenecientes a
una primera tentativa de la novela, cobra particular importancia uno
bastante extenso. La escena recuerda la secuencia definitiva de la
novela en que se recoge la muerte del padre de Pedro Páramo, pero
resulta casi obligado relacionarla también con un hecho fundamental
en la vida del autor: la temprana muerte de su padre, cuando él conta-
ba apenas con cinco o seis años.

> [...] Todo era malo para el mundo. Pero mi padre era bueno y creía en
> la vida. Lo mataron un amanecer, pero él no se dio cuenta cuándo murió
> ni por qué murió. Lo mataron y para él se acabó la vida [...] Mi padre
> murió un amanecer oscuro, sin esplendor ninguno, entre tinieblas. Lo
> amortajaron como si hubiera sido cualquier hombre y lo enterraron bajo
> tierra como se hace con todos los hombres. Nos dijeron: «Su padre ha
> muerto», en esa hora del despertar, cuando no duelen las cosas, cuando
> nacen los niños, cuando matan a los condenados a muerte. En esa hora del
> sueño [...][80].

Curiosamente, en la figura del padre Villalpando, antecedente de
Rentería, podrían estar recogidos también datos de la biografía del
propio Rulfo, que después se eliminarían de la novela... y, en algún
caso, también de su memoria. Su historia se plantea, de manera ambigua, como el intento frustrado de enfrentarse al poder corruptor del
cacique. Se desarrolla en dos fragmentos. El primero, «El padre Villalpando», funciona como una presentación del sacerdote (en él aparecen esas huellas autobiográficas a las que me he referido). En el segundo se combina el monólogo de esta figura con la voz de un narrador
heterodiegético (como en «Luvina»). La transcriptora lo intitula, de
manera significativa, «Mi pueblo. Mi lucha vs. Maurilio». Maurilio
Gutiérrez representa en esta versión al futuro Pedro Páramo y es el
padre natural del joven sacerdote:

> Maurilio Gutiérrez se encargó de su educación. Lo mandó a estudiar
> al *Colegio Josefino de San Gabriel, y más tarde lo internó en el seminario de*

---

[80] *Los cuadernos de Juan Rulfo*, 50.

Zapotlán. No permitió que se afiliara a los padres franciscanos, como él
en una carta se lo manifestó: «No quiero que pidas limosna», le mandó
decir. «Estudia hasta que se te seque la cabeza, y cuando ya no tengas
nada que aprender, yo pediré que te den la iglesia de Comala. No necesi-
tas dinero, yo tengo de sobra, y la iglesia de Comala tiene los manteles
largos»[81].

Los dos datos son muy precisos: el paso por el colegio josefino de
San Gabriel y su posterior ingreso en el seminario. Ahora bien, podrían estar reflejando la historia de algún conocido que hubiera coincidi-
do con Rulfo tanto en el colegio Josefino, como en la estancia en el
seminario; o simplemente creando una nueva historia a partir de
eventos coincidentes con los de su propia biografía.

Por lo que respecta a la guerra cristera, ésta aparecía en las primeras versiones con un peso específico mucho mayor que en el desarrollo final de la acción novelesca. En estos apuntes el clima de abandono
del pueblo, al que llega el visitante foráneo (el futuro Juan Preciado),
se relaciona directamente con el conflicto:

–No, yo preguntaba por la cosa esta de que todo parece como abandonado.
–No es que lo parezca, lo está desde hace años. ¿Usted se ha de acordar
de la revolución, no? De cuando echaron a la gente de fuera. Bueno, pues
a éstos los desalojaron de aquí y ya no volvieron, como si hubieran estado
esperando esa oportunidad para cambiar de domicilio. Además de haber
vuelto, ya no hubieran encontrado ni dónde vivir, porque les quemaron
sus casas. [...][82].

De manera que la sensación de desamparo –de estar ante un pueblo fantasmal–, que se produce en las primeras impresiones de Juan
Preciado nada más llegar a Comala, tiene en su origen una referencia real y una causa histórica: la desolación producida por el conflicto cristero terminó por sumir a toda esa zona, donde la guerra alcanzó enorme virulencia, en un estado de completo abandono. En la
solución final de la novela estas referencias históricas se diluyen,
sin desaparecer del todo, y permiten que el texto amplíe su signi-

---

[81] *Los cuadernos de Juan Rulfo*, 53. (Cursiva mía).
[82] *Los cuadernos de Juan Rulfo*, 73.

ficación, al superar la referencia unívoca a una realidad histórica concreta.

Otro fragmento de estos cuadernos confirma el mayor relieve que, en esa primera versión, se concedía al conflicto cristero. Se trata de un pasaje de enorme dinamismo narrativo, en el que quedaba reflejado el sacrificio inútil de los cristeros. El tratamiento es excesivamente iróni-co y alcanza un humor macabro que se podría poner en relación con alguno de los cuentos de *El llano en llamas*. En la versión final el frag-mento se elimina. Pienso que, entre otros motivos, detrás de esta deci-sión hay un criterio de coherencia, que constituye un requisito indis-pensable para la creación ficcional. Por un lado, porque el modo en que se aborda la guerra restaría peso al valor simbólico que ésta adquiere para el Padre Rentería: es su única vía de escape, abandono en una fe que no se tiene, inmolación para purificar el sentimiento de culpa. Por otro, porque su inclusión supondría romper ese cerco narra-tivo que nos mantiene en el espacio asfixiante de Comala. Merece la pena releer el amplio fragmento desechado:

> Sebastián Rentería, Toribio Mateos, Jacinto Trujillo, Manuel Mantilla, Eusebio Osorio, por ahora y gracias a Dios, muertos en el cumplimiento de su deber en la acción de la Lagunilla. Catorce cruces hechas de troncos sin descortezar, marcaban el lugar allá arriba del monte, en medio de gran-des piedras, bajo el inmenso cielo.
> –Patrón, dicen que nos perdonan. Y, de sobra, nos dan 50 pesos a cada uno con tal que nos alojemos en nuestras casas.
> –¿Y qué esperas?
> –Nunca hemos peleado bonito, patrón. Nos gustaría darnos un buen agarre con el ejército, a ver cuántos quedamos.
> –Haz la prueba.
> –Mañana mismo. ¿Y si me muero qué?
> –Te enterramos, no te preocupes.
> –¿Me jura usted que me arrejuntarán de entre los muertos?
> –Te lo prometo, Trujillo.
> –Con su palabra basta, patrón. ¡Hasta nunca vernos!

Este primer tramo –como se habrá podido observar– está en rela-ción casi simétrica con el diálogo entre el *Tilcuate* y Pedro Páramo. Aunque debo decir que la versión definitiva es más fidedigna a los sucesos históricos en un aspecto: los hacendados, en su mayor parte, no fueron favorables a la causa cristera y en ocasiones resultaron víctimas de los rebeldes. En este fragmento primerizo el cacique animaba a la incorporación en las filas cristeras aunque, eso sí, sin comprometerse en absoluto con la causa.

Acto seguido, nos trasladamos, sin otra transición que una breve frase del narrador, al escenario del combate:

> Dicen que se dejaron venir en tropel.
> –Mi general, ahí vienen más corriendo.
> –Déjalos llegar. Vienen a rendirse.
> –No lo creo mi general.
> –Que nadie dispare.
> –Como usted ordene mi general.
> –Parecen sospechosos, ¿qué buscarán?
> –Que los matemos. Vienen a morir. ¿No les ve usted el gesto? ¿Los matamos?
> –¡Mátenlos!
> –Hubiera sido preferible haberlo hecho antes, mi general.

El cuadro bélico que se traza en estas líneas acude casi al absurdo para presentar la muerte de estos cristeros como un suicidio colectivo, que desconcierta a los soldados federales. En el origen de la ilusa enajenación que les conduce a la muerte se sitúa una fe fanática y supersticiosa. Frente al humor descarnado que transforma en farsa la tragedia, el fragmento concluye con un monólogo del sacerdote, que retoma con toda su hondura el drama de una guerra que comienza ya perdida de antemano. Las palabras de Rentería revelan el sentido de su participación en la batalla: buscar la muerte como única salida a una vida que ya no ofrece ilusión alguna.

> Me obligaron las circunstancias, dijo el padre Rentería. Oí gritar mi propia desventura. Nada de amor, la vida al garete. Ni un fin determinado les infundió la miseria terrenal; la gloria infinita de la vida eterna.
> –Padre –me dijeron ellos–. No nos haga preguntas. Ábranos brecha y nos iremos detrás de usted –y hubieran podido añadir: «hasta el cielo».
> Yo oía la válvula que se movía bombeando sangre hasta mi boca. Quizás por eso tengo la boca ahogada en sangre.
> *La noche que nos quedamos despiertos hablando.* Flacos de sueño, de no dormir, de tanto soñar. La noche aquella sin amanecer, oscura, en la espera

del día. De un día morado Mañana se cumplen mil y pico de años que crucificaron a Jesucristo. Mañana todos seremos cristos crucificados[83].

En la frase que subrayo, puede percibirse el eco del relato «La noche que lo dejaron solo». Los cristeros de Rentería no duermen, esperan el día de mañana en vela, esperan su muerte y adelantan su velorio. El joven protagonista del cuento consigue escapar a la muerte, precisamente porque fue capaz de dormir, de soñar, de olvidarse de las armas. En estos fragmentos que marcan la prehistoria de *Pedro Páramo*, a pesar del tono bufo con que se describe el combate, los hombres del P. Rentería y él mismo cumplen su destino trágico.

De los distintos aspectos de la guerra que aparecían en esos primeros esbozos de la novela, Rulfo conservará, sobre todo, la vinculación entre la tragedia histórica de la guerra y la personal del sacerdote. Aunque el texto definitivo no recoja de manera tan explícita los motivos que conducen a esta figura al combate, el sentido de la historia apunta en esta dirección:

> La antítesis de la duda es el fanatismo, y el padre Rentería no encuentra otro modo de solucionar sus dudas que hundiéndose voluntariamente en el fanatismo religioso que caracterizó a los cristeros[84].

En el proceso creativo de Rulfo, junto a la progresiva atenuación de los referentes reales, se percibe también la eliminación de lo evidente y esto origina cierta ambigüedad que requiere una participación activa del lector, a quien se confía la reconstrucción del sentido del texto.

La recreación imaginativa de una realidad histórica supone también la superación de una tradición literaria que ha fijado unos parámetros que se reiteran en las novelas de la guerra cristera. En el Padre Rentería se recoge uno de los personajes *cliché* del ciclo narrativo: el sacerdote. Pero lejos de presentarnos una figura plana, héroe o villano, según sea la orientación ideológica desde la que se juzga el conflicto, en *Pedro Páramo* el sacerdote cristero se construye como un personaje de enorme complejidad. Sobre él se condensan algunos de los

---

[83] Todo el largo fragmento citado y comentado en sus tres tramos corresponde a *Los cuadernos de Juan Rulfo*, 63-64.

[84] González Boixo 1985, 71.

elementos con que las narraciones de Rulfo caracterizan a la visión religiosa de muchos de sus personajes:

– Las complejas relaciones del poder religioso y temporal: el sacerdote intenta oponerse al poder despótico del cacique (todavía más claramente en *Los cuadernos*...), pero acaba cediendo, al sentirse impotente para plantearle resistencia.

– El sentimiento de una culpa irredimible y las dudas de fe. El sacerdote intentará purificarse a través del sacramento, pero el cura de Contla le negará el perdón.

– La intransigencia: él mismo, que sufre las consecuencias de esa negativa, se resiste en varias ocasiones a dar la absolución a sus penitentes. Se entiende entonces que, ante esta visión de la imposibilidad de obtener el perdón, se haga hincapié en el castigo divino.

– La corrupción interna del hombre: a través del Padre Rentería se proyecta también una visión desoladora sobre la condición humana. Parece que todo estuviera marcado por el pecado. Él mismo, sacerdote, el encargado de mediar entre este *valle de lágrimas* y el cielo, se deja vencer por la tentación: tentación del dinero (la salvación se compra), y de la carne (a través del personaje de Susana San Juan). Esta última relación está desarrollada de forma mucho más explícita en *Los Cuadernos*.

No es difícil percibir las similitudes entre el Padre Rentería, el sacerdote de *El luto humano* y, en ciertos aspectos, el párroco de *Al filo del agua*, como –saliendo de las fronteras de las letras mexicanas– se pueden apreciar notas comunes con ese otro personaje, sacerdote también, que protagoniza *El poder y la gloria*.

Aprovechando la historia y ahondando, mediante la creación ficticia, en su sentido más profundo, Rulfo construye un personaje que, a pesar de la crítica implícita a su concepción religiosa, se aleja de los estereotipos mecánicos de la mayoría de las novelas de tema cristero. Su drama, que guarda una enorme coherencia con la visión conjunta de Comala, se transmite en el texto con intensidad y hondura, hasta el punto de que Escalante llega a afirmar: «El padre Rentería es quizás el sacerdote más desgraciado de toda la novelística mexicana»[85].

---

[85] Escalante 1986, 303.

La guerra cristera, unida en la novela y en sus prolegómenos a esta figura trágica, alcanza una dimensión más amplia y profunda que la que nos ofrecían los recuerdos orales de Rulfo. Aquellas acusaciones a la falsa cruz enarbolada por un ejército de fanáticos rancheros, grotescos muñecos movidos por sospechosas confabulaciones entre clérigos y católicos ricachones, se transfiguran en el texto de ficción. Éste extiende la sombra de la sospecha a un nivel más esencial. Rentería, agónico cruzado, es impelido al combate por su propia grey (ávida de un cielo inalcanzable). Así asume la cruz de la culpa: una culpa que lo abarca todo, una sequedad que agosta la tierra, una mancha que ensucia y ahoga el interior de cada uno de los moradores de ese espacio maldito. La misma configuración del espacio expresa esta honda significación:

[...] Aunque el pueblo es al mismo tiempo y sucesivamente purgatorio, infierno, cielo y tierra... La idea que prevalece es que en Comala no puede darse la etapa regeneradora porque han faltado los fundamentos mismos de toda recuperación, como la religión, la ley, la moral, la política, la economía e incluso los valores existenciales[86].

Finalmente, tal vez haya que concluir con Bradu que toda la novela, dominada por las culpas de esos muertos-vivos de Comala, sea la escritura de un gran salmo trágico y terrible: «Quizás Rulfo haya intentado escribir con su novela la oración que le falta a este pueblo, si no para vivir, al menos para morir en paz»[87].

---

[86] Antolín 1991, 69.
[87] Bradu 1989, 66.

ENTRE LA HISTORIA Y LA FICCIÓN: ALGUNAS CONCLUSIONES

Finalizado el trayecto por los parajes cristeros que presentan los textos narrativos de estos tres autores, es posible ahora enumerar, brevemente, algunos de los hallazgos principales que se han ido produciendo a lo largo de este estudio. Probablemente, el rasgo que se destaca de manera más evidente al penetrar en su obra sea la profunda transformación que ésta presenta en los modos de narrar: sus innovaciones influirán de manera decisiva en toda la narrativa posterior; marcan un antes y un después. Sin embargo, se trata de una renovación que no supone una ruptura total con la tradición que les precede: los tres abordan temas que habían centrado la atención de los novelistas de la revolución y sus prolongaciones (la novela proletaria, los intentos indigenistas y el ciclo cristero). Lo novedoso, por tanto, radica en el modo en que, cada uno de ellos con un estilo propio, enfoca esos mismos temas. Ahora bien, no se trata sólo de una cuestión técnica o estilística, tampoco de un afán por introducir modelos extranjeros y ponerse a la moda. Al centrarnos en el tema histórico de la Cristiada, se ha podido comprobar que esta nueva forma de contar se corresponde a un modo distinto de percibir y de concebir la realidad.

De otra parte, por lo que se refiere a su aproximación al conflicto, resulta llamativa la presencia de coincidencias notables en sus novelas y relatos. Por un lado, nos hallamos ante la recreación de unos espacios que contienen características comunes: los lugares donde se escenifica la guerra son pequeñas poblaciones del interior, aisladas del curso histórico y del contacto con los centros urbanos, que manifiestan un hermetismo radical hacia toda realidad externa. Se trata de sociedades con una organización secular e inamovible, donde una religión popular, deformada y llena de supersticiones, ejerce un control angustioso sobre la vida de sus gentes. Además, acompañando a esta representación espacial, el tiempo aparece petrificado, detenido en la rutinaria sucesión de un ciclo que se repite de manera invariable, o como agonía prolongada en recuerdos reiterativos.

El personaje del sacerdote adquiere una enorme importancia en estos relatos. Frente a los modelos planos que caracterizan a esta figura *cliché* en las novelas del ciclo cristero, se aprecia en los tres autores la creación de un personaje complejo que llega a adquirir proporciones trágicas (el sacerdote de *El luto humano*, el párroco de *Al filo del agua* y el P. Rentería). Detrás de su problemática caracterización se refleja una honda crisis existencial que pone en relación estas obras con un contexto literario y cultural más amplio. Estamos ante un tiempo de incertidumbres.

Otro aspecto que permite relacionar a los tres autores es el hecho de que la inclusión de la guerra cristera en sus textos tiene un origen biográfico: pertenecen a regiones fuertemente afectadas por este conflicto, y en el caso de Yáñez y Rulfo la vinculación resulta aún más directa. La entrada del acontecimiento en su creación narrativa pone de manifiesto el anclaje de sus relatos con la historia vivida y recordada. A la vez, se trata de un acercamiento oblicuo, que permite percibir la autonomía de la ficción: son las dos caras de una misma moneda. Si es posible, como acabamos de ver, encontrar rasgos comunes que responden a una percepción compartida de los sucesos históricos, también se puede comprobar la transformación que estos hechos experimentan –de manera singular en cada uno de los casos– para incorporarse al universo imaginario que construyen en sus textos.

Revueltas, en *El luto humano* y en los dos cuentos de *Dios en la tierra*, más que interesarse por ofrecer un relato riguroso del conflicto, desde el punto de vista histórico, acude a los terribles acontecimientos de la Cristiada por encontrar en ellos unas extraordinarias virtualidades expresivas. En su obra se enlazan varios niveles de significación y este fenómeno se proyecta también en los valores que adquiere la representación de la guerra cristera. Así, en el plano histórico-social, este hecho manifiesta o bien el estancamiento del proceso revolucionario en México (*El luto humano*), o bien la necesidad de reemprender esa revolución paralizada («Dios en la tierra»). En un nivel existencial e ideológico, el acontecimiento es aprovechado por contener enormes posibilidades simbólicas para llevar a cabo una crítica contundente del dogmatismo religioso y plantear literariamente la angustia que contiene el anhelo de una salvación que resulta inalcanzable.

La hondura con que el narrador se adentra en la intimidad del sacerdote excristero y nos revela el doloroso conflicto que produce en esta figura la pérdida de toda fe confiere al texto una enorme fuerza. Además, la violencia desatada por la guerra y sus víctimas inocentes constituyen una materia particularmente acorde con el hondo pesimismo revueltiano. De esta tremenda realidad surgen algunos personajes marginales, martirizados por el fanatismo salvaje, a través de los cuales se expresa con particular intensidad el drama de la condición humana. En definitiva, se puede afirmar que Revueltas selecciona de la historia algunos elementos que se insertan de manera natural en el mundo trágico que caracteriza a sus relatos.

Las novelas de Yáñez plantean dos modos bien distintos de acercarse al conflicto religioso. En *Al filo del agua*, aunque creo haber podido probar que hay razones suficientes para percibir la presencia latente de la guerra cristera, no hay una mención explícita de ésta. Por el contrario, en *Las vueltas del tiempo*, novela apenas atendida por la crítica, las referencias son constantes y la guerra ocupa un lugar destacado dentro de la variedad de temas a los que se da entrada. A pesar de esta divergencia, el análisis detallado de ambos textos muestra una gran coherencia tanto en la comprensión del conflicto, como en el sentido moral, orientador, que de ellos se extrae: la búsqueda de la concordia.

El acercamiento ficcional a la realidad de un pueblo alteño reconstruye, en *Al filo del agua*, las circunstancias, los modos de vida de la gente de aquella región que sería epicentro de la Cristiada. A través de la creación imaginativa se vierte en el relato un ambiente histórico concreto. Más que ofrecer su descripción objetivista, Yáñez permite *revivir* la atmósfera del pueblo, a través de los artificios con que se realiza el poder creativo de la ficción. Según el enfoque con que me he aproximado a la novela, el texto deja abierto un dilema ante la llegada de la tormenta revolucionaria: todo parece anunciar un inevitable enfrentamiento, pero quedan razones también para plantear un posible entendimiento entre los revolucionarios y cierto catolicismo renovado.

En *Las vueltas del tiempo* lo histórico adquiere una importancia capital; incluso, puede considerarse que el tema de la novela es la historia de México. En las escasas 24 horas en que transcurre la acción principal, la Ciudad de México y su tablado social se configuran como consecuencia y expresión concentrada de todo un largo proceso histórico. Las tensiones, los problemas, los mismos héroes de antaño se repiten en el hoy de la novela (mediados del siglo XX). Pero, con ese sentido moral que caracteriza la escritura del escritor jalisciense, se sugiere la oportunidad de superar los viejos enfrentamientos que han marcado las vueltas del tiempo.

Las dos novelas de Yáñez se ocupan de la historia, a través de las actuaciones particulares de unos personajes que se construyen como reflejo de unas condiciones y una problemática reales, al tiempo que –gracias a ese laboratorio de acciones que es la narración ficcional– se esbozan posibles y anhelados remedios.

Por otra parte, el rastreo tras las borrosas huellas que dejó el pasado, deliberadamente silenciado por miedo a las sospechas, nos ha permitido recuperar algunas circunstancias relacionadas con la juventud de Yáñez y su vinculación con los movimientos más activos del catolicismo social. Sobre este apoyo es posible interpretar el acercamiento a los sucesos de la guerra como la indagación de las claves para dar razón de la propia trayectoria, para explicarse, desde la creación literaria.

Al enfocar la obra de Rulfo y sus relaciones con la Cristiada, se ha recorrido un camino en dos direcciones. Primero, al repasar las declaraciones del Rulfo oral, ha sido posible comprobar la profunda huella que el contacto directo con la guerra deja en el escritor. No es difícil advertir, entonces, que el singular mundo que se construye en los relatos de *El llano en llamas* y en *Pedro Páramo* tiene como punto de arranque un referente real: los pueblos del sur de Jalisco, y un contexto histórico caracterizado por la violencia, en el que los sucesos del conflicto ocupan un lugar central. Por otra parte, en las narraciones rulfianas se encuentra también, de manera más o menos oblicua, la presencia de la guerra cristera, que aparece recreada o aludida en alguno de sus textos.

Del recorrido en ambas direcciones se extrae alguna conclusión importante que sirve para completar todo el estudio. Si Rulfo manifiesta en sus intervenciones públicas una interpretación cercana a las tesis de la historia oficial, como escritor evita caer en una simplificación maniquea de los hechos. Sus relatos no pretenden sostener una visión cerrada que explique y juzgue el pasado histórico. Toda la *poética* rulfiana va dirigida hacia el intento de disolver al autor y permitir que los personajes y el mundo recreados por la ficción *se cuenten* ellos mismos, sin instancias mediadoras. Por eso, al plasmar el pasado histórico, el ecritor realiza el enorme esfuerzo de aprehenderlo en el texto, respetando su autonomía, aunque evidentemente ésta nunca sea total.

En definitiva, el examen de los textos de Rulfo muestra también la compleja relación entre la historia, como realidad factual, y la ficción, como realidad inventada. Ha quedado demostrado el anclaje de sus relatos en un contexto histórico bien determinado; pero, a la vez, resulta innegable que el mundo desplegado en esos textos adquiere entidad propia y crea sentidos nuevos. Sin perder del todo sus vínculos con la realidad histórica y social de la que parte, y a la que refleja y trasciende simultáneamente, la obra rulfiana alcanza –como ha recalcado la crítica y manifiesta su recepción– una proyección universal. La escritura de Rulfo muestra, de manera extraordinaria, el poder de la imaginación creadora como vía para alcanzar un conocimiento más hondo de la realidad:

> Somos mentirosos; todo escritor que crea es un mentiroso, la literatura es mentira; pero de esa mentira sale una recreación de la realidad; recrear la realidad es, pues, uno de los principios fundamentales de la creación[1].

---

[1] «El desafío de la creación», 383.

Bibliografía

I. Obras citadas de J. Revueltas, J. Rulfo y A. Yáñez:

Revueltas, J. [1941]: *Los muros de agua*. México: Era, Obras Completas n. 1, 1978.
— [1943]: *El luto humano*. México: Era, Obras Completas n. 2, 1980.
— [1944]: *Dios en la tierra*. México: Era, Obras Completas n. 8, 1979.
— [1949]: *Los días terrenales*. E. Escalante (coord.). Madrid: Colecc. Archivos n. 15, 1991.
— [1956]: *En algún valle de lágrimas*. México: Era, Obras Completas n. 4, 1991.
— [1957]: *Los motivos de Caín*. México: Era, Obras completas n. 5, 1995.
— [1960]: *Dormir en tierra*. México: Era, Obras Completas, n. 9, 1998.
— [1964]: *Los errores*. México: Era, Obras Completas n. 6, 1992.
— [1974]: *Material de los sueños*. México: Era, Obras Completas n. 10, 1993.
— *Las cenizas. (Obra literaria póstuma)*. C. E. Turón (pról.); A. Revueltas y P. Cheron (comp.). México: Era, Obras Completas n. 11, 1988.
— *El Apando y otros relatos*. O. Paz (pról.); A. Revueltas y P. Cheron (not.). Madrid: Alianza, 1985.
Rulfo, J. *Toda la obra*. C. Fell (coord.). Madrid: Archivos y CSIC, Colecc. Archivos n. 17, 1991.
— [1953]: *El llano en llamas*. En *Toda la obra*. 1991, 3-175.
— [1955]: *Pedro Páramo*. En *Toda la obra*. 1991, 177-307
— [1963]: «Nuño de Guzmán: el muy magnífico señor de Jalisco». En *Toda la obra*, 1991. 389-392.
— «Juan Rulfo examina su narrativa» (conferencia en la Universidad Central de Venezuela, 13-III-1974). En *Toda la obra*. 1991, 873-881.
— *Los cuadernos de Juan Rulfo*. C. Aparicio de Rulfo (present.), Y. Jiménez de Báez (transcrip.). México: Era, 1994.
Yáñez, A. «Actualidad de Juan Bautista Vico». *Crisol*, 1 de septiembre de 1934, 158-165.
— [1942]: *Flor de juegos antiguos*. México: Grijalbo, 1977.
— *Archipiélago de mujeres*. México: UNAM, 1943.
— [1947]: *Al filo del agua*. (ed. crítica). A. Azuela (coord.). España: Archivos y CSIC, Colecc. Archivos n. 22, 1992.
— [1959]: *La creación*. México: FCE, 4ª ed., 1965.

— *La tierra pródiga*. México: FCE, 1960.
— [1960]: *Ojerosa y Pintada: La vida en la Ciudad de México*. México: Mortiz, 2ª ed., 1967.
— *Las tierras flacas*. México: Joaquín Mortiz, 1962.
— *Los sentidos al aire*. México: INBA, 1964.
— «Perseverancia Final». *Memoria de El Colegio Nacional*, VI, (1967-1968).
— [1973]: *Las vueltas del tiempo*. México: Joaquín Mortiz, 1997.

II. CORPUS DE NOVELAS DE LA GUERRA CRISTERA

ÁLVAREZ, C. *Tirano y víctimas*. E. P. Cartagena (pról.). México: s.e., 1938.
ANDA, J. G. De [1937]: *Los cristeros (La guerra santa en Los Altos)*. México: Promexa, 1985.
— *Los bragados*. J. Carner (prol.). México: Compañía General Editora, Colecc. Mirasol, 1942.
CASTRO, D. *La ciudad y el viento*. Xalapa: Universidad Veracruzana, Colecc. Ficción. 1962.
CHAO EBERGENYI, G. *De Los Altos*. México: Diana, 1991.
ESTRADA, A. *Rescoldo, Los últimos cristeros*. México: Jus, Colecc. Voces Nuevas n. 17, 1961.
FIGUEROA TORRES, J. *Las Brígidas de Montegrande o Los cristeros de Colima. Novela mexicanista*. s. l.: s. e., 1960.
GALLARDO, C. C. *El maestro rural*. México: SEP, 1943.
GARRO, E. [1963]: *Los recuerdos del porvenir*. México: Mortiz, 1993.
GRAM, J. (pseud. del P. David G. Ramírez) [1930]: *Héctor o los mártires del siglo XX. (Novela histórica de ambiente mejicano)*. Madrid: Ediciones Fax, 1936.
— *La guerra sintética*. San Antonio (Texas): Edit. Rex Mex, 1935.
— *Jahel*. El Paso (Texas): s.e., ¿1955?.
GOYTORTÚA SANTOS, J. [1945]: *Pensativa*. México: Porrúa, 1998.
GUZMÁN VEREO, L. *¡Viva Cristo Rey!*. México: La novela mexicana, 1928.
— *Jesús vuelve a la tierra*. México: Ediciones populares Atalaya, s. f.
HEREDIA, P. R. *En el rancho de San Antoñito*. México: Buena Prensa, 1954.
KUBLI, E. *La iglesia en llamas o el último cristero*. México: Edamex, 1989.
NAVARRETE, H. *El voto de Chema Rodríguez*. México: Jus, Colecc. Voces Nuevas n. 22, 1964.
NAVARRO SÁNCHEZ, S. *Por Cristina*. México: Conexión Gráfica, 1999.
QUIROZ, A. *Cristo rey o La persecución*. Mérida (Yucatán): Edit. Yucatanense, Colecc. Club de Libros, 1952.
RANDD, J. [¿1939?]: *Alma mejicana*. Sahuayo (Michoacán): Asociación Propulsora del Arte, 1947.

RIVERO DEL VAL, L. [1953]: *Entre las patas de los caballos (Diario de un cristero)*. México: Jus, 1954.

ROBLES, F. *La Virgen de los cristeros*. Buenos Aires: Claridad, 1934.

— *El santo que asesinó*. Buenos Aires: Juan Perrotti, 1936.

ROBLES CASTILLO, A. *¡Ay, Jalisco... no te rajes!* o *La guerra Santa*. México: Botas, 1938.

SANDOVAL GODOY, L. *La sangre llegó hasta el río*. Guadalajara: Edigonville, 1990.

VALDOVINOS GARZA, J. *¡Canchola era de a caballo!*. México: Botas, 1954.

VALDOVINOS MEDINA, J. *Jovita la cristera, una historia viviente*. Zacatecas: Edición del autor, 1995.

III. OTRAS OBRAS LITERARIAS RELACIONADAS CON LA CRISTIADA

AZUELA, M. [1937]: *El camarada Pantoja*. En *Obras Completas*. México: FCE, vol. I, 1958, 668-766.

— [1938]: *San Gabriel de Valdivias, comunidad indígena*. En *Obras Completas*. México: FCE, vol. I, 767-861.

CASTELLANOS, R. [1957]: *Balún-Canán*. México: FCE, Colecc. Letras mexicanas n. 36, 2ª ed., 1961.

CHABAUD, J. «¡Qué viva Cristo Rey! o De piedra ardiendo». *Repertorio* (Revista de teatro de la Universidad Autónoma de Querétaro), 32, (1994), 49-62.

DEL PASO, F. *José Trigo*. México: Siglo XXI, 1969.

FUENTES, C. [1962]: *La muerte de Artemio Cruz*. J. C. González Boixo (ed.). Madrid: Cátedra, Colecc. Letras Hispánicas n. 406, 1995.

GARCÍA, S. *El indio Gabriel*. L. Islas (pról.). México: Jus, Colecc. Figuras y episodios de la historia de México n. 45, 1957.

GREENE, G. [1940]: *The Power and the Glory*. London: Heinemann, 1960.

IBARGÜENGOITIA, J. [1963]: *El atentado*. México: Joaquín Mortiz, 1978.

— [1964]: *Los relámpagos de agosto*. Barcelona: Argos Vergara, 1982.

LEÑERO, V. *El juicio*. México: Joaquín Mortiz, 1972.

MENÉNDEZ, M. Á. *Nayar*. México: Editorial Zamná, 1941.

MEYER, J., y DONAN, J. J. (ed., pról., y selecc.). *Antología del cuento cristero*. México: Secretaría de Cultura de Jalisco, Colecc. Novedad de la Patria, 1993.

MOJARRO, T. *Bramadero*. México: FCE, 1963.

IV. BIBLIOGRAFÍA GENERAL

ABREU, E. «José Revueltas». *Letras de México*, 4, 2, (1943), 10.

216   Ángel Arias

ADAME GODDARD, J. *El pensamiento político y social de los católicos mexicanos (1867-1914)*. México: UNAM, Instituto de Investigaciones Históricas, 1991.

ALATORRE, A. «La *persona* de Juan Rulfo». *Literatura Mexicana*, X. 1 y 2, (1999), 225-247.

ALBA-KOCH, B. De. «Al filo de la muerte: los pueblos de la revolución mexicana en López Velarde, Yáñez y Rulfo». En K. M. Sibbald, *et al.* (eds.). *Ciudades vivas / Ciudades muertas: Espacios urbanos en la literatura y el folklore hispánicos*. 2000, 7-15.

ALTOLAGUIRRE, M. «Sobre *Al filo del agua*». *México en la cultura*, 78, (30/VII/1950), 3.

ANDERSON, D. J. «Subjetividad y lectura: ideología de la técnica en *El luto humano* y el cambio narrativo a medio siglo». F. Patán (ed). *Perfiles. Ensayos sobre literatura mexicana reciente*. Boulder (Colorado): Society of Spanish and Spanish-American Studies, 1992, 113-126.

— «Reading, Social Control and the Mexican Soul in *Al filo del agua*». *Mexican Studies — Estudios Mexicanos*, 11, (1995), 45-73.

ANTOLÍN, F. *Los espacios en Juan Rulfo*. Miami: Ediciones Universal, 1991.

ARIAS, A. *Cruzados de Novela. Las novelas de la guerra cristera*. Pamplona: Eunsa, 2002.

ARREOLA, J. J. «*El luto humano* de José Revueltas». *Eos*, 2, (30-VIII-1943), 49-50.

AZUELA, M. *Páginas autobiográficas*. México: FCE, 1974.

BAAK, J. J. Van. *The Place of Space in Narration*. Amsterdam: Editions Rodolphi B. V., 1983.

BACHELARD, G. *La poética del espacio*. México: FCE, Colecc. Breviarios n. 183, 1ª reimpresión, 1983.

BAJTIN, M. «The Forms of Time and the Chronotopos in the novel: from the Greek novel to Modern Fiction». *PTL*, 3.3, 1978.

— *Teoría y estética de la novela*. Madrid: Taurus, 1989.

BECERRA, E. «La narrativa contemporánea: sueño y despertar de América». T. Fernández, S. Millares, E. Becerra. *Historia de la literatura hispanoamericana*. Madrid: Edit. Universitas, 1995, 283-400.

BELL, A. S. «Rulfo's *Pedro Paramo*: a vision of hope». *Modern Languages Notes*, 81, (1966), 238-245.

BELLINI, G. *Nueva historia de la literatura hispanoamericana*. Madrid: Castalia, 1997.

BENÍTEZ, F. «Conversaciones con Juan Rulfo». En *Juan Rulfo. Homenaje nacional*. México: INBA, SEP, 1980, 11-18.

BRADU, F. *Ecos de Páramo*. México: FCE, 1989.

BRUSHWOOD, J. S. *México en su novela*. México: FCE, 1973a.

— «La arquitectura de las novelas de Agustín Yáñez». En H. F. Giacoman (ed.). *Homenaje a Agustín Yáñez*. 1973b, 97-115.

— *Narrative innovation and political change in Mexico*. New York: Peter Lang, 1989.

CAICEDO, A. «Cronología». En A. Yáñez. *Al filo del agua*. 1992, 260-271.

CARBALLO, E. «Agustín Yáñez». En H. F. Giacoman (ed.). *Homenaje a Agustín Yáñez*. 1973, 13-62.

CASTAÑÓN, A. «Los cristeros en la literatura mexicana». En E. Barroso (ed.). *Narrativa de la Revolución mexicana. La Revolución en las artes y en la prensa*. Sevilla, Fundación el Monte, 1996, 105-109.

CASTELLANOS, R. «La novela mexicana y su valor testimonial». *Hispania*, XLVII, (1964), 223-230.

CASTRO LEAL, A. «Prólogo». En A. Yáñez. *Al filo del agua*. México: Porrúa, 2ª ed., 1954.

CEJA REYES, V. *Los cristeros. Crónica de los que perdieron*. México: Grijalbo, 2 vols., 1981.

CHUMACERO, A. «José Revueltas». *Letras de México*, 4, 24, (1944), 5.

CROS, E. «Desde la epopeya villista al sinarquismo: análisis sociocrítico de "El llano en llamas"». *Revista Canadiense de Estudios Hispánicos*, XXII, 2 (Invierno, 1998), 215-224.

DANIÉLOU. «Le symbolisme et l'eau vive». *Recherches de Sciencie Religieuse*, 32, (1958), 335-346.

DESSAU, A. *La novela de la Revolución mexicana*. México: FCE, 1972.

DETJENS, W. E. *Home as a Creation: Influence of Early Childhood Experience in the Literary Creation of G. García Márquez, A. Yáñez and J. Rulfo*. New York: Peter Lang, 1993.

DÍAZ, J., y RODRÍGUEZ. R. *El Movimiento Cristero. Sociedad y conflicto en Los Altos de Jalisco*. México: Nueva Imagen, 1979.

DÍAZ RUIZ, I. «Recepción crítica de *Al filo del agua*». En A. Yáñez. *Al filo del agua*. 1992, 275-283.

Dictionnaire Encyclopedique de la Bible. Centre Informatique et Bible Abbaye de Maredsus. Turnhout (Belgique): Brepols, 1987.

DOMÍNGUEZ, C. (selecc. y est. prel.). *Antología de la Narrativa Mexicana del Siglo XX*. México: FCE, 2 vols.,1989.

DURÁN, M. *Tríptico Mexicano*. México: SEP, 1973.

EGUIARTE, E. *Aspectos Teatrales de la obra narrativa de Elena Garro*. (Tesis doctoral). Pamplona: Universidad de Navarra, 1999.

ELIADE, M. *Tratado de historia de las religiones. Morfología y dinámica de lo sagrado*. A. Medinaveitia (trad.). Madrid: Ediciones Cristiandad, 2ª ed., 1981.

ENRÍQUEZ, J. R. «Dios, Cristo y Cíclope en la obra de Revueltas». En E. Negrín. *Nocturno en que todo se oye. José Revueltas ante la crítica*. 1999, 265-274.

ESCALANTE, E. «Lectura ideológica de *Pedro Páramo*». En M. H. Forster y J. Ortega (eds.). *De la crónica a la nueva narrativa mexicana*. México: Oasis, Colecc. Alfonso Reyes n. 7, 1986, 295-303.

— *José Revueltas. Una literatura del lado moridor*. Zacatecas: Universidad Autónoma de Zacatecas, Colecc. Principia n. 2, 2ª ed. corregida y aumentada, 1990.

— «Texto histórico y texto social en la obra de Rulfo». En J. Rulfo. *Toda la obra*. 1991, 561-581.

ESCARTÍN, M. *Diccionario de los símbolos literarios*. Barcelona: PPU, 1996.

FARES, G. *Imaginar Comala: el espacio en la obra de Juan Rulfo*. New York: Lang, American University Studies: Ser. 2, Romance Languages and Literature n. 160, 1991.

— *Ensayos sobre la obra de Juan Rulfo*. New York: Peter Lang, Wor(l)ds of Change n. 37, 1998.

FLASHER, J. *México contemporáneo en las novelas de Agustín Yáñez*. México: Porrúa, 1969.

FORSTER, M., y ORTEGA, J. (eds.). *De la crónica a la nueva narrativa mexicana*. México: Oasis, Colecc. Alfonso Reyes n. 7, 1986.

FRANCO, J. *Lectura sociocrítica de la obra novelística de Agustín Yáñez*. Guadalajara: Gobierno del Estado de Jalisco, 1988.

— «El "Acto Preparatorio" de *Al filo del agua*: preludio y programa textual». En Jiménez de Báez, Y. y R. Olea Franco (eds). *Memoria e interprteación de Al filo del agua*. 2000, 47-66.

GIACOMAN, H. F. (ed.). *Homenaje a Agustín Yáñez*. Madrid: Anaya-Las Américas, 1973.

GOIC, C. *Historia y crítica de la literatura hispanoamericana 3. Época contemporánea*. Barcelona: Editorial Crítica, 1988.

GONZÁLEZ, F. M. *Matar y morir por Cristo Rey: aspectos de la Cristiada*. México: UNAM, Instituto de Investigaciones Sociales, Plaza y Valdés, 2001.

GONZÁLEZ, L. *Pueblo en vilo*. México: FCE., Colecc. «Lecturas Mexicanas» n. 59, 1984.

GONZÁLEZ, M. P. *Trayectoria de la novela en México*. México: Botas, 1951.

GONZÁLEZ BOIXO, J. C. *Claves narrativas de Juan Rulfo*. León: Universidad de León, 2ª ed. revisada, 1984.

— «El factor religioso en la obra de Juan Rulfo». *Cuadernos Hispanoamericanos*, 421-423, (jul-sep, 1985), 165-177.

— «Los personajes femeninos en *Al filo del agua*: transgresión y conservadurismo». En Jiménez de Báez, Y. y R. Olea Franco (eds). *Memoria e interpretación de Al filo del agua*. 2000, 161-173.

GONZÁLEZ NAVARRO, M. *Cristeros y agraristas en Jalisco*. México: Colegio de México (CEH), 5 vols., 2000-2003.

GUTIÉRREZ DE VELASCO, L. «De Yahualica a Comala: un camino entre la representación y la construcción simbólica». En Y. Jiménez de Báez y R. Olea Franco (eds). *Memoria e interpretación de Al filo del agua*. 2000, 19-29.

GUTIÉRREZ MARRONE, N. *El estilo de Juan Rulfo: estudio lingüístico*. New York: Bilingual Press, 1978.

HADDAD, E. «The structure of *Al filo del agua*». *Hispania*, XLVII, (1964), 525-526.

HARRIS, C. «Agustín Yañez's International Image: Murders, Mysteries and Critical Controversia». *Bulletin of Hispanic Studies*, LXXXIII, (1996), 277-287.

HARSS, L. «Juan Rulfo o la pena sin nombre». En *Los nuestros*. Buenos Aires: Sudamericana, 1966, 301-337.

HERRERA PETERE, J. s.t., *Letras de México*, 4, 5, (1943), 7.

JIMÉNEZ DE BÁEZ, Y. *Juan Rulfo, del páramo a la esperanza. Una lectura crítica de su obra*. México: Colegio de México y FCE, 1990.

JIMÉNEZ DE BÁEZ, Y., y OLEA FRANCO, R. (eds). *Memoria e interpretación de Al filo del agua*. México: El Colegio de México, 2000.

KLAHN, N. «La ficción de Juan Rulfo». En J. Rulfo. *Toda la obra*. 1991, 419-427.

KRAUZE, E. «Tinglados ideológicos». *Vuelta*, 48, (XI, 1980), 41.

— *Biografía del poder*. México: Tusquets, 1997a.

— *La Presidencia imperial*. México: Tusquets, 1997b.

KOHUT, T. «*Los días terrenales*, la novela de la herejía». En José Revueltas. *Los días terrenales*. 1991, 215-242.

LAGOS, R. «Tentación y penitencia en *Al filo del agua* de Agustín Yáñez». En H. F. Giacoman. *Homenaje a Agustín Yáñez*. 1973, 167-190.

LARSEN, N. «Más allá de lo "transcultural": Rulfo y la conciencia histórica». *Revista Canadiense de estudios hispánicos*, XXII, 2 (Invierno, 1998), 265-271.

LEMPÉRIÈRE, A. *Les Clercs de la Nation. Intellectuels, État et Société au Mexique XXe Siècle*. Paris: L'Harmattan, 1992.

LONGO, T. «Renewing the creation of miyth: An analysis of rhythm and image in the "Acto preparatorio" of Yáñez's *Al filo del agua*». *Confluencia: Revista hispánica de cultura y literatura*, 4:1, (1988), 89-95.

LÓPEZ BELTRÁN, L. *La persecución religiosa en México*. México: Tradición, 2ª ed. corregida, 1991.

LÓPEZ ZAMORA, E. *El agua. La tierra. Los hombres de México*. México: FCE, 1977.

LORENTE-MURPHY, S. *Juan Rulfo: realidad y mito de la revolución mexicana*. Madrid: Editorial Pliegos, Colecc. Pliegos de ensayo n. 33, 1988.

LOTMAN, Y. M. *Estructura del texto artístico*. Madrid: Ediciones Istmo, Colecc. Fundamentos n. 58, 2ª ed., 1982.

LOZA, D. (seudónimo de A. Gómez Robledo). *El Maestro*. México: Jus, 2ª ed, 1947.

LURKER, M. *Diccionario de imágenes y símbolos de la Biblia*. Córdoba: Ediciones El Almendro, 1994.

MARTIN, G. «Vista panorámica: la obra de Juan Rulfo en el tiempo y en el espacio». En J. Rulfo. *Toda la obra*. 1991, 471-545.

MARTÍN, M. «Espacio y metáfora en Juan Rulfo». En K. M. Sibbald, R. De la Fuente y J. Díaz (eds.). *Ciudades vivas / ciudades muertas: Espacios urbanos en la lietratura y el folklore hispánicos.* 2000, 199-215.

MARTÍNEZ, J. A. *Los padres de la guerra cristera: estudio historiográfico.* Guanajuato: Universidad de Guanajuato, 2001.

MARTÍNEZ, J. L. *Literatura mexicana, siglo XX: 1920-1949.* 2 tomos. México: Antigua Librería Robredo, 1949.

— «La obra de Agustín Yáñez». En A. Yáñez. *Obras escogidas.* México: Aguilar, 1968, 9-106.

— «Revisión de Mariano Azuela». En *Literatura Mexicana*, III.1, (1992), 41-61.

MELGOZA, A. *Modernizadores de la narrativa mexicana Rulfo, Revueltas, Yáñez.* México: INBA y Editorial Katún, Colecc. Premio Bellas Artes de Literatura Periodismo n. 2, 1984.

MERRELL, F. *Estructuralismo y proceso estructurante: Teoría y análisis de Al filo del agua, «La cuesta de las comadres» y «Las ruinas circulares».* Kassel: Reichenberger, 1990.

MEYER, J. *La Cristiada.* México: Siglo XXI, 3 vols., 1973-1974.

— «A setenta años de la cristiada». En AA. VV. *Los cristeros.* México: Condumex, 1996, 9-15.

— *La Cristiada (IV). Grandeza mexicana.* México: Clío, 1997.

MIGNOLO, W. D. «Escribir la oralidad: La obra de Juan Rulfo en el contexto de la literatura del "tercer mundo"». En J. Rulfo. *Toda la obra.* 1991, 429-445.

MOLLOY, S. «Desentendimiento y socarronería en *Anacleto Morones* de Juan Rulfo». En M. Forster y J. Ortega (eds.). *De la crónica a la nueva narrativa mexicana.* 1986, 319-328.

MONSIVÁIS, C. «Pueblo de mujeres enlutadas: El programa descriptivo en *Al filo del agua*». En Agustín Yáñez. *Al filo del agua.* 1992, 369-382.

MORA, C. De. *En breve. Estudios sobre el Cuento Hispanoamericano Contemporáneo.* Sevilla: Universidad de Sevilla, 2000.

MORALES, M. A. «Entrevista con Agustín Yáñez». *Hispania*, LXII, (III-1979), 148-149.

MUNGUÍA CÁRDENAS, F. *Antecedentes y datos biográficos de Juan Rulfo.* Guadalajara: Unidad editorial del Gobierno de Jalisco, 1987.

MURAD, T. «Estructura y temática en "Dios en la tierra"». *Texto Crítico*, 11, (1978), 181-185.

NAVASCUÉS, J. De. «La teatralidad novelesca de Elena Garro: *Los Recuerdos del Porvenir*». *Ínsula*, 618-619, (VI-VII de 1998), 15-17.

— «La novela olvidada de tema cristero». R. Oviedo (ed.). *México en la encrucijada. Octavio Paz y la Cultura Hispánica en el fin de siglo* (Homenaje a G. Bellini y L. Sáinz de Medrano). Madrid: Dpto. de Filología Española IV (U. Complutense) y Ediciones Gondo, 2000, 213-21.

— (ed.). *De Arcadia a Babel. Naturaleza y ciudad en la literatura hispanoamericana*. Madrid: Iberoamericana-Vervuert, 2002.

NEGRÍN, E. «*El Luto humano* y la narrativa mexicana que lo precede». *Literatura Mexicana*, III.1, (1992): 93-122.

— *Entre la paradoja y la dialéctica. Una lectura de la narrativa de José Revueltas*. México: UNAM y El Colegio de México, 1995.

— (selecc. y pról.). *Nocturno en que todo se oye. José Revueltas ante la crítica*. México: UNAM, Era, 1999.

NEILL, S. J. O. «Interior monologue in *Al filo del agua*». *Hispania*, LI, (1968), 447-456.

OLIVERA, A. [1970]: *La literatura cristera*. México: INAH, 2ª ed., 1997.

OLEA FRANCO, R. «*Al filo del agua*: La inminencia del acto». En Jiménez de Báez, Y. y R. Olea Franco (eds). *Memoria e interpretación de* Al filo del agua. 2000, 67-87.

ORTEGA, J. «José Revueltas: dos aproximaciones». En E. Negrín. *Nocturno en que todo se oye. José Revueltas ante la crítica*. 1999, 98-109.

PALOU, P. A. «De la prosa lírica a los monólogos del insomnio en *Al filo del agua*». En Jiménez de Báez, Y. y R. Olea Franco (eds). *Memoria e interpretación de* Al filo del agua. 2000, 31-38.

PARRA, M. «El nacionalismo y el mito de "lo mexicano" en Octavio Paz y José Revueltas». En E. Negrín. *Nocturno en que todo se oye. José Revueltas ante la crítica*. 1999, 275-286.

PAZ, O. «Una nueva novela mexicana». *Sur*, 105, (1943), 93-96.

— *El laberinto de la soledad*. México: FCE, 4ª ed., 1964.

— «Cristianismo y Revolución: José Revueltas». En J. Revueltas. *El Apando y otros relatos*. O. Paz (pról.), A. Revueltas y P. Cheron (nota biobibliográfica). Madrid: Alianza/Era, 1985.

— «Novela y provincia: Agustín Yáñez». *Generaciones y semblanzas. Escritores y letras de México*. México: FCE, vol. II, 1987, 565-569.

PEAVLER, T. J. *El texto en llamas. El arte narrativo de Juan Rulfo*. New York: Peter Lang, 1988.

PERUS, F. «La poética narrativa de Agustín Yáñez en *Al filo del agua*». En A. Yáñez. *Al filo del agua*. 1992, 327-368.

— «Los silencios de Juan Rulfo». *Revista Canadiense de Estudios Hispánicos*, XXII, 2 (Invierno, 1998), 325-341.

— «De la prosa lírica a los monólogos del insomnio en *Al filo del agua*». En Jiménez de Báez, Y. y R. Olea Franco (eds). *Memoria e interprteación de* Al filo del agua. 2000, 39-45.

PIMENTEL, L. A. «Los caminos de la eternidad . El valor simbólico del espacio en *Pedro Páramo*». En F. Antolín. *Los espacios en Juan Rulfo*. 1991, 40-66.

PORTAL, M. *Procesos comunicativos en la narrativa de Juan Rulfo*. (Tesis Doctoral). Madrid: Facultad de Ciencias de la Información de la U. Complutense, 1984.

PORTUONDO, J. A. «*Al filo del agua*». En H. F. Giacoman. *Homenaje a Agustín Yáñez*. 1973, 251-257.

PONIATOWSKA, E. «El ángel rebelde». *Los Universitarios*, 70-71, (15-30 de abril, 1976), 2.

— *¡Ay vida, no me mereces!*. México: Joaquín Mortiz, Colecc. Contrapuntos,1985.

PONCE, A. «Juan Rulfo: "Mi generación no me comprendió"». *Proceso*, 204, (1980), 46.

QUIRK, R. *The Mexican Revolution and The Catholic Church, 1910-1929*. Ontario: Indiana University Press, 1973.

RAMA, A. *Transculturación narrativa en América Latina*. Montevideo: Fundación Ángel Rama, 1989.

RAMÍREZ, J. *Dialéctica de lo terrenal. Ensayo sobre la obra de José Revueltas*. México: Fondo Editorial, 1991.

RABADÁN, A. *El luto humano de José Revueltas*. México: Domés, 1985.

REGER, C. *Dios y mi derecho*. México: JUS, 4 vols., 1997.

REVUELTAS, A. y P. Cheron (comp.). *José Revueltas y el 68*. México: UNAM, Ediciones Era, Colecc. Diversa n. 7, 1998.

RIUS FACIUS, A. *México Cristero. Historia de la ACJM, 1925 a 1931*. México: Patria, 2ª ed., 1966.

ROFFÉ, R. *Espejo de escritores. Entrevistas con Borges, Cortázar, Fuentes, Goytisolo, Onetti, Puig, Rama, Rulfo, Sánchez, Vargas Llosa*. Hanover: Ediciones del Norte, 1985.

ROMERO, O. P. «Los mitos bíblicos en *El luto humano*». *Texto Crítico*, 2, (1975), 81-87.

RODRÍGUEZ LOZANO, M. G. «*Al filo del agua*: entre la historia y la religión». *Literatura Mexicana*, VIII.2, (1997), 663-671.

RODRÍGUEZ-LUIS, J. «La función de la voz popular en la obra de Rulfo». *Cuadernos Hispanoamericanos*, 421-423, (jul-sep, 1985), 135-150.

RUIZ ABREU, Á. «Génesis de *Los muros de agua*». En E. Negrín. *Nocturno en que todo se oye. José Revueltas ante la crítica*. 1999, 83-97.

RUTHERFORD, J. *Mexican Society during the Revolution*. Oxford: Clarendon Press, 1971.

SÁNCHEZ, E. *Máscaras femeninas y cultura nacional en los relatos de la rebelión cristera. México, 1930-1976*. [Tesis doctoral], University of Minnesota, 1989.

SÁNCHEZ, P. «Eros y Thanathos en *Al filo del agua*». *Cuadernos Americanos*, 163, (1969), 252-262.

SARFATI-ARNAUD, M. «"Dios en la tierra" de José Revueltas». En E. Negrín. *Nocturno en que todo se oye. José Revueltas ante la crítica*. 1999, 165-172.

SARMIENTO, A. «Enigmas en torno a una novela y un novelista. *Las vueltas del tiempo* de Agustín Yáñez». *Revista de Historia Americana y Argentina*, XIV, 27-28, (1987-1988), 61-100.

SHAW, D. *Nueva narrativa hispanoamericana*. Madrid: Cátedra, 6ª ed. ampliada, 1999.

SIBBALD, K. M.; FUENTE, R. De la, y DÍAZ, J. (eds.). *Ciudades vivas / Ciudades muertas: Espacios urbanos en la literatura y el folklore hispánicos*. Valladolid: Universitas Castellae, 2000.

SKIRIUS, J. «The Cycles of History and Memory: *Las vueltas del tiempo*, a Novel by Agustin Yáñez». *Mester*, XII, (1983), 78-100.

— «*Al filo del agua* y *Las vueltas del tiempo* a través de Joyce y Vico». En Jiménez de Báez, Y. y R. Olea Franco (eds). *Memoria e interpretación de* Al filo del agua. 2000, 205-233.

STANTON, A. «Estructuras antropológicas en *Pedro Páramo*». En J. Rulfo. *Toda la obra*. 1991, 851-873

SOMMERS, J. «Génesis de la tormenta: Agustín Yáñez». En H. F. Giacoman. *Homenaje a Agustín Yáñez*. 1973a, 63-94.

— «Juan Rulfo. Entrevista». *Hispamérica*, II, 4-5, (1973b), 103-107.

THIEBAUT, G. *La contre-révolution mexicaine á travers sa littérature*. París: L'Harmattan, 1997.

VACA, A. *Los silencios de la historia: las cristeras*. Zapopan: Colegio de Jalisco, 1998.

VÁZQUEZ, L. C. *Testimonios sobre la revolución cristera: hacia una hermenéutica de la conciencia histórica*. Zapopán, Jalisco: Colegio de Jalisco, 2001.

VÁZQUEZ AMARAL, J. «La novelística de Agustín Yáñez». En H. F. Giacoman. *Homenaje a Agustín Yáñez*. 1973, 191-220.

ZIEGLER, J. Von. «El cuento límite de José Revueltas». En E. Negrín. *Nocturno en que todo se oye. José Revueltas ante la crítica*. 1999, 223-237.

ZUBIAURRE, M. T. *El espacio en la novela realista. Paisajes, miniaturas, perspectivas*. México: FCE, 2000.